외교관의 마라톤 보고서

나의 마라톤,
러닝 러닝

외교관의 마라톤 보고서
나의 마라톤, 러닝 러닝

초판 1쇄 인쇄　2025년 06월 02일
초판 1쇄 발행　2025년 06월 16일

신고번호　제313-2010-376호
등록번호　105-91-58839

지은이　김학재

발행처　보민출판사
발행인　김국환
기획　김선희
편집　현경보
디자인　김민정

ISBN　979-11-6957-345-0　　03810

주소　경기도 파주시 해올로 11, 우미린더퍼스트@ 상가 2동 109호
전화　070-8615-7449
사이트　www.bominbook.com

- 가격은 뒤표지에 있으며, 파본은 구입하신 서점에서 교환해드립니다.
- 이 책은 저작권법에 의하여 보호를 받는 저작물이므로 무단 전재와 복사를 금합니다.

김학재 지음

외교관의 마라톤 보고서

나의 마라톤, 러닝 러닝

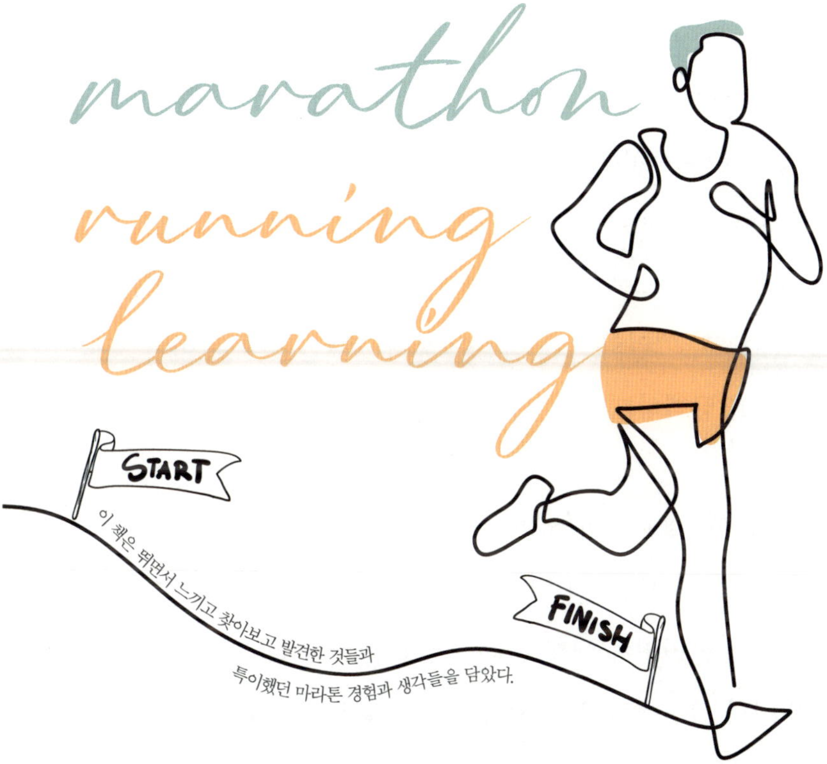
marathon
running
learning
START
FINISH
이 책은 뛰면서 느끼고 찾아보고 발견한 것들과
특이했던 마라톤 경험과 생각들을 담았다.

보민출판사

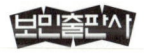

추천사

　저자의 신작 『나의 마라톤, 러닝 러닝』을 읽다 보면, 그의 삶을 관통하는 철학 하나가 선명하게 보인다. 그것은 바로 "꾸준함"이다. 이 책은 마라톤이라는 스포츠의 기록이나 방법을 안내하는 가이드북이 아니다. 저자는 마라톤을 통해 삶의 본질을 탐구하고, 매일의 작은 실천이 쌓여 거대한 성취로 이어진다는 진리를 담백하게 증언하고 있다.

　저자는 멕시코와 볼리비아에서 생활하며 얻은 통찰을 전작인 『나의 멕시코, 깊숙이 들여다본 멕시코』와 『나의 볼리비아, 우유니 볼리비아』에서 독자들과 나누었다. 이 두 권의 책은 이방인의 시선에서 벗어나 사회와 문화를 진지하게 들여다본 깊이 있는 분석서로 호평받았다. 마찬가지로 이번 책 역시 '나의'

시리즈의 세 번째 책으로, 마라톤을 매개로 하여 삶의 다양한 면모와 철학을 독특한 시선으로 풀어낸다.

저자가 처음 달리기를 시작한 것은 55세라는 나이에 이루어진 우연한 기회였다. 하지만 그는 이 우연을 붙잡아 지속적인 노력과 실천으로 키워냈다. 처음에는 간신히 1킬로를 달리던 초보였지만, 끈질긴 노력과 루틴화된 훈련을 통해 결국 여러 차례 풀코스를 완주하는 성취를 이뤄냈다. 달리기를 통해 얻은 삶의 변화는 단지 신체적 건강에 머물지 않고, 정신적 성장과 자기 극복이라는 깊은 깨달음으로까지 확장되었다.

이 책 『나의 마라톤, 러닝 러닝』에서 저자는 독자들에게 "눈 감고 딱 3주만 뛰어보라"고 권유한다. 그는 일상의 작은 노력이 얼마나 큰 변화를 만들어 낼 수 있는지를 몸소 체험했고, 그것을 독자에게 전하고자 한다. 이 책을 읽는 독자들 역시, 마라톤을 넘어 삶 속에서 성취감을 얻고 긍정적인 변화를 이루기를 저자는 진심으로 바라며 응원한다.

저자는 외교관으로서 한국을 대표하여 여러 나라에서 봉직하며 국제관계를 형성하고 발전시키는 데 기여했다. 그런 그의 이력이 이 책 곳곳에 배어나 있다. 마라톤과 외교는 직접적인 연관이 없을 것 같지만, 꾸준히 소통하고 인내하며 목표를 향해 나아가는 외교관의 삶과 마라톤의 특성은 놀랍게도 닮아 있다. 독자들은 그의 경험담을 통해, 외교관이라는 특별한 직업의 이면과 마라톤이라는 도전적 스포츠의 매력을 함께 느낄 수 있다.

이 책의 또 다른 매력은 저자 자신의 부족함과 실패까지도 숨김없이 털어놓는 데 있다. 화려한 성공담만을 강조하지 않고, 달리기 과정에서 겪는 시행착오와 어려움들을 진솔하게 드러냄으로써 독자들에게 진정성을 전달하고자 한다. 이는 독자들이 저자의 이야기에 쉽게 공감하고 몰입할 수 있는 이유이기도 하다. 특히 "되면 한다"와 "하면 된다"는 말 사이에서 고민하는 현대인들에게 진정한 꾸준함의 가치를 강조한다. 그는 "습관화된 꾸준한 노력만이 목표를 달성하는 불변의 진리"라고 말하며, 마라톤을 통해 얻은 삶의 태도와 목표 달성의 비결을 독자들과 나눈다.

저자는 마라톤을 통해 깨달은 가장 중요한 점은 신체적 변화뿐 아니라 정신적 성장과 자기 극복이라고 강조한다. 그는 독자들에게 "꾸준한 노력이라는 지루하고 고리타분한 말이 얼마나 큰 힘을 지니는지 이 단계를 경험하면 비로소 알게 된다"고 전한다. 그리고 작은 일상의 실천이 결국 큰 성취로 이어진다는 믿음이 독자들에게도 충분히 가능한 일임을 강조한다. 또한, 저자는 이 책을 통해 독자들이 삶의 다양한 영역에서 자신만의 마라톤을 설정하고 달려 나가 42.195킬로라는 목표를 달성할 수 있는 용기와 자신감을 가지길 바란다.

2025년 5월
편집위원 **김선희**

머리말

책제목을 정하는 일은 정말 쉽지 않다. 많은 생각을 하나로 압축해서 대표하자니 무수히 많은 생각과 아이디어들이 충돌한다. 『나의 마라톤, 러닝 러닝』은 우연히 달리기에 입문하게 되면서 마라톤까지 이어진 나의 주관적이고 개인적인 경험과 생각들의 기록이다. 마라톤에 관한 나만의 인문학이자 에세이라고 할 수 있다.

이전에 출간했던 『나의 멕시코, 깊숙이 들여다본 멕시코』와 『나의 볼리비아, 우유니 볼리비아』가 멕시코와 볼리비아에 각각 3년여씩을 살게 되면서 그 사회를 깊숙이 관찰한 나의 주관적인 심층 분석서라는 점을 부각하는 차원에서 제목에 '나의'라는 용어를 강조했었다.

생각해 보니 비단 나라뿐만 아니라 마라톤도 우연하게도 또 3년간 지속적인 달리기와 세밀한 관찰을 통해 비슷한 경험을 겪게 되면서 강한 연관성을 느껴 결국 이 책의 제목도 나만의 소위 세 번째 '나의' 시리즈가 된 것이다.

이 책도 이전의 책들과 마찬가지로 대조를 이루도록 '나의 마라톤' 다음에 '러닝 러닝'을 붙였다. 여기엔 여러 가지 의미가 있다. 우선 러닝이 달리기라는 뜻으로 중복해서 마치 달리기를 응원하는 구호처럼 붙여봤다.

또 다른 의미가 있다. 아이마라어와 케추아어와 같은 중남미 원주민 언어에서는 명사를 두 번 반복하면 양적으로나 질적으로 강조나 확대의 의미가 있다. 이런 식으로 적용한다면 '러닝 러닝'은 많은 달리기 또는 큰 달리기, 즉 '마라톤'이라는 뜻의 나만의 작명이다.

하지만 원래 의도했던 의미는 정작 따로 있다. 앞의 러닝은 '달리기(Running)'를 뜻하지만, 뒤의 러닝은 '배움(Learning)'이다. 한글로 표기했을 때 같은 음의 단어를 의도적으로 골랐다. 다시 말해 '러닝 러닝'은 곧 '달리기 배움'이다.

마라톤 자체를 배우고 알아간다는 뜻을 포함할 수도 있지만, 그보다는 마라톤을 통해 내 생활에서 얻는 깨달음과 배움을 염두에 두었다. 마라톤과 배움은 바로 직접적으로 연관되지 않은 것처럼 보일 수 있다. 기술 훈련과 지적 수련, 육체 활동과 정신적 활동과 같이 어쩌면 대립적인 성격의 것이라고도 할 수 있다. 하지만 실제로 뛰어보면서 마라톤에 빠져들수록 배움은 크고도 깊다. 불가분의 관계라고까지도 말할 수 있다.

마라톤의 길에 들어선 지 만 3년, 따져보면 1년에 적어도 1,500킬로 이상을 뛰는 것을 계산해 보면 상당히 많은 거리를 달려왔다. 이렇게 뛰다 보니 마라톤에 관해 더 이상 새로울 게 없을 것 같은데 아직도 이런 것도 있었네! 하고 놀랄 때가 있다. 익숙함의 반전이다. 최근에 알게 된 싱글렛(민소매 상의)의 효능도 그야말로 신세계였다.

적어도 마라톤에 관해서는 아마도 이제는 더 이상 신기한 것도 없겠지? 라고 거의 확신하지만, 또 계속 달리다 보면 전혀 예상치 못한 달리기에 관한 깨달음을 지금 당장은 못 헤아려도 또다시 얻게 될 날이 분명 올 것 같다.

하지만 정작 내가 배운 것 중의 가장 큰 것은 마라톤에 관한 기술이나 훈련법 등이 아니라 마라톤에 임하는 자세였다. 달리기를 루틴화하고 습관화하여 지속적으로 달리면서 조금씩 목표를 높여 나가는 꾸준함의 효과였다.

꾸준한 노력, 이 얼마나 고루한 말인가? 하지만 지루하고 고리타분해도 너무도 많은 사람들이 이를 입증하고 자기계발과 만족에 겨워 하루하루를 힘차고 즐겁게 보내는지를 이 단계에 도달해 보니 비로소 알게 되었다. 이 이야기들이 각자가 그런 자신만의 성취감을 느낄 수 있는 길잡이 역할을 할 수 있기를 바란다.

나는 감히 불가능한 것으로 보이는 풀코스 마라톤도 누구나 할 수 있다고 확신한다. 나이도 별로 문제가 되지 않는다고 생각한다. 나의 경험이 과학적 훈련을 바탕으로 한 전문적인 마라토너가 되게 하는 것과는 너무도 거리가 멀다. 그 대신 누구나 즐기면서 달리는 풀 마라토너가 되는 비타민과 같은 촉진제라고 하는 편이 나을 것이다. 뛰면서 느끼고 찾아보고 발견한 것들과 특이했던 마라톤 경험과 생각들을 담았다.

우리는 미치도록 하고 싶은 일은 기상천외한 이유를 대면서 기어코 하려고 하고, 좀처럼 하고 싶지 않은 일은 또한 오만가지 이유를 대면서 빠져나가려고 한다. 여러분들이 최소한 3주의 연속 달리기로 루틴화를 이룬다면 여러분에게는 달리기가 하기 싫은 오만가지 이유가 아니라 미치도록 하고 싶은 일의 하나가 될 것이다.

시냇물이 모여 강이 되고, 강들이 모여 바다가 되듯이 여러분의 달리기도 초보에서 10K, 하프 마라톤, 풀 마라톤으로 자연스럽게 흘러갈 것이다. 머나먼 바다도 오늘의 나의 땀 한 방울에서 시작된다.

42.195킬로를 완주하는 날에 스스로의 만족과 감격의 순간을 맘껏 누릴 수 있기를 바란다. 이후에도 지속되는 취미와 같은 달리기 생활을 유지해서 언제라도 쉽고 가볍게 풀코스를 달리는 바탕을 갖추고 있는 진정한 고수가 되기를 바란다. 그쯤에는 여러분도 마라톤이 얼마나 여러분의 삶에 변화를 가져다 주었는지를 체험하며 이미 주변의 다른 사람들을 이끌고 달리고 있을 것이다.

2025년 5월

지은이 **김학재**

목차

추천사 • 4
머리말 • 8

Part 1. 대사님, 마라톤을 왜 뛰시나요?

01. 대사님, 마라톤을 왜 뛰시나요? • 18
02. 달라지려 하지 말고 달리자 • 23
03. 마라톤 대사 • 29
04. 눈 감고 딱 3주만! • 33
05. 마라톤 전도사 • 38
06. 기다리면 스스로 뛴다 • 44
07. 놀라운 건강검진 결과 • 47
08. 달리기 루틴 만들기 • 52

Part 2. 초라한 출발, 창대하게 만들기

01. 왕초보 러너 • 58
02. 구겨진 자존심 • 61
03. 아! 뭔가 되기 시작한다 • 65
04. 성공할 수 있을까? 첫 20킬로 도전 준비 • 68
05. 첫 번째 도전, 브뤼셀 20K 달리기 • 74

Part 3. 마라톤 인문학(마라톤 사고력 기르기)

01. 달리기와 뛰기 • 80
02. 최초의 마라토너 • 83
03. 마라톤이 보약이다 • 88
04. 벨기에 숲이 나에게 말해준 것들 • 92
05. 브뤼셀 마을의 20K 달리기 축제 • 96
06. 산티아고의 한강변 • 101
07. 인생은 마라톤이 아니다 • 106
08. 기대와 실망 사이 • 110
09. 마라톤엔 교훈이 있다 • 115
10. 적어도 최후까지 걷지는 않았다 • 119
11. 마라톤과 나이 • 124
12. 외교와 마라톤 • 127
13. 마라톤과 인생의 의미 • 132

Part 4. 마라톤 알쓸신잡

01. 달리기 시간대 선택 • 138
02. 마라톤 대회 참가 등록 • 141
03. 마라톤 대회에서 눈여겨볼 일들 • 146
04. 기타 미리 준비하면 좋은 것들 • 151
05. 운동화에 눈독 들이다 • 154
06. 어떤 마라톤화를 살까? • 159
07. 마라톤화 트렌드 변화 • 163
08. 들고 뛸 것이냐, 말 것이냐? 그것이 문제로다 • 167
09. 출발 전날까지의 준비 • 171
10. 참가 번호표는 생명줄이다 • 175
11. 예상치 못한 통증 방지 • 178
12. 싱글렛의 발견 • 181

13. 무리함이 가져온 것 • 184
14. 무릎이 걱정된다면 • 187
15. 무릎 보호를 위한 평소 운동법 • 191
16. 근육통 후유증 극복하기 • 197
17. 새로운 도전, 매일 10킬로 달리기 • 200
18. 달리기 착지법과 속도 높이기 • 205

Part 5. 어쩌다 해외 전문 마라토너

01. [벨기에] 6개월 만에 42K 도전? • 212
02. [벨기에] 좌충우돌 풀코스 준비 여정 • 216
03. [벨기에] 기적의 기적, 첫 풀코스 완주 • 220
04. [프랑스] 파리의 유혹 • 228
05. [프랑스] 파리로 가는 길 • 231
06. [프랑스] 파리의 낭만은커녕 • 236
07. [프랑스] 놀라운 기록 단축, 꼬까신의 위력 • 241
08. [룩셈부르크] 내친김에 룩셈부르크까지 • 246
09. [룩셈부르크] 신기한 경험, 야간 마라톤 대회 • 251
10. [룩셈부르크] 더 멋져진 새로운 꿈 • 257
11. [칠레] 두근두근 새로운 달리기 환경 탐사 • 261
12. [칠레] 드디어 첫 번째 중남미 마라톤! • 267
13. [칠레] 진척이 느릴수록 더 큰 도약이 기다린다 • 273
14. [칠레] 현지 신문과의 마라톤 인터뷰 • 279
15. [칠레] 이스터섬 마라톤 우여곡절 • 284
16. [칠레] 홀로 뛰는 이스터섬 마라톤 1 (염불보다 잿밥) • 288
17. [칠레] 홀로 뛰는 이스터섬 마라톤 2 (모아이 석상과 함께한 마라톤) • 293
18. [칠레] 꽃보다 고깃국 (세 번째 칠레 마라톤 참가기) • 298
19. [칠레] 테무코 마라톤 • 306
20. [칠레] 영광의 상처 (네 번째 칠레 마라톤 참가기) • 308
21. [한국] 산티아고 마라톤 대신 반기문 마라톤 1 (굳이 왜 이 대회를?) • 316

22. [한국] 산티아고 마라톤 대신 반기문 마라톤 2
    (반기문 총장님을 만나게 된 사연) • 320
23. [한국] 산티아고 마라톤 대신 반기문 마라톤 3
    (산 넘고 물 건너 음성 찾아가기) • 323
24. [한국] 산티아고 마라톤 대신 반기문 마라톤 4
    (이보다 악조건이 있을까 싶다) • 326
25. [한국] 산티아고 마라톤 대신 반기문 마라톤 5
    (기염을 토하는 마라토너) • 330
26. [특별한 달리기] 남극 달리기 • 334

Part 6. 마라톤 미셀러니

01. [서평] 달리기를 말할 때 내가 하고 싶은 이야기 • 342
02. [서평] 마라닉 페이스 • 346
03. [서평] 달리기, 몰입의 즐거움 • 349
04. [서평] 걷는 사람, 하정우 • 355
05. [영화] 1947 보스톤 • 358
06. [영화] 포레스트 검프 • 362
07. [영화] 페이스메이커(Pace-maker) • 365
08. [TV] 기안84의 마라톤 • 369

Part 7. 마라톤이 내게 남긴 것들 • 374

Part 1

대사님, 마라톤을 왜 뛰시나요?

01

대사님,
마라톤을 왜 뛰시나요?

어느 날, 아는 분과 만나 이런저런 얘기를 하던 가운데 그분이 불쑥 내게 이렇게 묻는다.

상대방 : "대사님, 도대체 그 힘든 마라톤은 왜 뛰는 겁니까?"
나 : "글쎄, 그건…"
(여러 가지 이유를 설명하려고 하면 바로)
상대방 : "암튼 대단하세요. 아무나 할 수 없을 것 같아요."
나 : "아…, 그렇겠지요…"

누구를 만나 마라톤에 관한 대화가 시작되면 늘 이런 반응이 대부분이다. 질문에는 42.195킬로 풀코스를 달린다는 것에 대한 경이감과 동시에 그 나이에 무리가 아닌가 하는 의아함이 함께 묻어난다.

대부분 그 다음에 이어지는 대화 내용도 이런 식이다.
"나이도 적지 않으시고, 그나저나 무릎은 괜찮나요? 의욕만 가지고 뛰면 무릎이 다 나가서 아예 걷지도 못하게 된다고 하던데요. 저는 하라고 해도 하지도 못하겠지만, 괜한 욕심을 내다가는 몸만 상하게 될 게 틀림없어요. 우리같이 나이가 있는 사람들은 뛰는 건 무리이고, 그냥 걷기나 하려고 합니다. 걷기는 자신이 있거든요"

아무리 마라톤이 무리이고, 무릎에 좋지 않고, 나이가 문제라고 하는 이런 말들을 듣게 되어도, 이제는 나는 상대방이 차근차근 나의 이야기를 들으면서 점점 마라톤의 매력에 빠져들고, 마음 한편으로는 언젠가는 자신도 한 번 도전해 볼까? 하는 진지한 생각을 하게 된다는 걸 안다.

내 얘기를 들은 사람들 가운데 많은 수가 당장은 아니어도 몇 주 후, 몇 달 후 뛰기 시작했고, 또 계속 뛰고 있다고 자랑스럽게 연락해 오는 경우가 많다. 내가 마라톤 얘기를 해주고 바로 확인을 해보지 않아도 의외로 많은 사람들이 스스로 알아서 뛰게 될 것을 경험으로 알게 되었다.

사람들은 웬만해서는 뻔한 얘기에 자기 생각을 잘 바꾸지 않지만, 남들의 구체적이고 아주 자세한 그럴듯한 성공 스토리는 마음 한구석에 자신도 할 수 있다고, 나도 해볼 수 있지 않을까? 하는 생각이 무의식중에 생겨나서 실행으로 옮기게 된다는 걸 여러 차례 목격했기 때문이기도 하다. 이 책을 읽는 분들도 언젠가는 도전을 해서 끝내는 풀코스를 완주하는 날이 반드시 올 것이라고 굳게 믿는다.

어떻게 얘기해 주었길래 다른 사람들이 뛰기 시작하는 걸까? 내가 아주 말을 잘해서 마법에 걸리게 하는 것도 당연히 아니다. 나의 경험을 통해서 달리기를 해본 결과 체중이 얼마만큼 줄었고, 특히나 불가능하다고 생각했던 허릿살이 1년 만에 벨트 두 칸이 줄 정도로 빠졌고, 동시에 튼튼한 근육이 생겨났으며, 혈액검사에서 위험 경계를 넘나들던 콜레스테롤, 당뇨 수치 등은 모두 정상 범주 안에 다시 들어오게 되었으며, 최근에 했던 건강검진에서는 건강 성적표상 96점으로 최우수 등급이고, 건강 나이는 실제 나이보다 8살, 심장 7살, 간 10살, 혈관 4살이 더 어리게 나왔다는 것을 얘기해 주면 대부분 그제야 진지하게 관심을 갖는다.

그러고는 어떻게 달리기를 시작하게 되었는지, 어떻게 달리기 습관을 붙이고, 평소에 어떻게 무릎 강화 사전운동을 하는지, 달리기 전의 무릎 부상 방지 체조는 어떻게 하는지, 달리는 주법, 운동화 고르는 법 등을 설명해 주면 대부분 "마라톤은 무리야"라는 반응에서 "어쩌면 할 수 있을지 모르겠다"로 반응이 바뀌는 것을 은연중에 느낄 수 있다.

이것이다! 이제는 내가 풀마라톤을 뛴 것 자체가 별로 중요하지 않다. 나의 경험을 통해 많은 사람들이 불가능하다는 생각을 버리고 건강한 삶을 살아가게 하는 데 도움이 된다면 좋겠다는 것이다. 건강한 달리기는 건강한 육체를 얻는 것 말고도 인내심, 도전정신을 기르고, 동시에 아주 효과적인 스트레스 해소와 창의적인 아이디어가 샘솟는 보고이다.

요즘 젊은 세대에서는 "하면 된다"가 아니라 "되면 한다"가 맞는 말이라고 한다. 앞뒤 가리지 않고 무모하게 노력하는 게 아니라, 될 가능성이 높은 경우에만 뭔가를 한다는 말이다. 나는 젊은 세대의 "되면 한다"가 되는 것이 무엇인지 먼저 파악해야 하는 수고를 해야 한다는 차원에서 보면 옛날 사람들의 "하면 된다"와 크게 다르지 않은 말이라고 생각한다. 되는지 여부를 알아보는 것도 많은 시간과 에너지가 필요하기 때문이다. 굳이 말하자면 "되면 한다"는 스마트한 "하면 된다"이다. 이렇게 이야기하는 이유는 결국 습관화된 꾸준한 노력만이 목표를 달성한다는 원리는 자고로 변하지 않는 진리라고 할 수 있기 때문이다.

비록 내가 아마추어 마라토너여서 전문적인 훈련법을 알려드릴 수는 없지만, 적어도 여러분들에게 내 경험을 통해 마라톤을 어떻게 완주하고 즐길 수 있는지가 "될 만한 것"이라는 것을 알리고 싶은 마음이다. 그래서 마라톤이 요즘의 많은 젊은 분들에게 소위 "되면 한다" 정신의 타켓이 되기를 바란다. 더 많은 사람들이 풀코스 마라톤에 도전해서 인생의 큰 성취감을 맛보고, 건강하게 삶의 길을 찾아가기를 바란다.

이제 이것이 바로 내가 마라톤을 뛰는 이유이다.

02

달라지려 하지 말고 달리자

매년 새해에는 우리는 비장한 결심을 한다. 올해는 반드시 달라지고 말겠다고 말이다. 하지만 다가오는 새해에는 달라지려고 하지 말고 대신 달리자. 달리면 모든 게 달라진다. 과거에 결심만 해왔던 달라짐도 덩달아 따라온다.

우리는 달라지고 싶어 한다. 현재의 모습에서 변화된 나의 멋진 모습을 그린다. 그러기 위해 누구는 목표를 세운다. 또 누구는 뼈를 깎는 노력을 한다. 다른 이들은 개혁과 혁신, 그리고 장엄하게도 창조를 일상의 말버릇처럼 입에 달고 산다. 그런데 정작 현재의 내 모습과 달라진다는 것은 무얼까? 그렇게 추구한다고 해서 나의 본질적인 모습이 과연 달라지기는 할까? 언뜻 답이 없어 보이지만 희망이 있다. 달라지기 위해서는 한 번 달려보자. 이것이 최근 나의 삶에서 기적과 같이, 아니 어쩌면 나도 모르는 사이에 내게 다가온 큰 변화임을 섬뜩하게 발견하고는 나 스스로도 놀란 경험이다.

애당초 달라지기 위해서 달린 것은 아니었지만, 달리다 보니 조금씩 "달라진 나"를 발견했다. 여러분들도 할 수 있다. 나이도 크게 상관이 없다. 매일 꾸준한 조그만 노력이 불가능하다고 여겨졌던 일들을 달성하게 했다. 농담으로 하는 얘기가 아니라 지금은 주말이면 "잠시 뛰고 올게" 하고 하프 거리(21킬로)를 뛰고 온다. 과거에 달리기를 싫어했던 나 자신을 생각하면 피식 웃음이 나온다. 그 피식이 1킬로도 제대로 못 뛰던 사람이 1년 후에는 아무렇지도 않게 어디 한 번 그냥 쓱 10킬로, 20킬로, 42킬로를 달리는 일이라면 쉽게 믿을 수 있겠는가?

나는 3년 전인 만 55세에 마라톤에 입문했다. 아니 그냥 달리기에 입문했다. 누군가 신문 인터뷰에서 풀코스만이 마라톤이고, 그 이하는 그냥 러닝이라고 한다고 했다. 그 기준에 따르면 난 54세 중반에 본격적인 러닝에 입문한 셈이고, 6개월 후인 만 55세를 막 넘어서서 첫 풀코스를 완주함으로써 그야말로 진짜 마라톤에 입문한 셈이다.

처음에는 주변에서 매년 축제처럼 열리는 지역 20킬로 달리기 대회에 나가보자는 권유에 별거 아니라고 생각해 가벼운 마음으로 참가 등록을 했다. 하지만 대회 한 달 전 퇴근 후 사무실에서 집까지 연습 삼아 뛰어본 10킬로는 충격이었다. 1~2킬로를 가면 힘들어서 쉬어야 하고, 걷고 뛰고 해서 겨우 끝까지 달릴 수 있었다. 다음날부터 나는 아무리 시간이 걸려도 매일 10킬로에 도전했다. 점점 걸리는 시간이 줄어들었다. 한 달이 지나니 드디어 10킬로를 쉬지 않고 뛸 수 있는 정도가 되었다. 얼마나 기뻤는지 모른다. 안 될 것처럼 보이던 일이 되고 나니 속으로 신이 났고 스스로가 대견했다. 더 나아가 좀 더 뛸 수 있겠다는 희망도 생겼다. 그리고 난 이후 최초의 20킬로 대회를 나갔다.

10킬로에 훈련이 되어서 그런지 실전에서 10킬로까지는 매우 잘 달렸다. 하지만 나머지 후반 10킬로는 힘이 빠지고, 너무 힘들었지만 그래도 비교적 괜찮은 시간대로 완주하였다. 기록은 2시간 15분이었다. 같이 참가한 한국인 10명 가운데 세 번째였고, 물론 내 나이대는 나밖에 없었다. 나는 또 다른 희망을 품었다. 20킬로를 넘는 거리를 뛰게 될 나를 상상하면서 말이다.

그 이후 나는 4개월간 시간이 나는 대로 꾸준히 달리기를 이어갔다. 그리고 어렴풋한 희망으로 '혹시 될지도 몰라' 하는 마음으로 첫 풀마라톤에 도전하여 완주했다. 이어서 파리 마라톤, 룩셈부르크 마라톤, 칠레 마라톤, 반기문 마라톤 등 달리기에 입문한 지 3년이 안 된 시간 내에 모두 8차례 완주를 기록했다. 달리기 시작부터 지금까지의 성과 이야기를 말하면 모두들 놀라워한다. 이것은 모두 자그마한 꾸준한 노력이 가져다주는 기적과 같은 경험이었다.

나는 누구나 마라톤을 할 수 있다고 생각한다. 다만, 끈기가 필요하고 굳은 의지와 실행력이 중요하다. 이 이야기를 전해주고 싶다. 나의 방법이 꼭 옳은 길은 아닐 수 있다. 나의 이야기 대부분이 다른 사람들에게 전해 듣거나 읽어보고 경험해 본 나의 방식대로 쌓여 형성된 것이어서 다른 사람들의 경험과도 비슷한 부분도 많이 있을 것이다. 하지만 이러한 이야기를 듣는 것만으로도 여러분들 중 누군가는 언젠가 실행해 보고 자신의 독특한 경험으로 발전시켜 나가리라고 확신한다. 실제로 그동안 나의 이야기를 듣고 뛰는 사람이 주변에서 많이 늘었다. 이 글을 읽는 여러분도 그런 분들 가운데 한 분이 될 것이라고 믿는다.

살다 보니 나이가 들수록 고리타분하지만 꾸준한 노력, 올바른 습관을 만들고 실행해 나가는 것만큼 올바른 성공법이 없다는 원리를 자연스럽게 알게 되는데, 나 말고도 주변에서 의외로 이 원리를 깨닫는 사람들이 많다. 처세술 책들, 부자가 되는 방법을 알려준다는 책들, 자기계발서, 유튜브 등을 보면 결국 공통적으로 올바른 목표와 꾸준한 노력, 한때 유행했던 습관의 루틴화가 바로 다양한 성공론들의 공통분모였다. 이런 눈으로 보면 분야가 달라도 모두 비슷한 방식으로 자기 목적을 달성하거나 자기 발전을 이루어 나가는 경험을 담은 책이나 영상들이 의외로 많다는 것을 쉽게 발견하게 된다.

나는 마라톤을 통해서 나의 목표를 이루었다. 목표만 이룬 것이 아니라 건강한 삶과 건강한 마음, 그리고 긍정적인 생각과 활력적인 생활을 이어가고 있다고 생각한다. 내가 만일 3년 전 달리기를 시작하지 않았다면, 내가 그때 잠깐 뛰어보고 좌절감에 더 이상 달리지 않았다면, 지금 이 글을 쓰고 있는 것 자체가 있을 수 없을 뿐만 아니라, 이 책을 쓰기까지 다양한 경험과 아이디어를 얻지 못했을 것이고, 또 내 삶을 즐겁게 하고 나의 업무를 효과적으로 잘 처리하고 남들을 마라톤의 세계로 인도하면서 모두를 기쁘게 하는 삶을 살지 못한 채 전혀 다른 방향으로 가고 있을 것이다.

달리기는 너무나도 좋은 점이 많다. 차근차근 하나씩 풀어가면서 써 내려간 내용을 여러분이 같이한다면 여러분도 분명 머지않아 마라톤의 세계에 입문해 오늘도 열심히 뛰면서 남들에게 신선한 자극이 되는 존재가 되어 있을 것이라고 믿는다.

03

마라톤 대사

어느 순간 '마라톤 대사'라는 별칭이 생겼다. 물론 이 별칭에는 여러 가지 뉘앙스가 있다. 무엇보다 우선 마라톤과 대사가 좀처럼 어울리지 않는 말 같다는 생각이다. 우리는 일상에서 풀마라톤을 하거나 했다는 사람을 좀처럼 만나기 쉽지 않을 뿐더러 42.195킬로의 풀마라톤 자체가 일반인으로서는 너무도 무리수이기 때문이다.

거기에 더해 이러한 무지막지한 장거리 달리기에 노년이라고 할 수 있는 대사를 엮어 넣기에는 더 이상의 부조화가 없을 것 같다. 그나마 젊은 외교관이라면 그럴 수도 있겠다 싶지만, 대부분 50대가 넘어서야 대사가 되는데 그런 나이에 마라톤을 하다니 좀처럼 믿기 어려운 일이라고도 할 수 있다. 나 또한 만약 젊었을 때 어느 대사님이 마라톤을 한다고 들었다면 매우 놀랍다는 반응을 보였을 것이다.

하지만 어쩌겠는가? 이미 젊은 시절은 다 지나가고 노년으로 가는 과정에서 우연히 20킬로 달리기 대회에 참가를 약속하면서 이렇게 오늘날까지 오게 될 줄이야 좀처럼 상상하지 못했었다. 매일 조그만 노력이 쌓여 자신감과 성취감을 얻고 스스로 만족하고, 좀 더 큰 노력을 스스로 찾아가게 되면서 그토록 불가능에 가까웠던 풀코스 완주를 이루어 냈다.

앞에서 얘기했듯이 나의 마라톤 시작은 55세가 되던 해였다. 수명이 길어져 아직은 젊은 나이라고 위로를 받기는 한다. 하지만, 신체적으로 이미 노화를 구체적으로 경험하기 시작한 지 오래다. 그렇다면 노화를 이기고 어떤 큰 목적을 달성했다고 자랑할 수 있을까? 만약 그렇다면 아직 내가 인생에 대해 수많은 가르침을 접해 보지도 못한 상태에서 자만에 겨워 떠벌리는 사람이 될 것이다.

이 책은 '그 나이에 무슨 마라톤?'이라고 반응할지도 모르는 사람들을 위한 글이기도 하다. 더 나아가 그 먼 장거리를 뛴다는 것이 애당초 말도 안 되는 일이라고 간주하고 자신과는 무관

하다고 생각하는 사람들을 일깨우기 위한 글이기도 하다. 특히나 나와 비슷한 연배에 있는 사람들의 기가 막히고 황당하다는 표정과 반응을 달리기를 사랑하게 되는 긍정적 삶으로 이끌 수 있는 책이 될 것이라고 나 스스로 자부심을 갖는다.

하지만, 더 중요하게 이 책을 통해 알리려고 하는 대상은 오히려 젊은 세대이다. 내가 이렇게 했으니 당신들도 할 수 있다가 아니라, 이렇게 생각하고 실천해 보니 자연스럽게 달성할 수 있었다는 긍정적인 생각을 공유하고 싶어서였다.

달리기를 본격적으로 시작한 지 만 3년이다. 2025년 4월로 만 3년이다. 처음 1킬로도 잘 못 뛰던 내가 연습을 거듭하여 한 달 만에 10킬로를 쉬지 않고 뛰게 되고, 곧바로 이어 20킬로 달리기 대회에 나가고, 혼자 4개월간 꾸준히 연습해서 달리기 입문 6개월 만에 풀마라톤 완주를 달성했다.

스스로 대견함을 넘어 마라톤에 진심이 된 이후 지난 3년간 총 8번의 풀코스를 뛰었고, 이제 곧 있을 9번째 레이스를 준비하고 있다. 이런 얘기를 하면 듣는 사람들은 모두 놀란다. 그러면서 듣는 사람들이 자극을 받아 당장은 아니어도 언젠가 뛰게 되고, 그때 나를 잠시 생각할 것 같다는 생각을 하곤 한다.

이런 마음을 전하고 싶다. 누구라도 도전해 볼 수 있고, 별다른 장비도 도구도 필요 없이 오직 의지만 있다면 많은 사람들이 부러워할 자신의 소중한 목표를 달성할 수 있다고. 이 책을 읽고 조금이라도 달리고 싶은 마음이라면 시간이 좀 걸릴지라도 마라톤에 한 번쯤 도전을 권해보고 싶다.

언제나 그렇듯이 나의 이야기는 투박하기도 하고, 또 전문가답지 않다. 그럼에도 불구하고, 굽이굽이 산길을 힘들여 오르듯이 평범한 생활 속에서 발견하고, 깨닫고, 또 여기저기 정보를 찾아 보완한 나만의 길이기도 하다. 그런 만큼 모두에게 유용하지 않을 수도 있지만 꿈에 도전하는 각자의 길에 조그만 등불 역할을 할 수 있다면 좋을 따름이다.

04

눈 감고 딱 3주만!

　마라톤을 뛰기 시작하고 나서 나 자신도 믿기 힘든 장거리를 뛰게 되면서 스스로 많은 질문을 하게 된다. 어떻게 뛰는 게 맞는 것이고, 어떻게 뛰면 더 잘 뛰는 것이고, 어떻게 하면 부상을 예방할 수 있는 것인지, 또 어떻게 하면 평소의 어떤 운동이 도움이 되는지, 또 어떤 운동화, 어떤 용품이 좋은지 등에 관한 것이다.

　그런데 어느 날 이 모든 질문들이 당연히도 나 자신에게만 향하고 있음을 깨달았다. 달리기를 하는 데 일단 달리기를 잘하기 위한 노력을 하는 게 당연할 텐데 무슨 철학이 있겠나 싶지만, 생각해 보니 달리기도 나름 나만의 철학이 있어야 하는 게 아닌가 싶었다. 그냥 나 자신에 대한 도전과 극복이 아니라 나의 행동에 의미를 부여하고 싶은 것이다. 그러한 마음으로 나의 내부만을 향할 것이 아니라 모두에 도움이 되는 외부로 향해 눈을 돌리게 되었다.

나는 왜 달리는가? 단순히 건강하게 살기 위해서일까? 무라카미 하루키 작가처럼 삶의 생생함을 느끼기 위해서일까? 아직 '이렇다'라고 말하기는 어렵지만 나는 나 자신이 매일 매일 성장해 나가는 증거이고, 하루하루를 진심으로 살기 위한 에너지와 열정의 보충이며, 우울감이나 감상에 빠지지 않고 오늘도 희망찬 새 하루를 살기 위한 준비라고 생각한다.

이런 고민 아닌 고민을 하다 보니 나 자신만을 위한 것이 아닌 다른 사람들에게도 달리기가 얼마나 좋은지 설명해 주고 싶은 마음이 강해졌다. 모든 것이 내 경험에서부터 나온 것이어서 하나씩 하나씩 귀가 쫑긋하게 들려줄 수 있는 달리기에 관한 이야기 보따리가 생겨났다.

다른 일들처럼 달리기도 한 번에 완성되지 않는다. 달리기 역시 조그만 꾸준한 노력이 모여서 이루어진다. 일상생활에서 달리는 것을 습관화해야 성공할 수 있다. 하지만 말처럼 쉽지 않다. 작심삼일, 결심을 3일 이상 넘겨본 일이 별로 없음을 우리는 스스로 고백할 수밖에 없다. 그래서 나조차 무작정 계속 뛰라고 말하기도 무리라는 것을 잘 안다.

우리는 주변에서 흔히 듣는 수많은 인생 교훈과 격언과 성공담을 통해 머릿속에 그 방법은 이미 잘 알고 있지만, 앞으로 한 발짝도 나아가지 못하고 늘 제자리에 맴도는 것 같고, 시간만 가다가 결국 어차피 이루지 못할 목표였다고 스스로 위안 삼아 버리는 일이 한두 가지가 아니다. 아마도 가장 큰 실패 원인은 실천을 안 해서이고, 하더라도 몇 번을 넘기지 못하기 때문이다.

시작이 반이라고 물론 시작하는 것도 매우 중요하다. 그러나 더 중요한 것은 꾸준한 노력이다. 꾸준한 노력을 가능케 하는 것은 하고자 하는 행동의 습관화이고, 패턴화이고, 일상화이고, 루틴화이다. 다른 말로 끈기이고, 연단이고, 지속성이다. 모두 표현만 다르지 결국 꾸준히 이어 나가는 중요성을 가리킨다.

이런 말들도 우리는 이미 누구보다 잘 알고 있기에 자신이 직접 해보고 그 효과를 스스로 느끼기 전에는 좀처럼 믿지 않는다. 믿는다 해도 실행에 옮기지 않는다.

자, 정말로 달리기에 진심이고 싶고, 마라톤 완주를 꿈꾼다면 지금 당장 운동화 끈을 조여 매고 러닝머신에 오르거나, 밖으로 나가 달려보자. 여러분이 오늘 시작해서 3주간 연속해서 달리기를 성공적으로 이루어 낸다면 3주 후에는 지금과는 매우 다른 사람이 되어 있을 것이다.

드디어 최소한 달리기부터는 내가 그래도 마음을 먹으면 뛸 만한 사람이구나, 라고 스스로 느끼게 되고, 더 멀리, 더 빨리 달리고 싶은 마음에 휩싸일 것이다. 주변에 자신의 성과를 알리고 싶어 할 것이고, 더 잘 달리기 위해 연구를 하기 시작할 것이다.

이 단계에 오면 달리기 루틴화는 성공이다. 만약 중간에 달리기를 못하게 되는 경우가 생긴다면 너무 낙심하지 말자. 다시 달리기를 시작할 때부터 새롭게 3주를 이어 나가면 되니까, 라고 생각하면 좋겠다. 절대 포기만은 하지 않고 3주를 채우면 성공은 보장된다.

말이 쉽지, 역설적으로 달리기의 루틴화를 만드는 것은 쉽지 않다. 하지만 일단 이 목표를 달성하면 이제부터는 수월하다. 규칙적으로 달리기 시작하면서 목표를 계속 수정하면서 자기 성장의 고속도로를 가게 된다. 그렇게 가다 보면 어느덧 대단한 사람이 되어 있고, 남들에게도 좋은 경험을 나눌 수 있는 경지에 도달한다.

멋지지 않은가? 꿈만 꾸지 말고 '눈 감고 딱 3주만' 뛰어보자! 3주 후에는 여러분 앞에는 지금 생각해 볼 수 있는 것을 훨씬 넘어 크게 변화된 자신을 만나게 될 것이다. 사실 말이 필요없다. 실천으로 체험하기를 진심으로 바란다.

05

마라톤 전도사

마라톤 전도사! 내가 농담 식으로 가끔 쓰는 자칭 별명이다. 우리가 흔히 아는 종교의 전도사가 아니라 마라톤 전도사라니? 분명 진정 전도사님들의 헌신과 신앙심 면에서는 보면 아무리 비유적인 표현이라고 할지라도 솔직히 내가 생각해도 말도 안 되는 좀 지나친 비유이긴 하다.

하지만 어떤 면에서는 전도사님들이 믿음을 전파하기 위해 헌신과 봉사의 삶을 부단히 살고, 특히나 믿음을 모르는 사람들을 믿음의 세계로 이끄는 점에서만큼은 내가 하는 소위 마라톤 전도도 최소한 닮은 부분이 있긴 하다.

마라톤을 불가능의 영역으로 생각하는 불신자(?)들에게 충분히 가능한 일이라는 긍정적 믿음을 주려 하고, 이전과 비교해 마라톤 이후의 나의 삶이 얼마나 은혜를 받았는가를 설파한다. 그만큼 이 좋은 것을 남들과 나누고 싶고, 남들도 좋은 혜택을 받게 해주고 싶다는 나의 열망의 표현이라는 것을 이해해 주었으면 한다.

마라톤을 시작하고 나서 꾸준히 뛰다 보니 달리기가 너무도 건강에 좋은 운동이라고 실감한다. 하지만 주변 사람들에게 마라톤을 한 번 해보라고 권하면 대부분이 무슨 말도 안 되는 이야기를 하느냐는 반응들이다. 내가 농담으로 자칭 마라톤 전도사라고 했지만 짧은 거리라도 사람들이 달리기를 시작하게 만드는 것은 도무지 쉬운 일이 아님을 잘 안다.

이런 반응을 충분히 이해한다. 나도 달리기를 시작하기 전 오랫동안 역시 같은 생각을 하고, 반응을 했었으니까 말이다. 당장 주변에 10킬로를 부담 없이 달릴 수 있는 사람을 만나기도 쉽지 않은데, 42킬로를 뛰라고 하면 미쳤다, 라고 밖에는 말이 안 나올 것 같긴 하다. 그래도 실제 직접 해보니 좋은 점들이 너무 많아서 그런 무모함에도 불구하고, 주변 사람들에게 마라톤이 얼마나 매력적이고 다양한 효과를 볼 수 있는지를 기회가 되는 대로 열심히 설명한다.

자주 다양한 사람들을 대상으로 마라톤 얘기를 하다 보니, 듣는 사람들이 마라톤에 훅 빠지게 하는 몇 가지 포인트를 알게 되었다. 간단히 얘기하면 구체적으로 어떤 좋은 효과가 있었는지를 알려주고, 누구나 할 수 있다는 자신감을 불러일으켜 주면 되었다.

다른 곳에서 자세히 소개하겠지만 아주 간략한 요지는 이렇다. 달리기를 시작하고 체중이 감소하기 시작했고, 불필요한 살이 빠지고 달리기에 필요한 근육이 생겨서 몸의 균형과 몸매가 좋아졌다는 점을 설명한다. 특히, 1년쯤 꾸준히 달리니까 옛날 허리띠로 재보니 2칸이나 줄어들었다, 라는 말을 해주면 대부분 달리기에 급 관심을 갖는다. 더욱이 건강검진 결과가 월등하게 좋아졌다고 이야기하면 신뢰도가 높아진다. 달리기 이후 콜레스테롤, 당뇨 등 경계에 있던 수치들이 모두 정상범위에 돌아왔고, 심장, 폐, 혈액순환 등을 비롯한 전반적인 신체 나이가 내 나이보다 7~8세 어린 결과로 나왔기 때문이다.

마지막으로 내가 3년 전 달리기를 시작한 초기에 얼마나 형편없는 러너였는지를 말해준다. 하지만 꾸준한 달리기로 불가능해 보였던 풀코스까지 달리게 되었는데 당시의 내 나이가 55세였으니 당연히 젊은 여러분들은 할 수 있다고 말이다. 이 이야기를 듣고 속된 말로 넘어오지 않는 사람은 거의 없었다.

일부러 현혹하게 만드는 세일즈 전략이 결코 아니다. 이렇게 강한 자극을 받은 사람들은 짧은 거리라도 반드시 뛰게 된다는 것을 나는 경험으로 안다. 물론 어떻게 전략적으로 뛰어야 하는지 구체적인 방법도 알려주고, 또 무릎 부상 방지를 위한 팁도 상세히 알려준다.

여기서 중요한 점은 이런 이야기를 한 후에 절대로 뛰어봤냐고 바로 확인하거나 재촉하지 않아야 한다는 것이다. 여러 번 경험해 봤지만, 그냥 말없이 기다리면 몇 주, 혹은 몇 달 후 연락을 받는다. 그것도 아주 기쁘고 감사하다는 마음이 생생히 전해질 정도로 "드디어 저도 뛰어봤어요"라고들 말이다. 물론 그런 말을 한 나도 스스로 계속 뛰어서 모범을 보여야 하는 것은 당연하다.

당장은 아니더라도 언젠가는 스스로 뛰는 실행이 중요하다. 이렇게 뛰기 시작한 사람들은 러닝의 세계가 주는 놀라운 성과와 성취감과 자부심으로 달리기를 오랫동안 지속하고, 더 나아가 평생의 습관으로 만든다. 이것이다. 내가 바라는 것은 내가 경험해 봤던 좋은 점을 남들도 알고 같이하기를 바라는 것이다.

누군가 나에게 한참 전에 이런 말을 해주거나 비법을 알려줬다면 좋았을 것 같다는 생각을 가끔 한다. 하지만 바로 아니다 싶다. 다른 분야라도 비슷한 얘기나 방법을 알려주거나 조언을 해준 사람들이 분명히 있었을 텐데, 내가 당시에 관심이 없어 흘려듣거나 듣고도 잊어버렸을 것이다. '아는 만큼 보인다'라는 말이 한때 유행이었고 지당이 맞는 말이다. 지나고 보니 아는 것도, 보이는 것도 중요하지만 정말 중요한 것은 거기에 맞게 행동하는 것이었다.

그렇게 나의 마라톤 전도는 계속 확장 중이다. 처음에 대사관 직원들에게 말했던 것이 호응을 얻어 직원 가운데 5명 정도가 꾸준히 달리기를 하고 있다. 조금 지나서부터는 칠레에 파견 나와 있는 지상사 주재원들에게도 달리기 붐이 일어나서 다수가 달리기를 생활화하고 있다. 심지어는 외교단 모임에 가서 나의 경험을 얘기했더니 다른 나라 대사들이나 외교직원 가운데 달리기를 시작하는 사람들도 생겼다. 한인회에서는 희망자를 대상으로 매년 개최되는 산티아고 마라톤에 팀 코리아를 결성해 참가를 추진 중이다.

정말 중요한 것은 나의 권고가 아니다. 참가하는 사람들 스스로의 필요성 인식과 자발적인 실행이다. 달리기를 통해서 건강뿐만 아니라 모두가 자신감과 성취감으로 활력적인 인생을 살면서 자신의 발전을 차분히 이루어가며 그 엄청난 효과를 실감하기를 진심으로 바란다.

06

기다리면 스스로 뛴다

달리기를 본격적으로 시작하면서, 특히 첫 번째 마라톤 완주를 하고 난 다음부터 나의 삶이 많이 바뀌었다. 지나친 성취감의 여파인지 나의 대화 주제 가운데 달리기에 대한 부분이 매우 많아졌다. 특히나 개인적 생각으로 말하는 게 아니라 실제 경험을 바탕으로 말하는 것이어서 다들 놀라움으로 듣는다. 물론 다른 사람들은 경험해 보지 않았으니 쉽게 질문을 하거나 말을 꺼낼 기회가 없다는 것도 안다. 근데도 자꾸 이야기하게 된다.

어느 날 문득, '아! 이제는 단순히 나의 경험을 이야기하는 것이 아니라 내 경험을 통해 사람들이 달릴 수 있게 하면 좋겠다'라는 생각이 들었다. 그러려면 엄청난 무훈 같은 마라톤 완주 이야기만으로는 관심을 끌지도 못할 것이라고 느꼈다. 그래서 어떻게 마라톤을 시작하게 되었는지, 마라톤을 하고 난 이후의 전후 비교를 통해 어떤 좋은 효과가 있는지 확인을 시켜주고, 또 어떻게 장거리를 뛸 수 있는지 나만의 훈련법을 알려주고, 또 가장 많이 물어보는 무릎 관리에 대해서 이야기를 자세히 해 준다.

내 경험상 대부분의 사람들은 내가 55세에 마라톤을 시작했고, 이후 여러 차례 풀코스를 뛰었고, 지금도 뛰고 있다는 점에 놀라지만, 여전히 자신들은 마라톤을 하기에는 나이도, 건강도, 의지도 강하지 않다고 손사래를 치지만 속으로는 큰 관심을 갖게 된다는 것을 느끼게 된다.

어떻게 하면 웬만큼 뛸 수 있게 될 때까지 도달하는 훈련 방법을 알려주면서도, 이들 가운데 정말 뛸 수 있게 되는 사람은 얼마나 될까? 라고 좀 의구심을 갖게 된다. 그렇지만 매일 만나는 경우에도 필요 이상으로 더 달리기 얘기는 장황하게 하지 않는다. 어쩌다 간략하게 이야기는 하는 경우는 있다. 더 물어보기 전에는 같은 사람에게는 가급적 마라톤 얘기는 자제한다.

그런데 놀라운 것은 꽤 많은 사람들이 내 이야기를 들을 때는 처음엔 주저하는 모습을 보이지만, 이후 내적으로 자극과 영감을 받아 얼마 가지 않아 뛰기 시작한다는 것이다. 물론 바로 뛰는 예외적인 경우도 있지만, 많은 경우에 몇 주에서 몇 달 후 소식을 나에게 보내오면서 드디어 뛰기 시작했다는 얘기를 들을 때만큼 기분이 좋을 때도 없다.

달리기를 자꾸 독려하거나 재촉하는 것은 오히려 달리기를 멀리하게 하는 지름길이다. 구체적인 방법을 알려주고 성공 확신과 자신감을 불어넣어 주면 언젠가는 뛰기 시작하는 사람들이 생겨나고 있다. 기다리면 "재촉하지 않아도" 뛴다. 대부분의 사람들이 용기와 자신감이 없어서 시작하지 못한다. 하지만 실제 효과가 어떠했고, 어떻게 할 수 있는가에 관해 이야기를 해주면 그걸 듣는 사람 마음속에 씨앗이 뿌려지고 기다리면 새싹이 틔워지는데, 그들이 이 조그마한 움직임과 가능성을 느끼기 시작하고 성과를 거두면 연락을 해왔다.

주변의 많은 사람들이 점점 더 달리기에 관심을 가지고 달리기 시작하면 좋겠다. 그래서 모두 훨씬 더 건강하고 행복하게 삶을 이어가기를 바란다. 그게 뒤늦게 늦은 나이에 마라톤에 입문한 내가 남을 위해 할 수 있는 좋은 일일지도 모른다. 더 많은 열매를 맺기 위해서는 나 스스로 역시 계속해서 달리기를 멈출 수 없다.

07

놀라운 건강검진 결과

마라톤을 하면서 초기에는 조금씩 거리를 늘려가며 스스로 성취감과 만족감이 커졌다. 특히나 생애 첫 풀코스를 완주하고 나서는 인생의 버킷 리스트 하나를 달성한 느낌이 들 정도로 기쁜 마음이었다.

몇 해 전 멕시코에 관한 책과 볼리비아에 관한 책을 냈을 때도 비슷한 느낌이 들었다. 아, 내가 평생에 과연 책을 낼 수 있을까? 라고 하던 생각에서 쉽지 않은 과정이었지만, 그 단계를 거치고 나니 책이 출판되어 나오는 순간 나 스스로 의미 있는 뭔가를 이루어 냈다는 뿌듯함이 가득했다.

마라톤은 어쩌면 책출간보다 나에게는 더 큰 의미가 있다.

책은 젊었을 때도 막연히 죽기 전에 무엇이 되었든 책 한 권을 낼 수 있을까 생각했었기 때문에 어느 정도 잠재적인 희망을 성취한 것이라고도 할 수 있다. 하지만 마라톤은 달리기 시작하기 전까지는 한 번도 풀코스 완주를 꿈꿔본 적이 없기에 이를 해냈다는 것이 더 큰 의미가 있다고 생각된다.

그렇게 나 스스로 기쁨을 만끽하다가 어느 순간에 이 좋은 것을 남들에게도 전하고 싶은 마음이 생기기 시작했다. 초기에는 사람들이 마라톤 완주라는 사실에 놀라움을 표시하고 관심을 가져주었고, 적지 않은 나이에 비교적 짧은 시간 내에 풀코스 완주를 해냈다는 것에 놀라워했다. 여기까지 보면 말도 안 되는 무모한 노력으로 이루어 낸 특이한 경우로 받아들이는 것 같은 느낌이 들었다.

그래서 그런지 사람들이 마라톤을 하고 싶다기보다는 오히려 자신은 더 못할 것으로 생각하는 것 같았다. 뭔가 스스로 할 수 있다는 생각과 하고 싶다는 열망을 불러일으키는 게 필요했다. 일단은 다이어트 효과와 잘 빠지지 않는 허리 둘레가 줄었다는 것으로 사람들의 관심을 끌기는 했다. 더 잘 설득할 만한 다른 뭔가를 찾아야 했다.

칠레에 온 지 얼마 후 고혈압 약처방 때문에 병원 내과에서 피검사를 하게 되었다. 검사 결과를 보니 예전에는 지방간, 당뇨, 콜레스테롤이 위험 경계에 달하는 수준이었던 것으로 기억하고 있었는데, 이들 수치 모두가 정상 범위에 들어와 있었다. 검사 결과를 본 의사는 아주 훌륭한 수치라고 하면서 나에게 축하한다고까지 말했다.

이 당시가 내가 달리기를 본격적으로 시작한 지 약 1년 반이 지난 시점이었다. 나는 검사 수치 결과에 만족했지만, 무엇보다도 이제 이 결과를 가지고 사람들에게 달리기를 지속적으로 하게 되면 건강이 매우 좋아진다는 일종의 증거를 발견한 것 같아 더욱 기뻤다. 물론 이 검사 결과를 가지고 설명하니 다른 사람들이 달리기를 더 열심히 하는 계기가 된 것 같아 보였다.

2024년 10월 건강검진을 하기 위해 한국을 다녀왔다. 건강검진을 한 지가 5년이나 넘어서 큰맘을 먹고 한국에 갔다. 도착 다음날부터 근 2주간 매일 새벽에 10킬로를 달렸다. 매일 뛰면 시차 적응에도 많이 도움이 된다. 약간 졸릴 때가 있었지만 시차가 바로 극복된 것 같은 느낌이었다. 도착 후 주말을 보내고 바로 광화문에 있는 검진센터를 방문해서 검사를 받았다. 검진 결과는 시간이 걸린다고 하면서 이메일로 보내준다고 했다.

한국 일정을 마치고 칠레로 돌아와 아마 한 1주일 정도 지났을 때 검진센터로부터 검사 결과 이메일을 받았다. 첨부물에는 항목별 건강검진 결과 서류와 나로서는 처음 보는 건강 성적표라는 게 있었다. 건강 성적표는 건강검진 결과와 사전에 제출한 생활습관 등에 관한 문진 결과를 종합해 점수화한 것이다.

건강 성적표를 보니 나와 동일한 연령인 57세 사람들의 평균 점수는 100점 만점에 78점이라고 나와 있었다. 그런데 나의 점수는 무려 96점이었다. 100명 중 5등에 해당했다. 점수에 따라 최우수(90점 이상), 우수(80점 이상), 보통(65점 이상), 미흡(64점 이하)으로 등급을 나누는데 나는 당연히 최우수 등급이었다.

그 옆에는 실제 나이와 현재의 신체 나이가 나와 있었는데 나의 신체 나이는 49세로 실제 나이인 57세보다 8살이 적은 것으로 나왔다. 이외에도 심장 -7세, 혈관 -4세, 간 -10세였는데, 특히, 달리기와 관련이 있는 신체 부분이 좋은 결과가 나온 걸로 봐서 달리기가 건강에 무척 좋다는 것을 증명할 수 있는 확실한 자료들을 얻은 셈이다.

당연히 나는 이 결과를 받은 이후부터는 마라톤의 효능에 대해 과학적 자료라고 할 수 있는 건강 성적표를 사람들에게 보여주면서 계속해서 달리는 것을 멈추지 말고 생활화하기를 독려했다.

2025년 4월은 마라톤을 시작한 지 만 3년이 되는 시점이다. 3년 사이에 참 많이도 뛰었다. 하지만 매번의 러닝이 나에게는 자극이고, 희망이고, 설렘이었다. 그리고 새로운 나의 도전이고, 개인적 발전을 맛보는 짜릿한 경험이었다. 아울러 건강 성적표가 보여주듯이 나도 모르는 사이에 건강한 신체가 되어버린 것은 좀처럼 쉽게 얻을 수 없는 소중한 자산이다.

08

달리기 루틴 만들기

앞의 글에서 눈 감고 딱 3주만 뛰어보자고 했는데 이는 내가 생각해 낸 달리기를 생활 속에서 습관화하는, 곧 루틴화하는 방법이다. 우리는 자연스럽게 생긴 잘못된 습관이 바람직하지 않아 고치려고 하면 너무 힘들고, 다시 반복되는 것을 많이 경험해 왔다. 반대로 좋다는 습관을 몸에 붙이려고 해도 잘 안 되는 경우도 역시 많이 경험해 왔다.

좋은 습관을 몸에 붙여서 자연스럽게 해나가면 얼마나 좋으련만, 모든 일이 뜻대로 되지 않는 게 어쩌면 더 정상이다. 어떤 일이나 행동을 습관화하려면 초반기의 약간의 강한 의지와 끈기가 있어야 한다. 처음은 힘들 수 있겠지만 꾸준히 이어가면 며칠 후에는 자기 스스로가 대견하고 실질적인 몸의 변화도 느끼기 시작한다. 이 단계에서는 이전에는 생각지도 못했지만, 어느새 조금씩 쌓인 자신의 노력을 더 향상시키려는 마음이 앞서는 것을 느낄 수 있다.

달리기도 마찬가지이다. 가끔 뛰는 것도 좋지만 궁극적으로 풀마라톤을 뛰는 것을 목적으로 한다면 한동안은 매일 달려서 달리는 것 자체가 몸에 배게 하는 것이 무엇보다도 중요하다. 내가 경험하기로는 최소한 3주는 계속해서 달려야 한다. 달리기 초보라면 뛰는 거리는 그렇게 중요하지 않다고 생각한다. 1킬로도 좋고, 3킬로도 좋다. 거리는 나중에 조금씩 늘려도 상관없다. 우선, 시작을 하는 것이 중요하다. 일단 달리기를 시작했다면, 굳은 마음을 먹고 최소 3주 동안 빠지지 말고 달리기를 이어가자.

왜 3주인가? 객관적인 근거가 있는 것은 아니다. 내 경험에 따르면 3주 정도를 계속해서 뛰게 된다면 여러 가지 변화를 거쳐 뛰는 게 일상화되기 때문이다. 달리기 루틴화를 이루는 필요 최소 기간이다. 이보다 더 유지할 수 있으면 더 바람직함은 말할 필요가 없다. 보통은 1주일을 뛰는 데 성공하면 자신이 1주일이나 계속 뛰었다는 것 자체에 놀라기도 하고, 대단하다고 생각하게 된다. 그리고 약간의 체중이 줄기도 해 뭔가 이루어지고 있구나, 라고 하는 특별한 느낌을 받는다. 1주일을 계속 뛰었다는 점 자체가 크게 자부심을 주기도 한다.

2주 차가 되면 뭔가 된다는 느낌과 약간 더 개선하려는 생각으로 뛰기를 중단하지 않고 이어 나가게 된다. 2주 차가 끝날 때쯤이면 이제 거의 다 온 것이나 다름이 없다. 앞으로 1주만 남았기 때문이다. 이 단계에서는 이미 몸이 상당 부분 달리기에 적응하기에 충분한 시간이 경과해서 달리기가 더 이상 어렵지 않게 느껴지고 달리는 거리를 늘려볼까? 하는 생각이 많이 든다.

3주 차가 되면 이제 2주간 이어왔던 성실함에 스스로를 대단하게 생각하고, 조금만 이어가면 3주가 완성된다는 기대감을 갖게 된다. 그리고 몸이 이제는 완전히 뛰는 것에 익숙하게 되면 오히려 활력을 느끼게 된다. 이 단계까지 오면 정말 성공이다. 이 단계에서 다른 사람들이 그만하라고 하면 오히려 본인 자신이 아까워서 스스로 더 달리려고 한다.

이것이다. 이것으로 달리기가 몸에 체화된다. 이제부터는 누가 시키지 않아도 자신이 스스로 달리기를 찾아 나선다. 이후부터는 굳이 매일 달릴 필요도 없다. 본인이 자신의 시간을 할

애해 달릴 시간을 찾게 되고, 일주일에 2~3번 정도 알아서 뛰면 평소 달리기 운동으로 충분하다. 물론 대회가 있다면 더 오래전에 집중적인 노력이 필요하다.

달리기를 위한 이런 기초가 갖추어져야 한다. 최소 3주에 걸친 연속 달리기로 건강한 몸으로 만들면 이제 잘 달릴 수 있는 기초가 만들어진 것이다. 이런 달리기 습관화를 하지 않고는 하프에 도전하고, 풀코스에 도전하는 것은 모래 위에 누각을 세우는 것과 같다. 다시 강조하지만 장거리 달리기는 기초를 아주 튼튼히 만들어 놓아야 한다.

그 기초를 만들 수 있는 방법은 의외로 무지막지하거나 엄청난 큰 노력을 필요로 하지 않는다. 그와 반대로 작지만 매일 꾸준히 하는 달리기가 핵심이다. 꾸준함이다. 꾸준함을 뒷받침할 수 있는 것은 하고자 하는 의지와 열정이다.

이는 달리기에만 국한되지 않는다. 공부건 독서건 운동이건 똑같이 적용되는 원리이다. 이건 나만이 발견한 원리도 아니다. 이런 점들을 깨닫고 나서 보니 주변의 책이나 유튜브에 이런 원리를 설명하는 사람들이 무척 많이 있음을 보게 된다. 아마도 나이가 들면서 이것저것 노력해 본 사람들이 공통적으로 발견하게 되는 비밀 아닌 비밀로 성공과 성장의 원리인 것이다.

『그릿』이라는 책을 본 적이 있다. GRIT은 성장(Growth), 회복력(Resilience), 내적 동기(Inner motivation), 끈기(Tenacity)의 약자다. 이 단어들만으로도 무엇을 의도하는 책인지 눈치챘을 것이다. 그리고 영어로 된 원제를 보니 위에서 말한 인생 성공의 비결과 일맥상통한다. 이 책의 영어 제목은 『The Power of Passion and Perseverance』이다. 열정과 인내(끈기)의 힘이다. 어떤 목표를 향해 열정과 관심을 가지고 끈기 있게 부단하게 노력하는 것이 성공의 지름길이다. 이 길은 속도가 느려 보이지만, 어느 단계에 오르면 한 번에 집중적인 노력을 하는 것과는 비교할 수 없을 정도로 급속히 발전한다. 차원이 달라진다.

다시 말하지만 3주를 하루도 빠지지 말고 달려보자. 여러분은 분명 3주 후에 10킬로를 무리 없이 뛰고, 하프를 꿈꾸며 조만간 궁극적으로 풀마라톤에 도전하는 자신을 보게 될 것이다. 마라톤에 성공했다면 일상에서 업무건, 독서건 자신이 하고 싶은 목표를 정해 이 원리를 응용하는 지혜도 자연스럽게 습득하게 될 것이다. 그렇게 어려움을 이기고 지속적으로 자신의 내적 계발을 위해 나아가며 흐뭇한 미소를 짓는 여러분들이 되기를 진심으로 바란다.

Part
2

초라한 출발,
창대하게 만들기

01

왕초보 러너

나는 달리기를 좋아하지 않았다. 어릴 때부터 달리기는 별로 소질이 없었다. 중고등학교 시절에도 100미터 달리기는 늘 평균 이하의 실력이었다. 무엇보다도 출발선 앞에 서면 무진장하게 요동치는 심장의 박동과 극도의 긴장감이 싫었고, 뛰는 중간과 뛰고 난 후 죽을 것같이 느껴지는 호흡곤란 때문에도 싫었다.

군대에서도 새벽 구보가 싫었고, 비가 와서 구보가 취소되면 그렇게 좋을 수가 없었다. 그 이후로 딱히 달려본 기억이 없다. 30여 년간 달린 기억이 없다. 2019년 볼리비아 근무 당시 라파스에서 13킬로 단축 마라톤 대회를 나갔다. 공공외교 차원에서 볼리비아 국기와 태극기를 들고 뛰었다. 사전에 한 번도 달리기 연습을 하지도 않고 뛴 무모한 감행이었다. 모르는 사람들은 내가 잘 뛰는 사람인 줄 아는데 전혀 그렇지 않다.

한국을 알리는 좋은 기회라고 생각했고 업무라고 생각했기 때문에 완주를 겨우 할 수 있었다. 뛰고 나서 며칠을 근육통으로 걷지 못할 정도였다. 물론 라파스의 고도가 해발 3,600미터라는 것을 생각하면 그 자체로도 대단한 일이기는 하다. 당시에는 한 번도 뛴 적은 없지만, 유튜브를 보면서 나 스스로 홈트레이닝을 세 달 정도 해오던 차라 그 정도 운동으로도 뛸 수 있을 거라는 근거 없는 자신감에서 참가했던 것이다.

그 이후 나는 다시 뛸 생각이 전혀 없었다. 하지만 그로부터 3년이라는 시간이 흘러서 벨기에에 있게 된 나는 2022년 4월부터 본격적으로 달리기를 시작했다. 내가 왕초보 러너라고 한 것은 처음 뛰어봐서가 아니라 뛰는 실력과 기록이 처음 뛰는 사람처럼 형편없었기 때문이다.

벨기에의 수도 브뤼셀에는 5월이 되면 20킬로 달리기 대회가 매년 열린다. 마치 마을 축제와도 같다. 많이들 참여도 하지만 도로 양편에서 많은 시민들이 나와 달리는 사람들을 응원한다. 어떤 사람들은 거리에 간이 테이블을 들고나와 음료와 과일을 주기도 하고, 음악 연주를 하고, 당 보충하라고 설탕을 주기도 하고, 또 어떤 집들은 창문을 활짝 열고 힘내라고 그룹 퀸의 "We are the champions"를 크게 틀어 놓기도 한다.

동료 가운데는 이미 마라톤을 뛰는 사람도 있었고, 달리기를 좋아하는 사람들도 있어 그들로부터 20킬로 달리기 대회에 같이 참가해 보자는 권유를 받았다. 왠지 재미있을 것 같았다. 한 번도 달려본 적이 없는 긴 거리여서 조금은 망설였지만, 왠지 할 수 있을 것 같다는 생각에 과감하게 등록했다.

하지만 마음 한구석에는 몇 년 전이긴 해도 해발 3,600미터 고도에서 13킬로를 달렸던 나로서는 7킬로만 더 달리면 되지 않을까? 하는 안이한 마음이 있었다. 거기다 여긴 거의 고도가 없는 평지가 아닌가? 숨도 잘 쉬어지지 않는 라파스를 어떻게든 견딘 걸 보면 나에겐 굉장한 심폐 능력이 숨어 있지 않을까? 하는 허황된 마음마저 있었던 것 같다.

나의 이러한 안이한 마음을 단번에 깨뜨려 버리는 계기는 얼마 되지 않아 처참하게 찾아왔다.

02

구겨진 자존심

    2022년 4월 중순이 되었다. 이제 5월에 열리는 브뤼셀 20K 달리기 대회가 한 달 반 정도 남았다. 뭔가 시작을 해봐야 할 때라는 생각이 들었다. 어떻게 하면 좋을까 여러 가지 궁리를 했다. 무지무지하게 넓게 펼쳐져 있는 브뤼셀의 유명한 캉브흐(Cambre) 숲을 뛰는 방법도 있고, 또 큰 호수가 있는 공원 주변을 몇 바퀴 도는 방법도 있다. 하지만 그곳까지 가려면 또 준비해서 차를 타고 이동해야 해서 좀 더 손쉽게 달리기를 할 수 있는 곳을 찾아보기 시작했다.

    마침 대사관에서 집까지 거리가 약 10킬로였는데, 이 정도 거리를 뛴다면 퇴근을 하면서 훈련도 하는 일석이조라 좋을 것 같았다. 그렇게 퇴근한 후 집에서 저녁을 먹고 잠시 쉰 다음 다시 뛰거나 혹은 힘들면 자전거를 타고 와서 다음날 쓸 자동차를 다시 가져가는 방법이다. 좋은 아이디어라고 생각이 들어 실행해 보기로 했다.

어느 날 마음을 먹고 퇴근 후 차를 대사관에 놔두고 집까지 뛰어보기로 했다. 내가 왕초보 러너라는 것을 절실히 실감했다. 생각과 달리 1~2킬로를 제대로 달릴 수 없었다. 힘들어서였다. 중간에 쉬고 다시 뛰고 또 걸어서 그날은 거의 2시간이나 걸려서 집에 도착할 수 있었다.

후회가 밀려왔다. 괜히 헛된 자만심으로 20K를 신청한 건 아닌가? 라는 생각이 올라왔다. 이 정도로 뛰는 게 힘들면 당장 20K는커녕 10K를 달린다는 것 자체가 무리라고 생각이 들었다. 자신만만하게 뛴다고 했다가 이게 무슨 창피란 말인가 하는 생각도 들었다. 나 자신을 너무 몰랐다. 대회 참가를 재고해야 하나? 하는 생각들로 힘든 발걸음보다 마음이 훨씬 더 무겁고 머리가 복잡했다.

다음날도 마찬가지였고, 그 다음날도 계속 마찬가지였다. 자존심은 구겨질 대로 구겨졌고 좀처럼 나아질 기미가 보이지 않는다. 그동안 나의 생각과 달리 나는 저질 체력을 가지고 있다는 점을 인정하지 않았는데 달리기로서 객관적인 현실을 볼 수 밖에 없었다.

이 단계에서는 자존심을 회복하는 게 급선무가 아니었다. 나 자신에 대한 스스로의 실망을 긍정으로 바꿔줄 뭔가가 절실히 필요했다. 하지만 그게 무엇인지 알 수 없었고, 다행인지 불행인지 계속 뛸 건지 그만 뛸 건지를 정하는 판단력이 일시 마비되었던 것 같았다. 운명인지 나는 일단 시작했으니 할 수 있을 때까지 계속해 보자는 마음으로 계속 뛰었다. 형편없는 속도였고, 중간에 힘들면 쉬는 일도 많았지만, 그런 것을 크게 개의치 않고 뛰었다. 요즘 들어 그 당시 계속 뛰지 않고 중단했다면 어땠을까를 생각해 보게 된다. 지난 3년을 잘 지냈겠지만, 지금처럼 건강하고 즐겁게 일을 하는 환경이 되지 못했을 가능성이 크다.

어쨌든 초기의 실망에도 불구하고 계속 매일 노력을 계속해 나간 것이 나의 마라톤 인생 출발의 황금과 같은 결정이었다. 그 이후 나의 삶은 어떤 면에서는 마라톤을 하기 이전과 정반대의 긍정적 삶이 되었다고 느끼고 있다.

자존심이 구겨진다고 해서 포기하지 말자! 구겨진 것은 전처럼 바로 펴기 어렵지만 최대한 펴려고 노력이라도 해보자. 무척 많은 용기가 필요하다. 하지만 할 수 있다. 구겨진 자존심을 갖고 사는 것보다, 빨리 결과를 인정하고 자존심을 되살리거나 아예 새로운 자존심, 즉 새 목표로 다시 출발할 수 있어야 한다. 못난 과거를 안고 사는 것은 상처만 될 뿐이고 이불 킥으로 남을 뿐이다. 나아가지 않으면 결국 한 발자국도 앞으로 나아갈 수 없게 된다.

03

아! 뭔가 되기 시작한다

　고난이 인내와 연단이 되고, 그것을 몸으로 받아들이면 희망이 생긴다. 어느 날 문득 성경에서 이 비슷한 구절을 발견하고 내 마라톤 도전에 빛과 같은 희망이 생겼다. 바로 다음이 무엇이 될지, 이 길을 계속 가는 게 맞는 건지 알 수 없을 때 우리는 정말 답답하다. 무슨 단초라도 보이면 그나마 참고 나아가겠는데 그런 것은 보이지도 않는다. 괜한 쓸데없는 에너지만 소비하는 게 아닌지 안갯속같이 불투명하다.

　반대로 목표 지점에 거의 다 와서 한 발자국만 더 가면 되는데 아쉽게 지레 포기하는 게 아닐지도 모른다. 그게 인생이다. 뒤돌아보면 그게 어느 단계였는지 어렴풋이나마 알 수 있지만, 미래를 가보기 전에는 금세 과거가 되는 현재의 찰라와 같은 다음 순간을 절대로 알 수 없다.

　이럴 때는 달리 뾰족한 방법이 없다. 내가 정말로 최선을 다한 것이 맞나 엄밀하게 자신에게 물을 수밖에 없다. 그것이 부족했다면, 아직 한 걸음이라도 앞으로 옮길 힘이 남아 있다면 포기하지 않고 더 나아가 보는 것이 좋다. 물론 그 책임은 남이 아니라 바로 자신이지만 이러지도 저러지도 못한 갈림길에 도달했다고 느끼는 경우라면 어느 방향이든지 앞으로 한 걸음을 내딛는 용기가 필요하다. 그리고 결과를 받아들이자.

　일주일가량을 계속 뛰니까 조금씩 뛸 수 있는 거리가 늘어나고, 그와 반대로 쉬어야 하는 횟수가 점점 줄어들었다. "뭔가 되는데!" 하는 느낌이 들었다. 2주가 되니 월등하게는 아니지만 그래도 이제는 좀 훨씬 몸이 단련된 느낌이 들었다. 살짝 몸이 가벼워진 느낌도 들었다. 3주가 지났을 때 처음에 비하면 일취월장으로 많이 좋아졌지만, 중간에 한 번은 쉬어야 하는 것은 아직도 여전했다.

　한 달쯤 되었을 때 드디어 집까지 한 번도 쉬지 않고 10킬로를 뛰어올 수 있게 되었다. 아! 드디어 뭔가가 이루어졌다. 그날의 기쁨을 잊을 수가 없다. 집 부근에 다 와서 가파르고 긴 언덕길을 매번 아예 포기하고 걸어가는 구간으로 생각하고 뛸 생각이 없었는데, 그날따라 저 힘든 언덕길도 속도가 나지 않더라도 멈추지 않는다면 계속해서 뛸 수 있겠다는 느낌이 들었다. 그러고는 언덕을 멈추지 않고 천천히 뛰어서 꼭대기에 도달했다. 거기서부터 집까지 약 200미터 정도의 거리를 다시 기쁜 마음에 여유롭게 도달할 수 있었다.

한 달 전의 절망감에서 오늘의 성취감으로, 그리고 더 나아가 이것보다 좀 더 먼 거리를 뛸 수도 있겠다는 희망에 가슴이 부풀었다. 나중에 생각해 보니 당시는 아직도 시작에 불과하긴 했지만, 나로서는 조그만 꾸준한 노력이 결실을 맺는 엄청난 순간을 본 목격자처럼 스스로 대견하고 놀라웠다. 주위가 다르게 보이기 시작했다.

이런 자신감이 생겼을 때가 브뤼셀 20킬로 달리기 대회가 얼마 남지 않은 시점이었다. 자, 이제 20킬로도 큰 문제 없이 달릴 수 있을 것만 같았다. 그래 최선을 다해 보자. 그때는 노력이 항상 우상향 그래프로만 갈 것 같은 확신이 생겼다. 아니 그럴 거라고 스스로 굳게 믿었다. 그래! 한 번 달려보자. 아무에게도 자세히 말하지 않은 한 달 반 동안 나의 노력이 곧 빛나게 될 것이라고 믿었다.

04

성공할 수 있을까?
첫 20킬로 도전 준비

2021년 중반에 벨기에에 10여 년 만에 다시 근무하러 오게 된 이후, 주위에 달리기하는 사람들이 몇몇 있다는 걸 알게 되었다. 이들로부터 브뤼셀 20K 대회가 있다는 말을 듣게 된 게 이 대회를 알게 된 시초였다. 초반기에는 크게 관심을 가지지 않았는데 주변 사람들이 한 번 같이 뛰어보는 게 어떻겠냐고 권유를 해왔다.

그 가운데 항상 장난기 가득한 동료가 있었는데, 선의의 권유가 아니라 마치 '아마 뛰기는 어렵겠지만 어디 한 번 도전이나 해보세요'라고 하는 약간은 놀리는 말투에 웃어넘겼지만, 나는 한 번 잘 뛰어서 그게 아니라는 것을 보여줘야겠다는 속마음을 갖고 대회 홈페이지를 통해 참가 등록을 했다.

마음가짐은 그러했지만, 단 한 번도 20킬로를 달려본 적이 없는 나로서는 정말 뛸 수 있을까? 하는 걱정도 들었다. 대회는 5월 29일. 시간은 흘러 2022년 4월 중순이 되어서야 나는 다급함을 느꼈다. 남은 시간은 한 달 반 정도이다. 적어도 지금쯤은 연습을 시작해야 할 것 같다는 위기감이 왔다.

초기 연습 과정을 앞글에서 개략적으로 설명했지만, 약간 중복되더라도 여기서는 좀 더 자세히 언급하기로 한다. 그만큼 처음의 시작이 매우 중요하다는 생각에서다. 연습을 어떻게 할지 여러 방법을 궁리했다. 아침에는 너무 시간이 촉박해 달리기 시간을 따로 낼 수 없었다. 새벽 일찍 일어나지만 어둡기도 하고, 또 1시간가량을 강아지 산책을 해야 해서 더 짬이 없었다. 그렇다고 퇴근 후 집에 왔다가 아무래도 저녁 식사를 하고 정리하고 나가면 또 너무 늦은 시간이라 전혀 시간이 없어 보였다.

그럼 아예 퇴근을 뛰어서 집까지 가면 여러모로 시간이 절약될 것 같아서 한 번 실험해 보기로 했다. 집에 가서는 저녁을 먹고 다시 직장까지 뛰어와서 다음날 아침에 써야 하는 차를 집으로 가져간다는 계획이다. 직장에서 집까지가 약 10킬로 거리였다. 이렇게 마음을 먹고 하루는 뛸 수 있는 운동복과 운동화를 가지고 출근을 했다. 퇴근 후에는 지하주차장에 있는 차를 그대로 두고 출입구를 나와 달리기 시작했다.

달리는 속도나 주법, 소지품 등에 대한 전혀 감이 없던 때라 대충 운동복과 운동화에 배낭까지 메고 달리기 시작했다. '그렇게 많이 걸리겠어'라고 속으로 생각하며 뛰었지만, 정말 생각과 마음과 달리 1킬로 이상을 잘 뛸 수 없어 자꾸 멈춰서기를 반복하고, 중간에는 걷기도 하고, 또 뛰어보다가 또 쉬기를 여러 차례 한 끝에 겨우 동네 어귀까지 왔고, 집 부근에 있는 가파른 언덕길을 보니 악마의 코스가 따로 없었다. 그렇게 나의 첫 10킬로 도전은 2시간을 훨씬 넘기고 말았다. 당연히 다시 사무실까지 뛰어 돌아갈 힘도 없었으나 차를 반드시 가져와야 해서 힘들게 자전거를 타고 가서 차에 싣고 돌아왔다.

이러고 나니 웬만하면 뛸 수 있겠지 했던 20킬로가 두려워졌다. 과연 뛸 수 있을까? 내 달리기 실력이 겨우 이 정도밖에 안 되나? 이전에 뛰지는 않았지만, 그래도 계속 혼자 집에서 홈트레이닝을 하고 있던 나로서는 스스로에 대해 실망감이 들었다. '그래 뛰는 것은 홈트레이닝과는 또 다른 이야기이지'라고 위로를 해봤지만 앞으로 다가올 대회를 어떻게 해야 하나 걱정이 가시지 않았다.

실력을 솔직히 인정하기로 했다. 하지만 내가 대회 전까지 해볼 수 있는 데까지 최대한 달려보기로 마음을 먹었다. 다음 날도 비슷했고, 그 다음날도 역시 비슷했다. 그래도 끝까지 참고 1주일을 했더니 스스로가 대견하기도 했지만, 살짝 몸도 가벼워진 느낌이고 처음처럼 아주 힘들지는 않았다. 뭔가 되어가나? 아직 확신할 수 없지만, 문득 희망이 느껴졌다. 그래 처음보다는 쉬는 횟수도 좀 줄었고, 한 번에 좀 더 길게 뛰는 것 같으니 어쩌면 20K를 달리는 게 가능할지 모른다는 기대감도 들었다.

2주 차에도 달리기 기량이 크게 나아진 것은 없었다. 하지만 확실히 첫째 주보다는 덜 힘들고 중간에 멈춰서는 게 덜했다. 아무래도 좀 살이 빠졌나 하는 느낌도 들었지만, 체중 변화는 크게 없었다. '아직 때가 아니군' 하고 약간은 섭섭한 마음을 부여잡았다. 3주 차가 되자 확실히 몸무게가 2~3킬로가량 빠졌다. 이제는 제법 오래 쉬지 않고 뛸 수 있었다. 하지만 동네 어귀에 있는 가파른 언덕길 앞에서는 여전히 포기하고 걸어가는 상태가 반복되었다. 매번 체중계를 확인할 때마다 달리기 효과에 대한 확신이 들었다. 나이가 있어서 달리기 역량이 늘지 않더라도 체중 감량에 만족하자는 생각도 들었다.

어느덧 한 달이다. 몇몇 특별한 일정이 있는 경우를 빼고는

4주를 달렸다. 4주가 끝나갈 무렵 이제는 제법 뛸 정도가 되었는데 집에서 1킬로 정도 떨어진 동네 어귀의 100~200미터 길이 정도의 꽤나 높은 경사도가 있는 언덕길이 여전히 넘지 못할 장애물이었다. 그 앞에만 가면 자동으로 의욕 상실과 함께 걷게 되는 것은 어쩔 수 없었다. 4주가 끝나갈 무렵 그날도 언덕길 앞까지 그럭저럭 잘 달려왔다. 그런데 놀랍게도 매번 포기하는 마음 대신 천천히라도 참고 뛰면 못 오를 것도 없겠다라는 생각이 들었다. 언덕을 뛰어 올라가면서 당연히 처음 몇 걸음은 힘들었지만 참을 만했고, 달리기를 계속 이어 나갔다. 마침내 경사가 없어진 곳에 도달하고서는 드디어 해냈다는 느낌이 들었고, 거리로부터 집까지 가벼운 발걸음으로 달려갔다. 그때의 기분은 형용할 수 없이 큰 기쁨이었다. '드디어 10킬로를 중간에 한 번도 쉬지 않고 뛸 수 있게 되었다'라는 나로서는 엄청난 기쁨이었다. 그리고 왠지 '이제 10킬로보다 더 멀리도 뛸 수 있지 않을까?' 하는 또 다른 기대감에 들떴다.

드디어 이제 10킬로를 넘어 보다 더 긴 거리도 뛸 수 있을 것 같다고 느낀 이후에 뛰는 거리를 더 늘리지는 못한 채 몇 번의 10킬로를 뛰고 나니 벌써 브뤼셀 20킬로 달리기 대회가 코앞으로 다가왔다. 대회 전 적어도 1주일은 뛰지 말고 쉬어야 한다는 말에 연습을 중단했다. 아직은 완전히 준비가 안 된 것 같았지만, 그래도 한 달 사이에 아주 낮았던 자신감에서 이제는 어느 정도 해볼 만하겠다는 자신감이 생긴 것이 큰 차이점이었다.

이것이 사실 내가 달리기에 대한 다른 정보도 없이 무작정 시작한 연습의 전부였다. 그때는 인터넷이나 유튜브로 달리기 정보를 찾아볼 생각은 하지도 못했다. 그냥 내가 알고 있는 상식선에서, 그리고 주변에 있는 동료들로부터 어쩌다 들은 경험담과 주워들은 지식으로 그냥 꾸준히 나만의 노력을 했다. 총 한 달 반 정도 기간 동안의 훈련이었다. 주위의 동료들은 내가 뛰는 연습을 하고 있다는 것을 알고는 있었지만 이렇게 끈기 있게 하고 있다는 건 잘 몰랐다. 설령 알았다 해도 초보자인 나의 결과가 그리 신통치 않을 것이라고 속으로 굳게 믿고 있는 것 같았다. 나는 내심 조심스럽게 하루하루 대회날을 기다리게 되었다.

05

첫 번째 도전,
브뤼셀 20K 달리기

어떤 새로운 일에 도전할 때마다 그 과정을 경험하고 나면, 전에는 상상만 할 뿐 하나도 알 수 없었던 주변에 엄연히 존재하는 보다 큰 세상을 직접 체험하는 신비함을 느낀다.

나는 몇 해 전 책을 출판하면서 그러한 신비함을 경험했었다. 출판의 세계가 어떻게 돌아가고, 출간을 어떻게 하는지, 책 표지 디자인은 어떻게 해야 하는지, 도서 등록은 어떻게 하고, 인세는 어떻게 되는 것인지, 기타 무슨 준비가 필요한지 등등 정말 잘 몰랐고 세세하게 궁금했던 사항들을 송두리째 경험해 봐서 이제는 책을 내려고 하는 사람들에게 자문해 줄 수 있을 정도가 되었다. 이와 마찬가지로 또 다른 세계를 경험한 것이 바로 달리기 대회 출전이다.

대회 출전이 뭐 그리 대수냐고 할지 몰라도, 겪어보지 못하면 이런 세계가 있다는 것을 당연히 알 수 없다. 물론 20K 말고도 풀마라톤을 준비하는 것은 더 그렇다. 더 준비할 것과 알아야 할 것들이 많기 때문이다.

첫 출전 20K 달리기는 다른 대회들과 마찬가지로 몇 차례 기한이 있어 빨리 등록할수록 가장 싼 등록 비용을 지불하고 대회가 가까워질수록 비싸진다. 풀마라톤의 경우에는 간혹 건강검진서를 요구하는 경우도 있지만 보통 20K에서는 이런 요건은 없다. 대개는 대회 개최일 3일 전부터 전날까지 번호표를 교부받는다. 한국에서는 택배로 보내주기 때문에 훨씬 편리하기도 하다.

브뤼셀 달리기의 경우에는 팀을 만들어 등록하면 대표자가 가서 팀원들 번호표를 한꺼번에 수령할 수 있기 때문에 편리하기도 하다. 2022년 브뤼셀 달리기 대회에는 출발점 바로 인근에 사무실이 있는 현대자동차의 법인장께서 아예 한국인 참가자들을 위한 팀 코리아로 단체 등록을 해서 우리 참가자들이 대회 당일 아침 사무실에서 번호표를 받고 짐을 보관하고 다시 돌아와 라면과 음료수 파티를 했다.

대개는 대회 당일 도심을 뛰다 보니 도심 교통 통제가 일찍부터 시작된다. 브뤼셀은 웬만한 시내 진입로로 연결되는 도로는 오전 8시경부터 통제가 된다. 8시 이전에 전철이나 버스, 기차 등을 이용할 수 있는 곳 인근에 주차하고 대중교통으로 출발지로 이동했다. 현대자동차 브뤼셀 사무소 건물은 출발선에서 불과 도보로 5분 이내의 거리에 있고, 건물 내에는 화장실뿐 아니라 샤워실도 있어 마라톤에 참가하기에는 최적의 편리한 장소였다.

참가 등록할 때 자기의 예상 기록 시간을 제출해야 했는데, 이 시간대에 따라 출발 시간이 달랐다. 대회장에 가보니 번호표가 여러 가지 색으로 구분이 되어 있었는데 색깔에 따라 자신이 출발할 구역이 정해져 있었다. 진행요원들이 출발 구역 입구에서 그 구역에 맞는 출발자들만 입장하도록 통제를 한다. 약 4만 명 이상의 사람들이 출전한 관계로 대회 출발 시간이 훨씬 지나서야 큰 무리의 사람들이 차례차례 대포 소리를 신호로 뛰기 시작했다. 앞에 아마도 어떤 인사의 축하 메시지도 있는 것 같은데 너무 멀어서 무슨 일이 있는지도 알 수 없다.

드디어 출발이다. 그룹별로 차례대로 출발하는데도 그룹 내 인원이 많아 내 앞을 가득 메운 인파를 헤치고 나가기가 어려웠다. 10킬로 거리를 한 달간 연습해서 그런지 많은 사람들을 하나하나 헤치고 앞으로 추월해 가는 것에 스스로 으쓱했다. 그렇게 많은 사람들을 제치면서 10킬로까지 수월하게 뛰어갔다.

하지만 이게 웬일인가? 10킬로가 넘어서자마자 언제 그랬냐는 듯이 나의 달리는 속도는 점점 떨어지기 시작했다. 10킬로 이상을 뛰어본 적이 없는 데다가 신나게 10킬로까지 페이스를 잃고 무리해서 에너지가 고갈되어 가는 있었기 때문이다. 이제는 전반 10킬로의 경우와 반대로 나는 계속 처지고 뒤에서부터 달려오던 선수들이 모두 나를 제치고 앞으로 나아갔다,

안간힘을 쓰며 버티기는 했지만 좀처럼 피니쉬 라인이 나타나지 않는다. 가뜩이나 마지막 3킬로는 예상치 못하게 오르막 길이어서 더더욱 끝이 보이지 않았다. 평소 차를 타고 다니던 길이어서 이렇게 경사가 있는 줄 알지 못했다. 지금 생각이지만 대회 이전에 달리기 코스를 한 번쯤 답사해 볼 필요가 있다. 경로와 끝을 알고 뛰는 것과 모르고 뛰는 것은 천지 차이이다. 모르면 계속 뛰어도 나오지 않는 끝이 야속하고 힘이 훨씬 더 드는 느낌이다.

어쨌든 힘겹게 결승점을 통과했다. 메달을 받고, 과일과 음

료와 과자를 받아 들고서 인파 사이를 잠시 배회했다. 누가 아는 사람이 없나 하고 두리번거렸다. 마치 내가 이런 큰일을 해 냈는데 알아줄 사람이 필요한 것 같기도 하고, 누군가 아는 사람을 만나면 나의 첫 도전 성공 소감에 관해 무슨 말이라도 해야 할 것 같은 마음이었다.

우리가 처음 모였던 현대자동차 사무소로 가서 보니 아직 사람들이 별로 없었다. 인터넷을 통해 기록을 확인해 보니 2시간 15분 45초였다. 와우! 나쁘지 않은 기록이었다. 열 명 정도의 한인들이 참가했는데 그중 그래도 3위였다. 나이로 보면 내가 만 55세로 최연장자였다. 다른 사람들은 내 나이에 처음 참가해서 꽤 잘 뛰었다고 대단하다고 평해 주었다. 그 말도 기분이 좋았지만, 무엇보다도 내게는 지난 한 달 반에 걸친 나만의 노력이 빛을 발하는 순간이어서 더 의미가 있었다.

나에게 브뤼셀 20K 달리기는 뒤에 이어지는 내 마라톤 여정의 중요한 기초였다. 이 대회가 없었더라면 달리기를 시작해 볼 생각조차 못했을 것이고, 평생 풀코스는커녕 하프나 10K도 뛰어보지 못하는 삶을 살아갔을 것이다. 그런 순탄하기만 한 삶과 마라톤을 시작한 이후, 지금의 삶은 얼마나 다르며 희망이 있는지 뛰어보지 않은 사람들은 결코 실감하지 못할 것이다.

Part 3

마라톤 인문학
(마라톤 사고력 기르기)

01

달리기와 뛰기

달리기에 관한 글을 쓰다 보니 어느 날 문득 달리는 행위에 관한 우리말 표현이 매우 제한적임을 알게 됐다. 특히, 동사의 경우에는 한참을 생각해 봐도 '달리다'와 '뛰다'밖에는 떠오르지 않는다. 조금 더 확장한다 해도 '뜀박질하다', '줄행랑치다', '내빼다', '육상' 혹은 외래어로 '러닝', '조깅', '트레일링' 정도이다. '뜀박질하다' 역시 뛰다에서 나온 말이고, '주행하다', '질주하다'도 있긴 한데 이는 꼭 사람의 행위만을 이야기하는 것은 아니고, 또 한자어로 모두 뛸 주(走)자를 사용하고 있으니 역시 같은 범주에서 크게 벗어나지 않는다.

어쩌면 우리는 대대로 뛰는 것에 그리 긍정적이지 않았을 수도 있다. 유교적 전통에 따라 항상 사색하고 신중함이 높은 덕목으로 자리 잡았었기 때문일지도 모른다. 근엄하고 유유자적하며 양반걸음에 체통을 지키는 것이 이상적인 덕목으로 숭상되는 사회에서 경박하게 뛰는 모습은 교육을 제대로 받지 못한 사람 취급을 받아왔었기 때문일 것이다.

몽골에 가면 말에 대한 우리가 상상하지 못한 많은 표현과 단어가 있다고 한다. 말의 성장기에 따른 이름, 말과 관련된 도구 이름들, 심지어는 말의 변 상태에 따라서도 다른 이름이 있다고 어느 책에선가 본 기억이 있다. 마찬가지로 에스키모에게는 눈에 관한 다양한 표현이 있다. 오늘 온 눈, 어제 온 눈, 며칠이 지난 눈 등을 지칭하는 말이 각각 있다고 한다.

그만큼 언어도 사회적 필요성이 있어야 대상을 설명하는 풍부성과 다양성이 발전하기 마련인데, 이런 측면에서 보면 달리기는 대대로 우리 삶에서 그리 친숙하거나 반겨지는 용어는 아니었던 것 같다.

최근의 대중적인 러닝 붐이 인 것은 얼마 되지 않는다. 길게 잡아야 2010년 중반 이후이고, 그 이전의 육상은 몇몇 소수 전문가의 영역이고, 그나마 체육계 내에서도 비인기 종목이었다. 어쨌든 오늘날 100만 명이 넘는다는 러닝 동호인들이 있다는 이 시기는 알게 모르게 달리기에 대한 언어적 필요성도 높아지는 때가 아닌가 생각된다. 하지만 위에서 별수 없이 러닝이라는 표현을 썼듯이 우리말다운 표현보다 영어를 사용한 말들이 더욱 많이 만들어지거나 사용되는 것은 불가피해 보인다.

달리기와 뛰기, 여전히 보편적인 말이면서 그 이상 더 보편적인 말이 나올 수 있는지 궁금하다. 내가 생각하는 달리기의 장점 가운데 하나는 달리면서 무수하게 잡다한 생각들이 떠오르기도 하지만, 뛰고 나면 오히려 생각이 정리되고 나를 괴롭히는 생각들이 무뎌져 결국 스트레스도 해소된다는 것이다. 덤으로 가끔 평소에 전혀 불가능하게 보였던 일들에 대한 해결책이 떠오르기도 하는 창의력의 바탕이 되기도 한다. 뛰기와 달리기보다 더 다른 좋은 용어가 있는지 다시 뛰면서, 발현될 창의력에 의존해 보면서 생각해 볼 일이다.

02

최초의 마라토너

    42.195킬로, 요즘 웬만한 사람들은 마라톤 풀코스의 소수점 이하 셋째 자리까지 알고 있다. 올림픽 폐막식날을 장식하는 멋진 스포츠 종목이긴 하지만, 대부분의 사람들에게는 실감이 잘 가지 않는 긴 거리를 달리는 인간 한계를 넘어서야 하는 운동으로 여겨진다.

    이런 먼 거리를 달리는 마라톤 기원은 익히 들어봤듯이 기원전 5세기 초반 일어났던 마라톤 전투에서 비롯되었다고 알려져 있다. 기원전 490년 페르시아가 그리스를 쳐들어왔다. 당시 그리스는 아테네의 밀티아데스 장군 지휘하에 수의 열세를 극복하고 마라톤 해안에 상륙한 페르시아군을 무찔렀고, 승리를 알리려 아테네까지 쉬지 않고 달려가 소식을 전하자마자 죽었다는 페이디피데스라는 전령의 이야기로부터 이를 기념하기 위해 마라톤 경기가 열렸다는 얘기다. 여기서 정말로 마라톤이 유래했다면 전령 페이디피데스를 최초의 마라토너라고 불러도 좋을 것 같다.

그런데 이 전령의 이야기는 사실이 아니라고 한다. 이 이야기를 처음 꺼낸 것은 마라톤 전투로부터 약 700년이 지난 기원후 2세기경 쿠릴아노스라는 로마 시대 작가가 처음 언급했다고 한다. 마라톤이 고대 올림픽 종목에 포함되어 있었나 찾아봤더니 그것도 아니다. 고대 올림픽은 기원전 776년부터 시작되었다고 하는데 마라톤 전투가 이루어진 때보다 무려 280여 년 전부터니 마라톤 전투로부터 기원했다는 게 설득력이 없다. 고대 올림픽 종목에는 달리기 종목이 있었지만, 그 가운데 최장 거리는 약 4.6킬로에 불과하다. 마라톤의 1/10밖에 되지 않는다. 고대 올림픽은 로마 시대인 기원후 323년에 가서야 폐지되었는데 그때까지도 마라톤은 종목에 포함되어 있지 않아서 고대 올림픽과는 관련이 없다.

만약 마라톤 경기의 기원이 정말로 1차 페르시아 전쟁 당시의 마라톤 전투에서 유래한 것이라면, 페르시아 전쟁의 원인을 분석한 최초의 역사서인 헤로도토스의 『역사』에 당연히 이런 얘기가 있을 법하다. 하지만 그 책 역시 마라톤 전투에 관한 자세한 서술은 있어도 승전보를 전하는 전령의 이야기는 없다.

헤로도토스의 『역사』 책을 직접 찾아보았다. 제1차 페르시아 선쟁을 다룬 제6권 105장과 106장에 관련된 이야기가 나온다. 페르시아 군대의 마라톤 진격 소식을 들은 아테네의 장군들은 우선 전령을 스파르타에 보내 원군을 청하기로 한다. 『역사』에서 거론되는 전령인 직업적 장거리 주자의 이름은 일반적으로 알려진 페이디피데스가 아니라 필립피데스였다. 비슷하지만 좀 다르다. 아마 그리스와 로마의 표기 차이일 수도 있다. 필립피데스가 달린 곳은 마라톤과 아테네 사이가 아니라, 반대 방향인 아테네와 스파르타 사이였다. 전투가 끝난 후 마라톤에서 아테네까지 달린 게 아니라, 전투 전에 원군을 요청하러 아테네에서 스파르타로 달려간 것이다. 두 도시 간 거리가 140킬로나 되는데 이 거리를 이틀 만에 도착했다고 기록되어 있다.

필립피데스는 스파르타에 도착해 외친다. "라케다이몬(스파르타)인이여, 아테네인은 여러분이 와서 도와주고 헬라스에서 가장 유서 깊은 도시가 이민족에 의해 노예로 전락하는 것을 수수방관하지 않기를 간청하고 있습니다"라고 호소했다. 스파르타인들은 아테네를 도와주기로 결의는 했지만, 아폴론을 위한 카르네이아 축제 기간이라 당장 지원군을 보낼 수 없고 축제가 끝나는 며칠 후에 지원하겠다고 대답한다.

『역사』에는 드디어 축제가 끝나고 뒤늦게 스파르타 원군 2천 명이 매우 서둘러 3일 만에 아테네에 도착했지만 이미 전투는 끝났다고 기록되어 있다. 스파르타 원군은 아테네가 승리했다는 마라톤에 가서 싸움터를 돌아보았다. 그들은 아테네인들과 그들의 업적을 칭찬한 후 스파르타로 되돌아갔다고 되어 있다 (제6권 120장). 이 기록으로 봐서는 필립피데스가 최초의 마라토너가 아님이 명백하다.

아테네와 마라톤 사이의 실제 거리는 42.195킬로보다 짧은 36킬로라고 한다. 마라톤 전투 이후 분명 어떤 전령이 아테네에 승전 소식을 전했을 것이다. 하지만 내내 뛰다가 승리를 전하고 쓰러져 죽었다는 것은 어려운 승리에 최대의 의미를 부여하기 위한 극적인 염원의 발로일 가능성이 크다.

나무위키 설명에 따르면, 1896년 제1회 근대 올림픽이 아테네에서 개최되었는데, 개최를 앞두고 고대 그리스의 영광을 떠올리게 하는 흥행 종목을 만들고자 프랑스의 문헌학자 미셸 브레알이 마라톤 전투에서 아이디어를 얻어 현대 올림픽의 창시

자인 쿠베르탱에게 제안했다고 하는데 이 가설이 그럴듯해 보인다.

 1896년에 개최된 제1회 아테네 국제올림픽부터 마라톤이 정식종목으로 채택되었고, 당시에 마라톤 레이스에 총 17명이 참가한 것으로 되어 있다. 이 가운데 그리스의 스피리돈 루이스가 2시간 58분 50초로 1위를 한다. 당시의 마라톤 거리는 40.2킬로(25마일)였다. 결국 마라톤은 고대 그리스와의 직접적인 관계는 전혀 없다. 1896년에 비로소 처음 생긴 종목이기 때문이다. 그렇다면 최초의 마라토너는 제1회 근대 올림픽에서 금메달을 딴 그리스의 스피리돈 루이스라고 할 것이다.

03

마라톤이 보약이다

보통 운동을 한다면 달리기를 권하는 사람들도 많다. 걷기나 자전거도 있지만 왠지 강도는 아무래도 약하다고 생각하는 사람들에게는 달리기가 안성맞춤이다. 하지만 다른 운동에 비해 달리기는 실제에 있어 많이 힘들 뿐만 아니라 좀처럼 지속적, 장기적으로 하기에는 벅찬 것도 사실이다.

하물며 달리기의 극단이라고 할 수 있는 마라톤을 우리가 일반적으로 하는 운동의 한 범주로 넣을 수 있는지도 잘 모르겠다. 물론 매일 마라톤 풀코스를 뛸 수는 없지만, 비교적 중단거리를 달리면서 연습하는 경우를 포함시킨다면 못할 것도 없다. 초보는 어렵겠지만 꾸준히 달리면 분명 거리는 늘어나고, 또 훈련에 따라서는 속도도 올릴 수가 있다.

달리기를 오래 하면 어떤 효과가 있을까? 내가 운동연구 학자가 아니니 학문적으로 검증을 할 수도 없다. 다만, 내 생활에서 꾸준한 달리기가 신체적으로 어떤 효과가 있었는지를 설명하는 것으로도 다른 사람에게도 도움이 될 수 있을 것이다.

여기서 달리기란 어느 정도 긴 거리를 이야기하는데 나를 기준으로 하면 한 번에 최소 10킬로 정도를 말한다. 물론 사람마다 차이가 있어 달리기 단계별로 적은 거리에서부터 더 긴 거리를 목표로 잡을 수 있다. 초보의 경우에는 3킬로, 5킬로 등으로 점차 늘려나가면 된다.

앞에서도 이야기했지만 달리기 습관을 몸에 붙이기 위해서는 적어도 3주 정도가 필요하다고 생각한다. 이 단계가 지나가면 자신이 뛰어왔던 거리를 좀 더 연장해 늘려 보려고 하게 되는데 이때가 건강 상태가 한 단계 높아지는 효과를 보는 단계라고 생각된다. 어느 정도 단계에 올라왔다고 생각될 때, 그때마다 거리를 늘리거나 속도를 높이는 식으로 훈련을 하면 효과적이다.

달리기를 시작한 지 일 년 반 정도 된 시점에서 고혈압 약처방 때문에 피검사를 해야 하는 상황이 되었다. 평소에 혈압이 좀 높아서 예전부터 고혈압 약을 복용했었는데 외국에 있다 보니 어느 순간부터 처방전 받기가 귀찮기도 해서 몇 달을 약을 안 먹은 적이 있다. 한편으로 달리기를 한참 하고 있어서 달리기가 혈압 저하에도 도움이 되는 줄로 알았다. 하지만 치과 임플란트 치료를 위해 혈압을 재보니 혈압이 너무 높아서 달리기가 혈압을 낮춰주지는 않는다는 점을 알았다. 그럼에도 불구하고, 혈액검사 결과는 모든 수치가 정상 범위 내에 있었다. 당뇨, 콜레스테롤 모두 정상이었고, 의사 선생님은 훌륭한 결과라고 이야기해 주었다. 과거에 검사 결과 모두 경계선에 근접한 수준이었는데 모두 정상적인 수치를 보여준다는 게 놀라울 따름이었다.

그런 의미에서 달리기는 평소에 먹어두는 보약과 같다고 할 수 있다. 아니 비싼 보약보다 더 좋은 간편하고 쉬운 영양제라고 할 수 있다. 달리기를 루틴으로 하게 되면 심폐 기능과 혈관 계통이 강화되고, 면역력이 높아지며, 긍정적 마인드를 갖게 된다. 집중력을 키울 수 있고, 창의적인 생각도 떠오르는 황금 연못에도 비유할 수 있을 정도이다.

달리면 달라진다. 그냥 하는 말이 아니다. 달리기의 세계로 입문해서 꾸준히 노력하면 충분히 달성할 수 있는 목표가 된다.

가스라이팅도 아니다. 희생과 '노오력'을 강요하는 것도 아니다. 여러분의 잠재력을 믿고 한 걸음 앞으로 나아가 보자. 달라진 모습은 여러분 스스로가 실제로 체감하며 마침내 크게 공감하게 될 것이다.

04

벨기에 숲이 나에게 말해준 것들

　벨기에의 수도 브뤼셀에는 여러 가지 상징물이 많다. 우리에게 가장 잘 알려진 것은 오줌싸개 동상이다. 브뤼셀의 중심 광장이라고 할 수 있는 그랑플라스에서 그리 멀지 않다. 가는 길에 보이는 벨기에 와플, 초콜릿, 맥주는 벨기에를 대표하는 상품이라고도 할 수 있다. 가까운 먹자골목에는 홍합 요리도 빼놓을 수 없다. 벨기에 구시가지와 유럽연합 기관들이 있는 구역, 1960년대 세계박람회를 위해 지었던 아토미움(원자 모형의 상징 건물) 등을 보통 볼거리로 친다.

　하지만 브뤼셀에서 빠지지 않고 꼭 한 번쯤을 가보라고 권하고 싶은 곳은 바로 숲이다. 브뤼셀에 있는 소니안 숲(영어 Sonian Forest, 불어로는 Foret de Soignes, 네덜란드어로는 Zonienwoud)은 상상이 안 갈 정도로 큰 규모인데 숲길을 다니다 보면 참 잘 관리되고 있다는 느낌이 든다. 숲은 브뤼셀 남동쪽 외곽을 끼고 있는데 무려 4,421헥타르의 넓이로 약 1,200만 평에 달한다. 우리 여의도가 약 87만 평이라고 하니 무려 14배 이상의 크기이다.

브뤼셀의 숲을 이렇게 장황하게 설명하는 이유는 무엇보다도 브뤼셀의 숲이 나에게 있어서는 아주 훌륭한 달리기 연습장이었기 때문이다. 숲이 너무 크다 보니 어느 한쪽 방향을 정해 놓고 달려도 경계에 다다르기 쉽지 않다. 다른 방향은 말할 것도 없다.

나는 운이 좋게도 벨기에서 두 번을 근무했다. 처음 근무는 2008년에서 2010년까지였다. 당시에는 달리기는 전혀 안중에 없는 일이었고, 자전거에 관심이 많았던 때여서 주말에 자전거를 타고 숲길을 하루 종일 다녀도 끝이 없을 정도로 이곳저곳을 탐사하듯이 다녔었다. 2021년 다시 오게 된 벨기에는 10여 년이라는 시간이 지났지만, 달라진 것이 거의 없었고, 숲은 더욱 변한 게 없었다.

옛날 기억을 더듬으며 숲길로 들어섰다. 많은 길들이 여전히 생생히 기억났다. 이제는 자전거보다 더 느린 속도로 달리면서 더 자세히 숲의 이모저모를 살펴볼 수 있었다. 숲속의 갖가지 식물과 나무들, 여러 가지 동물들이 조용한 가운데 힘차게 뛰어가는 나를 반겨준다. 멀리서 나무 사이로 간간히 노루가 보이기도 하고, 또 여우도 보인다.

마주치는 사람들은 대부분 여유롭게 산책하거나, 자전거를 타거나, 또는 강아지들과 함께한다. 가끔은 말을 타고 지나가는 사람도 있다. 숲 안에는 수많은 갈래 길이 나오고, 그럴 때마다 미국 시인 프로스트의 '가지 않은 길'을 생각하며 어느 길로 가야 할지를 결정하느라 고심했다. 프로스트가 암시하듯이 어느 길도 한 번 다른 길로 가면 마치 다시 갈 수 없다고 느끼듯이 말이다. 그러나 그 많은 길도 여러 번 자주 가다 보니 이제는 나에게 남겨진 가지 않은 길은 더 이상 없다는 생각이 들었다. 다소 엉뚱하게도 벨기에의 숲에서 나는 다시 오지 못할 길만 생각한 것이 아니라 수없이 반복되면 불가능하게 생각된 것도 일상이 될 수 있다는 생각을 했다.

벨기에 숲에서 나는 길을 잃기도 하고, 대충 거리와 시간을 가늠해 보기도 하고, 아름다운 꽃들과 높다란 나무들을 보고, 잠시 서서 사색에 잠기기도 하고, 아름다운 호숫가의 새들을 바라보며, 한적하고도 끈기 있게 달리는 나날들을 보냈다. 이것이 벨기에 숲이 나에게 가르쳐 준 차분함과 내면과의 대화, 그리고 숨은 차지만 자연과 대화 속에서 포기하지 않고 지면을 박차고 나갈 수 있는 에너지였다. 나의 달리기는 벨기에 숲이 만들어 준 것이라고 해도 과언이 아닐 것이다. 벨기에 숲은 언제든 다시 가보고 싶은 곳으로 남아 있다.

뒤돌아 생각해 보면 벨기에 숲이 나에게 말해준 것은 나의 내면과 대화를 해보라는 것과 나 자신의 새로운 발견이었다.

05

브뤼셀 마을의 20K 달리기 축제

　브뤼셀은 벨기에의 수도이자 소위 유럽연합의 수도이다. 유럽연합의 수도라고 명문화된 규정은 없지만, 유럽연합의 핵심 기관인 유럽연합 집행위원회, 유럽연합 이사회, 유럽의회 본부가 브뤼셀에 위치해서 그렇게들 부른다. 위치적으로 브뤼셀이 서유럽의 북부에 치우쳐 있는 것처럼 보이지만 북구를 포함한 유럽엽합 회원국들을 다 같이 고려하면 유럽의 중앙에 위치한다고 할 수 있다. 교통도 사통팔달이고 차로 2~3시간 거리 이내에 파리를 포함한 프랑스 동부, 독일 서부, 조금 더 가면 룩셈부르크, 이탈리아 북부 등 유럽의 주요 도시에 다다를 수 있다.

　벨기에는 작고 멋있는 특징이 매우 많은 나라이다. 하지만 주변의 큰 나라가 많다 보니 대부분의 유럽 패키지 투어에서는 반나절 또는 하루 정도만 경유하는 국가처럼 인식되어 왔다. 지금은 어느 정도 많이 알려졌지만, 벨기에는 최고의 맥주의 나라이고, 초콜릿의 나라, 와플의 나라로 아기자기하고 아름다운 국가이며, 오랫동안 플랑드르 지방으로 알려져 온 미술의 나라이기도 하다.

특히, 브뤼셀은 벨기에 내에서도 더 국제적인 도시이다. 유럽연합과 관련된 공무원들과 다양한 국제기구들과 외교공관들도 많아 이들만 해도 5만 명 이상이라고 한다. 이와 관련된 국제기구 관계자들, 주요 연구기관 등을 모두 합치면 유럽에서 도시 가운데 브뤼셀만큼 국제화된 곳도 많지 않을 것 같다. 브뤼셀에서는 원래 불어와 네덜란드어 방언인 플레미쉬가 공식적으로 사용되지만, 위와 같은 특성으로 영어도 일반적으로 잘 통용된다.

벨기에의 멋을 갖고 있으면서도 개방성이 높은 도시 브뤼셀에는 늘 유럽 각지 그리고 세계로부터 쏟아져 들어오는 관광객들을 보는 것은 일상적인 일이다. 수많은 외국인 근무자들이 거주하고 있고, 유럽 지형상 국가 간 거리가 멀지 않아 주변국에서 벨기에를 방문하는 게 크게 어렵지 않은 만큼 브뤼셀 20K 달리기 대회에는 외국인 참가자들이 많다.

개인적으로 벨기에를 두 번 근무하게 되었지만, 첫 번째인 2008~2010년간 근무할 때는 달리기에 관심이 전혀 없어 당시에는 이런 대회가 있는지도 몰랐었다. 나중에 알고 보니 브뤼셀은 매년 5월에 20K 달리기 대회를 개최하는데 제1회 대회가 1980년에 개최되었다고 하니 이제 곧 45년 이상의 역사를 자랑한다.

달리기 대회에 한 번 참여해 본 이후에는 나는 정말 몰랐는데 이렇게 많은 사람들이 참여하는 이런 신기한 세계가 또 있었네! 라는 놀라운 발견의 느낌마저 받았다. 평소에 조용하고 여유로운 도심이 그날만큼은 도대체 어디서 그렇게 많은 사람들이 달리기 대회를 참가하러 몰려드는지 놀라울 따름이다. 2022년과 2023년 2번을 참가했는데 모두 4만 명이 넘는 사람들이 참가했다. 4만 명이 넘다 보니 출발지인 그 넓은 썽컹트네흐 광장(독립 50주년 기념 광장)이 사람들로 인산인해다. 출발도 여러 그룹으로 나눠 시작하고, 내가 속한 그룹이 출발했을 때는 긴장감과 스릴감이 넘치면서 너무 많은 사람들이 도로를 꽉 채우고 뛰어가다 보니 사람들 사이를 헤쳐 나가기조차 쉽지 않았다.

비교적 작은 도시인 브뤼셀의 도심 한가운데를 달리다 보니 일요일 오전 많은 시민들이 나와서 응원을 해준다. 평소 차로만 다녔던 길을 두 발로 도로 중앙을 뛰어가는 것은 또 다른 묘미였다. 기발한 복장을 하고 뛰는 사람, 유모차를 밀며 뛰는 사람, 강아지와 함께 뛰는 사람, 나란히 사이좋게 뛰는 부녀(똑같이 입은 티셔츠 뒷면에 불어로 아빠와 딸이라고 써 있어서 알았다), 장애를 안고 뛰는 사람, 시각장애자와 가이드의 러닝 등등 달리면서 평소에 보지 못했던 새로운 세계를 많이 보게 되었다.

응원을 해주는 시민들도 다양하다. 출전자 엄마 아빠를 기다리는 꼬마들, 응원 포스터를 들고 손에는 휴대폰 촬영을 준비하며 축하하려는 사람, 집에서 준비해 온 과일이나 음료수를 전해주는 사람, 흥을 돋구는 다양한 악단들, 사탕이나 설탕을 준비해서 나눠주는 사람, 연도에 서서 주자들과 하이 파이브를 요청하는 꼬마들, 자전거로 또는 뛰어서 얼마간을 따라오는 아이, 가슴에 붙인 이름을 용케 읽어 큰 소리로 이름을 부르며 힘내라고 응원하는 사람, 도로변 집에 창문을 활짝 열어 힘을 돋우는 음악을 크게 틀어주는 사람 등등이 있다.

어느 대회이건 기회가 된다면 한 번 꼭 참가해서 직접 달려보기를 권한다. 그 정열과 긴장감, 환호성과 함께 자신이 느껴보지 못한 현장감을 몸으로 흠뻑 맞이하면서 생생한 기억으로 간직하게 될 것이다. 알지 못했던 신세계가 열리는 느낌이다.

그날의 현장에서 느꼈던 생생한 감동과 살짝 다가온 긴장감, 모두 숨죽인 그 정적과 출발 신호, 서서히 이동하는 무리들, 혼잡한 가운데 질서를 찾아가는 모습, 홀연히 여유롭게 뛰어가다 어느 순간 다시 무리를 짓기도 하는 그 순간, 많은 달리는 사람 가운데서도 유독 혼자 뛰고 있는 것 같은 군중 속의 고독마저도 잊지 못할 추억이다.

그렇게 나는 브뤼셀 마을 축제의 한 부분이 되었고, 동시에 브뤼셀의 달리기는 나의 소중한 추억의 한 부분이 되었다.

06

산티아고의 한강변

　공관 근무를 하다 보면 현지 신문에 기고하거나 방송에 출연할 기회가 종종 생긴다. 그만큼 현지에서는 대사관과의 인터뷰나 기고문이 좀 더 희소가치가 있다고 느껴지기 때문인 것 같다. 반대로 국내 신문에 기고는 오히려 쉽지 않다. 신선한 시각을 제공할 수도 있지만 크게 수요가 없기도 하다. 간혹 일부 신문에는 고정란을 두고 2주 정도에 한 번 공관장들의 기고를 싣는다. 하지만 이것도 내가 하고 싶다고 다 되는 것이 아니라 신청을 해서 선정이 되어야 하고, 게재 가능한 날짜도 배정받는다.

　칠레에 부임한 이후 이런 기회가 있어 신청했더니 다행히 이데일리 신문의 '공관에서 온 편지'란에 기고를 할 수 있게 되었다. 무엇에 관해 쓸 것인가를 고민하게 되었다.

칠레에 와서 보니 칠레가 생각보다 발전된 나라고, 마포초 강변 일부 지역은 잠실에 있는 롯데 빌딩과 유사한 빌딩이 있고, 주변의 높은 건물과 복잡한 다리 교각, 사이클 도로 및 보행로 등도 있는 곳을 보고 우리의 한강변 모습과 비슷하다는 생각을 했다.

이러한 점을 특징으로 부각하면서 2004년 최초의 한-칠레 FTA 체결 이후 양국 간 건실한 무역관계, 광물 수입과 우리 기업의 광업 및 신재생에너지 투자 등 점증하는 경제관계와 중남미 어느 나라보다 호응이 높은 케이팝과 한류 애호가들을 통한 문화관계의 확장을 알리는 글을 쓰면 좋겠다는 생각이 들었다.

사실 이것도 따지고 보면 다 마라톤 덕분이다. 새벽이나 밤에 시간이 나는 대로 마포초 강변을 뛰다 보니 뛰면서 무엇을 쓸까 생각을 하게 되었고, 마침 뛰다가 바라본 코스타네라 센터 건물이 잠실의 롯데 빌딩과 유사하다는 생각을 하게 되었고, 그리고 보니 한강변과 비슷한 느낌이 들었다 그 순간, "아! 이걸 주제로 쓰면 좋겠네"라는 아이디어가 떠오른 것이었다. 그 뒤로도 여러 번을 달리면서 계속 생각을 다듬어 나갔다. 기고문을 제출해야 할 시기가 다가오자 이렇게 생각해 두었던 것을 바탕으로 어려움 없이 쉽게 써 내려갈 수 있었다.

다음 글은 2023년 11월 17일 일간신문인 이데일리에 게재된 기고문이다. 원래 내가 썼던 제목은 이 글의 제목과 같이 '산티아고의 한강변'이었는데, 외교부 대변인실과 신문사 편집실을 거치면서 '인·태 전략의 또 다른 핵심축 칠레'라는 제목으로 바뀌어서 게재되었다.

  필자는 자칭 마라톤 전도사다. 마라톤에 입문한 지 현재 1년 반, 지금까지 4번의 풀코스를 완주했다. 주중 새벽에는 비교적 짧은 거리를, 주말에는 20킬로가량 장거리를 달린다. 칠레에 부임한 지 세 달에 불과하지만, 틈나는 대로 자주 달리다 보니 이젠 주변 동네길도 훤히 알게 되었고, 훌륭한 달리기 코스도 여러 곳 발견했다. 그 가운데에서도 즐겨 달리는 곳은 산티아고 도심을 가로지르는 '마포초' 강변을 따라 설치된 산책로 겸 자전거 도로다.

  이 강변을 달리고 있으면 마치 한강변을 달리고 있는 듯한 착각마저 든다. 마포초 강이 한강보다 폭이 좁고 수량이 적다는 점만 뺀다면 멀리 보이는 롯데월드타워 같은 건물과 시내의 여러 고층 빌딩들, 주변을 지나는 도심 고속도로,

머리 위를 지나는 고가도로와 교각들, 훌륭하게 정비된 자전거 도로와 산책로, 깨끗하고 정돈된 거리의 모습에서 서울과 산티아고 두 도시의 높은 싱크로율을 발견할 수 있다.

조금은 느린 것 같지만 철저히 법규를 지키는 모습은 관공서의 업무 처리나, 신호등과 버스전용차선을 준수하는 모습에서 쉽게 찾아볼 수 있다. 무단 횡단도 거의 볼 수 없고, 소액 구매에도 반드시 주는 영수증에도 익숙해졌다. 이방인으로서 생활 속에서 느끼는 이런 칠레 시민들의 법 준수가 몸에 밴 생활 면면이 칠레를 돋보이게 하는 요소가 아닐까 한다.

최근 칠레는 리튬 등 핵심 자원 광물과 세계 최고의 태양광과 풍력 활용도를 이용한 청정수소의 생산지로서 주목받고 있다. 그만큼 우리 기업들이 많은 관심을 보이는 지역이기도 하다. 무엇보다도 역내 다른 국가들과 비교하여 법적 안정성이 높은 것도 장점이다.

우리에게는 최초의 FTA(자유무역협정) 체결국이라는 상징성이 크다. 2004년 FTA 체결 후 지난 20년간 양국 간 교역액은 5배나 증가했다. 2022년 양국 간 교역 규모는 83억 불에 이른다. FTA의 효과는 칠레가 우리의 중남미 교두보로 우리 기업과 상품의 진출을 위한 확고한 토대를 구축한 데에서 확인할 수 있다. 2022년에는 수교 60주년을 맞아 한덕수 국무총리가 방문해 보리치 대통령과 회담을 하고 양국 관계를 '전략적 동반자 관계'로 격상하기로 했다. 칠레와의 관계는 가일층 확대일로에 있다. 칠레는 중남미에서 일찍이 케이팝을 비롯한 한류 문화에 관한 관심이 확산되기 시작한 곳이기도 하다. 도심 곳곳에서 삼삼오오 모여 케이팝 댄스를 연습하는 젊은이들을 쉽게 볼 수 있다. 어딜 가나 음식, 영화, 화장품 등 다양한 한류에 관한 관심이 뜨겁다. 작년 케이팝 월드 페스티벌에서 칠레 커버댄스 팀 '솔져'가 1등을 차지했고, 귀국 후 대통령궁에서 보리치 대통령의 환대를 받았다.

가끔은 멀리 있는 것도 한 번쯤 자세히 들여다볼 필요가 있다고 생각한다. 한강변과 크게 다르지 않은 칠레의 모습을 보면서 그동안 자세히 보지 못했던 다른 국가들의 꾸준한 발전에 대한 경이감으로 이들의 미래를 더욱 긍정적으로 보게 되었다. 동시에 중남미에서 협력을 강화해야 할 대상으로 칠레를 더욱 주목할 필요를 느꼈다. 특히, 인·태 협력 시대의 글로벌 중추 국가로 나아가고자 하는 우리에게 칠레를 비롯한 태평양 연안 중남미 국가들에 대한 관심과 협력 강화가 필요한 때이다.

07

인생은 마라톤이 아니다

흔히들 인생은 마라톤이라고들 한다. 그만큼 길고 험난하며 끝까지 견디며 레이스를 완주할 때까지 그 결과를 알 수 없기 때문이다. 인간이 하는 스포츠 중에 올림픽 종목 가운데 가장 긴 거리를 달리고, 장시간 소요되며, 인간의 한계를 극복하는 것이기 때문에 이런 말이 붙은 것 같다.

현대 마라톤의 공식 거리인 42.195킬로는 누구나 대부분 소수점 세 자리까지 잘 알고 있지만 실제로 이 거리가 얼마나 먼가는 직접 풀코스를 뛰어보지 않고는 설명하기 어렵다. 선수들은 그렇다 치더라도 나 같은 아마추어가 4시간 초반대로 뛰려고 해도 대략 러닝머신을 시속 10킬로로 계속 달리는 속도를 유지해야만 한다.

헬스장에 가서 러닝머신을 한 번이라도 이용해 본 사람은 시속 10킬로가 그리 쉽지 않은 속도임을 알 것이다. 그런 속도로 20~30분이 아니라 4시간 이상을 달려야만 마라톤에서 4시간 15분대 기록이 나오는 것이다. 선수들은 2시간 초반대이니 이보다 2배나 빠른 시속 20킬로로 달려야 한다.

빠른 속도도 속도지만, 그 긴 장거리를 달린다는 것은 보통의 인내와 끈기가 아니면 완주하기 어렵다. 이런 모든 말을 종합해 보면, 결국 인생이 마라톤에 비유되는 것은 끝이 장기적이고, 멀어서이기도 하지만, 그보다는 힘들고 한계를 극복해야 어떤 큰 성과를 얻을 수 있다는 점에 더욱 방점이 있는 것 같다.

나도 마라톤을 하기 전에는 인생은 마라톤이란 말을 쓰기도 했고 간혹 주변에서 들었었다. 나는 달리기를 본격적으로 시작하고 난 후 1개월 반 후에 20K를 달렸고, 그로부터 바로 5개월 후에 첫 풀코스 마라톤을 완주했다. 달리기 입문 3년이 된 지금 시점에서 생각해 보면 정말 불가능한 일을 순식간에 해치우는 기적과 같은 일이었다고 생각이 들 정도이다.

물론 힘들었지만 달리는 것을 루틴으로 만들어 생활화하고, 조금씩 거리를 늘려나가는 것은 마치 자기 자신을 극복하고 숨겨진 재능을 발견해 나가는 느낌이었다. 조금씩 성공적인 자기 계발의 길로 조금씩 실현해 나간다는 짜릿한 흥미가 없었다면 불가능했을 것이다. 그리고는 지금까지 3년 기간 동안 총 8번의 풀코스 마라톤을 완주했다.

그러고 보니 인생은 마라톤이라는 말이 종전과 달리 다른 의미로 내게 다가왔다. 불가능에 가깝다고 생각했던 마라톤을 여러 차례 완주해 보니 마라톤이 생각만큼 불가능해 보이지 않고 누구나 할 수 있다는 생각이 들기 시작했다. 여전히 풀코스를 뛰는 것은 쉽지 않고, 매번 큰 도전이다. 그럼에도 불구하고 묵묵히 뛰면 어느새인가 결승점에 도달해 있게 된다.

마라톤을 완주해 보면, 인생은 한 번 뛰고 마는 마라톤보다 훨씬 더 어려운 레이스라는 걸 느끼게 된다. 그냥 단 한 번의 마라톤이 아니라 무수히 많은 마라톤들이 우리를 기다리고 있는 것이 인생인 것이다.

하지만 우리는 안다. 내 페이스대로 뛰어가면 언젠가 끝이 나온다는 것을. 더욱이 불가능하다고 생각했던 한 번의 완주를 했다고 해도 그것 자체가 우리 인생을 아주 훌륭하게 만들지도 않는다. 우리 앞에는 또 다른 도전이 늘 기다리고 있다. 인생은 한 번의 마라톤이 아니다. 인생은 마라톤의 연속인 것이다. 인생은 마라톤보다 더 심한 레이스의 연속이지만, 우리는 이 레이스에서 결코 멈출 수 없는 주자들인 것이다.

08

기대와 실망 사이

뭔가가 이루어지기 시작하는 놀라움을 경험해 본 사람이라면 그것이 남들에게 아무리 사소하게 보여도 자기 자신에게는 두고두고 잊지 못할 짜릿한 경험이 된다는 것을 안다. 하지만 거기서 멈추면 한순간의 추억으로만 남을 뿐이다. 그 다음에 다른 무언가가 이어져야 한다.

도대체 언제까지? 이러다가 영혼을 갈아 넣으라고 할 기세다. 뜻하지 않게 조금씩 노력해서 뭔가를 이루었는데, 만족하지 말고 끝없이 계속 노력을 하라니 너무한 거 아닌가? 라고들 말할 듯하다.

하지만 그게 또 인생이다. 반짝 한 번 성공한 사람은 많이 봤어도, 오랫동안 성공을 계속 이어가는 사람은 매우 드물다. 한 번 성공한 것은 운이고, 계속해서 성공을 이어가는 것은 노력의 힘이다. 가혹하게 들릴지 몰라도 조그만 성공에 만족하면 그 수준에서 멈추고, 더 이상의 발전은 찾아보기 힘들다. 한 번의 성공은 지난날의 자신만의 화려했던 영화이고, 돌이켜지지 않는 과거의 자랑거리일 뿐이다.

누구나 안락한 삶을 꿈꾸며 현재의 행복을 소중히 여긴다. 이러한 가치도 매우 중요하긴 하다. 특히나 요즘 세대의 사람들한테는 더욱 그러한 것 같다. 소위 조그만 확실한 행복을 위해서는 나 자신의 이익 수호와 남들 눈치를 보지 않는 개인주의적 신념이 강하게 표출되는 사회다. 그것도 괜찮다. 모두들 그렇게 하는 곳에서 혼자만 고고한 척하는 것은 위선으로까지 여겨질 수 있다.

하지만 아는가? 소확행이 대세가 된 곳에서도 유별나게 성공을 거두는 사람들이 있다. 모두가 그의 성공을 부러워하고 그를 따라 하려고 야단들이지만, 요즘 세상에 볼 수 없었던 그들의 숨겨진 노력을 보았는가? 그들 대부분은 보통 사람이라면 도저히 따라 하기 힘든 엄청난 노력을 한 사람들이다. 그러니 소확행에 머물 사람은 머물고, 남의 성공을 부러워할 것이 아니요,

거기서 벗어나 성공과 자기계발의 길을 가고자 하면 다시 새로운 차원의 노력의 길로 가야만 한다.

MZ세대를 이해하기 위해 한때 유행했던 『하마터면 열심히 할 뻔했다』란 책을 오래전에 읽은 적이 있다. 새로운 세대들의 사고방식을 이해하기 좋은 내용들과 함께 위에 말한 내용, 즉 자신의 행복을 소중히 하는 것도 좋지만, 소소한 행복에 만족할 사람은 거기에 멈추고, 정말 성공하려면 부러워만 하지 말고 노력해야 한다는 것이 저자의 핵심 메시지였다.

이러한 트렌드도 4~5년이 지나니 또 변한 것 같다. 최근에 나온 『트렌드 코리아 2025』 책을 보니 '아보하'라는 용어가 유행이다. 아주 보통의 하루라는 뜻이다. 크게 행복하려고 노력하지 않고 별 탈 없이 오늘 하루를 지내는 것을 만족으로 느끼는 트렌드이다.

도처가 위험한 세상에서 오늘 하루도 소소한 일상을 이어감을 감사하고 만족하는 태도이다. 그저 똑같이 일어나고, 밥 먹고, 출근하고, 책보고, 운동하고, 잠자리에 드는 그런 삶이다. 기대가 크면 실망도 크듯이 실망을 피하며 일상을 이어가려는 자세다. 어떤 면에서는 이러한 생각들도 이해가 된다.

처음에는 보통 기성세대들처럼 인생의 희망이 없으니 무탈하게 지내는 게 목표가 된 젊은 세대가 너무 자포자기하는 삶을 살아가는 것이 아닌가 하는 생각도 들었지만, '아보하' 패턴에서 내게 눈에 띄었던 것은 운동이었다. 폼나고 과시할 수 있는 골프나 테니스가 아니라 화려하지 않더라도 주변에서 할 수 있는 달리기와 같은 종목이 다시 각광을 받고 있다는 점이다.

우리는 늘 항상 격변하는 시대에 사는 느낌이다. 밀레니엄 세대, Z세대, Alfa세대 등등 새로운 용어가 난무하고 소확행, 아보하라는 신종어도 마구 쏟아진다. 하지만 인간의 삶은 고대 시절부터 지금까지 혁명적이란 말은 많이 있었지만, 말처럼 정말 혁명적으로 변한 것은 없다고 생각한다. 약간의 색이 칠해졌거나 방식이 조금 달라졌을 뿐이지 근본은 별로 변한 게 없다.

소확행이든 아보하든 그 안에 있는 근본은 결국 다른 방식의 자기 나름의 노력인 것이다. 기대를 너무 높여서 마음고생하는 걸 피하고자 기대를 낮추고 하루하루 소상한 일상에 만족하며 살기보다는 소소한 기대를 약간만 높여서 목표를 달성하려고 노력해 보는 건 어떨까?

하루하루의 소상한 일상이 평생 우리를 기다려 주지 않을 것이기 때문이다. 우리의 삶이 오랜 시간이 지나도 박제되어 버린 듯한 일상에 갇혀 있는 느낌에서 벗어나야 되지 않을까? 자! 운동화 끈을 다시 매고 가벼운 마음으로 거리로 나가 마음껏 뛰어 보자.

09

마라톤엔 교훈이 있다

요즘은 교훈을 싫어하는 시대다. 아니 교훈 자체는 좋아할 수 있지만, 누군가 교훈적인 말을 걸어오거나 설교를 한다거나 또는 강요한다면 외면을 받을 수밖에 없다. 그럼에도 불구하고 마라톤에는 교훈이 있다고 말하고 싶다.

마라톤은 우선 자기 자신과의 대화이다. 자신의 솔직한 마음을 많이 만나게 된다. 어렵고 힘든 마음이 끊임없이 나에게로 몰려오지만 나 자신과의 약속, 타협 그리고 결국에는 통제에 의해서 달래고 얼래고 희망을 주고, 곧 끝난다고 세뇌를 하면서 나 자신과 끊임없는 대화를 한다. 그러다 보면 어느새 결승점이다. 언제 평소에 이렇게 오랫동안 자기 자신과 대화해 본 적이 있는가? 아마도 없을 것이다.

또 다른 교훈은 수많은 시도와 노력이 쌓여서 기량이 향상된 다는 점을 깨닫게 된다는 것인데 이건 그야말로 몸으로 뛰면서 피부로 느끼게 되는 값진 교훈이다. 3년 전 달리기를 처음 했을 때 1킬로 이상을 계속 달릴 수 없었을 때를 생각해 보면 어느새 이렇게 42K까지 뛰게 되었나 의아하지만, 비가 오나 눈이 오나 춥거나 덥거나 수많은 달리기의 날들이 있었음이 오늘의 나를 만들었다고 생각한다. 장거리 달리기만큼 연습이 뒷받침되지 않으면 성공적이지 못한 것은 없다고 생각한다.

달리기도 하다 보면 그냥 뛰는 것 같지만 뒤돌아 생각해 보면 실로 많은 개선을 위한 노력을 했던 것을 알 수 있다. 예컨대 속도를 내기 위해 다양한 자세도 스스로 실험해 보고, 주행법도 다양하게 시도해 보고, 평소의 준비운동, 뛰기 직전의 무릎과 고관절 운동, 페이스 조절 분석, 신발 테스트, 준비물 점검 등 끊임없는 개선을 위한 노력을 이어왔다. 사람은 관심을 가지는 분야에 대해 더욱 알려고 한다. 자기 자신에게도 물어보자. 당장 답할 수 없다면 많은 걸 시도해 보자. 나에게 숨겨진 재능과 관심이 가는 분야가 분명 있을 것이다. 그리고 스스로 인센티브를 주어 그 분야의 덕후가 되어보자.

또 하나의 교훈은 보편적인 교훈은 있을 수 있지만, 절대적인 교훈은 없다는 것이다. 초반기 4번째 마라톤까지는 철칙으로 지키던 신념이 있었는데 아무리 늦게 뛰더라도 걷는 것보다는 빠르다는 것이었다. 달리기 연습을 할 때 한 번 걷게 되면 다시 뛰기 어렵고, 조금만 힘들어지면 나도 모르게 멈추게 된다는 것을 느꼈기 때문이다. 그래서 한동안은 아무리 느리게 뛰어 걷는 속도일지라도 그게 걷는 것보다 낫다고 믿었기에 마지막까지 걷지는 않았다.

나중에 하루키의 『달리기를 말할 때 내가 하고 싶은 이야기』에도 이런 신념으로 걷지 않으려고 노력하는 저자를 보면서 동질감을 느꼈다. 하지만 5번째 마라톤부터는 생각이 바뀌었다. 물론 웬만하면 걷지 않으려고는 하나, 어떤 경우는 잠시 쉬는 것이 훨씬 나은 회복력을 주어 더 빨리 달리게 된다는 것을 경험한 이후였다. 아직도 무엇이 답인지는 확신할 수 없다. 하지만 어떤 경우에는 융통성이 필요하다. 융통성은 바로 경험에서 나온다.

벨기에를 떠나 한참 지난 후에 벨기에에서 같이 근무했던 젊은 동료로부터 카톡이 왔다. 나의 달리기 예찬에 한 번 뛰어보겠다고는 말했으나 그 이후 실제로 달리는지는 몰랐는데 어느 날 10킬로 단축 마라톤에 나가서 완주한 사진을 보내왔다. 그 자체로도 나는 흐뭇했지만, 그 젊은 직원의 글에는 이런 말이 있었다.

> 저는 10킬로였지만 뛰면서 포기하고 싶고, 멈춰서 걷고 싶은 마음이 많이 들었는데, 조금 참고 뛰었더니 완주를 하게 되었어요. 이래서 대사님께서 마라톤에 교훈이 있다고 하셨구나, 라는 깨달음을 얻었습니다.

교훈을 얻으려고 한 것은 아니지만 나에게 도움이 되는 깨달음을 얻었다면 그것보다 더 중요한 교훈이 어디 있겠는가? 자, 또다시 운동화 끈을 매고 교훈을 찾아 달려보자.

10

적어도 최후까지 걷지는 않았다

　세계적인 작가 무라카미 하루키는 소설가로도 유명하지만 오랜 달리기 습관으로도 유명하다. 하루키의 작품들은 대부분 소설이다. 자전적인 이야기를 쓴 것은 매우 드문데 그중의 하나가 『달리기를 말할 때 내가 하고 싶은 이야기』이다. 유명한 소설가이어서 나도 그의 작품을 몇 권을 읽어보았지만 내가 읽은 책들은 너무 밋밋하고 생각이 흘러가는 대로 이야기를 전개해 나가는 스타일이라 무난하지만 왠지 힘없고 색바랜 사진을 보는 느낌이었다. 그래서 사실 그리 좋아하는 작가는 아니었다.

　보통 어떤 작가의 작품을 몇 권을 읽어보면 자연스럽게 그 작가의 성향이나 배경을 알 수 있는데, 하루키의 경우는 그렇지 못했다. 그러면서도 그의 삶에 대해서는 크게 아는 바가 없었다. 아마 내가 하루키에 대해 큰 호기심이 없어서일 것이다. 그러나 들었던 이야기 중에 특이했던 것은 하루키가 달리기광에 가깝다는 이야기였다. 좀 의외였다. 그럴 수도 있겠지 하고 넘어갔지만 궁금함은 남았다.

내가 달리기를 시작하면서 누군가가 하루키 얘기를 했다.
"하루키가 달리기에 대해서 쓴 책이 있다고 하는데 아직 안 읽어보셨나요? 꼭 읽어볼 만하다고들 하던데요."
그때서야 나는 하루키가 달리기에 관한 책을 냈다는 사실을 알게 됐다. 혹시나 해서 외교부 외교정책자료실 전자도서관에 들어가서 검색해 보았지만, 하루키의 그 책은 없었다. 외국에 있는 나로서는 그의 책을 구하기는 그리 쉽지 않았고, 더욱이 해외 배송으로 받아가며 읽어야 할 필요성까지 있는 것은 아니었다.

그 책에 대해 한동안 잊어버리고 있다가 2023년 칠레 부임을 앞두고 서울에 잠시 들어갔다가 칠레에 사업장을 두고 있는 어느 기업인분을 만났는데 칠레 얘기뿐만 아니라 마라톤 얘기가 주요한 대화거리였다. 몇 주 후 그때 만났던 분이 대사관으로 칠레에 관한 책들과 함께 특별히 하루키의 책을 국제소포편으로 보내주셨다.

하루키의 책에 대해서 내가 느꼈던 것은 이 책 후반부의 달리기에 관한 책들을 소개하는 부분에 포함을 시켰으니 읽어보시기 바란다. 나는 달리기를 하시는 분이라면 이 책을 꼭 한 번 읽어보시라고 권하고 싶다. 우리가 달리기를 하다 보면 힘들어하면서 빨리 끝내기를 바라는 생각을 제일 많이 한다고 생각하기 쉽다. 그런데 실제 가만히 생각해 보면 그런 힘든 순간이 아닌 다른 순간에 너무 많은 생각들이 흘러간다. 뛰면서 힘들어하는 순간들보다 오히려 그렇지 않고 다른 생각을 하면서 흘러가는 순간들이 더 많다. 그 다른 생각들이 무엇인지 되새겨본 적이 있는가?

언제부턴가 그런 생각들을 분류를 해봤다. 일상에서 일어나는 일들, 스트레스를 받았던 일들, 고민하고 있던 문제들, 문득 떠오른 어린 시절의 기억들, 학창 시절, 군대 시절, 외교부 입사 때의 나의 모습, 여러 공관에서 근무하면서 있었던 일들, 책에서 읽었던 내용들, 앞으로 해야 할 일, 정년 후의 무엇을 할까, 나는 어떻게 살아야 하나, 다음에는 어떤 걸 도전해 볼까, 마주쳐 뛰어가는 다른 사람들은 어떤 사람들일까, 그러다 갑자기 또 힘들어지는 느낌 등등.

어떤 때는 이런 삼라만상의 생각들이 흘러가고 섞이고 요동

치기도 하면서 큰 강처럼 순탄해지기도 한다. 그리고는 까마득히 잊고 있던 일들이 생각나기도 하고, 또 전혀 가능성이 없다고 생각했거나, 아예 단념하고 있던 문제에 대한 해답이 갑자기 떠오르는 경우도 있다. 하루키의 책이 그렇다. 아니 훨씬 더 인생에 대해서 깊은 생각들이 들어가 있다. 감히 비슷한(?) 러너로서 동질감을 느끼면서 '어! 나도 이런 생각을 해봤는데' 하는 부분들이 꽤 있다. 이 문제를 하루키는 이렇게 생각하고 표현했구나! 감탄도 하고, 위로도 받는다. 그래서 러너라면 반드시 한 번쯤 이 책을 읽고 내가 왜 뛰는지, 무엇을 위해 뛰는지에 대한 고민과 위안을 받으면 좋겠다고 생각한다.

책의 마지막 부분을 읽고 나는 섬뜩 놀랐다. 나도 비슷한 생각을 했었기 때문이다. 하루키는 먼 훗날에 자신이 죽게 되면 자신의 묘비명에 들어갔으면 좋을 문안을 말하고 있다.
"무라카미 하루키, 출생-생몰 일자, 작가 겸 마라토너, 적어도 최후까지 걷지는 않았다."
내가 놀란 이유는 내가 마라톤을 시작하면서 매우 힘들어질 때마다 걷고 싶은 유혹이 강해지는 것을 많이 느꼈지만, 결국에는 걸었다가 뛰는 것보다 아무리 늦더라도 멈추지 않고 계속 뛰는 것이 언제나 빠르다는 것을 금과옥조로 삼았기 때문에 처음부터 네 번째 풀마라톤까지 단 한 번도 걷지 않았다. 물론 이 원

칙을 다 지킨 게 아니지만 그런 마음에서 내가 생각했었던 묘비명도 하루키의 것과 단어 하나만 추가하고 살짝 뒷부분을 바꾸면 거의 똑같을 것이라는 생각을 했던 적이 있었기 때문이었다. 내 묘비명을 만든다면 그 추가할 단어는 바로 외교관이다.

"김학재, 출생-생몰 일자, 외교관, 작가 겸 마라토너, 적어도 최후까지 걷지 않으려고 했다."

마라톤과 나이

　우리는 통상적으로 운동에 적합한 나이가 있다고 생각한다. 어느 정도 나이가 넘어가면 부적합하다고 생각하기 쉽다. 특히나, 무척 힘든 운동이라면 더 그렇다. 마라톤이 인간의 한계에 도전하는 운동에 가깝다고 하면 더욱이나 나이는 마라톤을 도전하는 데 큰 걸림돌이 될 수 있다.

　하지만 나는 마라톤마저도 나이에 크게 제약을 받지 않는다고 생각한다. 물론 오히려 무리가 되는 나이가 분명히 있지만, 그 나이는 사람들의 생각과 달리 그리 젊은 나이가 아닐 수 있다. 나는 55세에 마라톤을 시작했다. 늦었다고 생각하는 사람도 있겠지만 내가 달리기 시작하면서 보니 나보다 더 늦은 나이에 시작하신 분들도 꽤 있다.

얼마 전 유튜브를 보니 80을 넘기신 분이 60살에 마라톤을 시작해서 풀마라톤을 무려 2천 회 완주하신 분이 있었다. 이게 가능한가 싶지만 어쨌든 대단하신 분이라고 생각한다. 또 한 번 나이가 장애물은 아니라고 생각했다.

나의 경우는 55세에 시작했어도 지난 3년간 8차례의 풀마라톤 완주를 했으니 이제 더 이상 어설픈 초보라고 말하기도 어렵게 되었다. 그래도 이 정도면 나이가 큰 장애는 아니라고 하는 주장을 입증하는 사례가 될 수 있지 않을까 생각한다.

나이로 제약을 받는 것은 완주 자체가 아니다. 나이 때문에 지장을 받는 것은 기록이다. 오래는 뛸 수 있어도 속도까지 받쳐주는 그런 젊은 체력이 아니기 때문에 빠른 기록을 기대하기는 어렵다. 나는 종종 생각한다. 좀 더 젊었을 때 달리기를 시작하고 마라톤에 도전했다면 더 좋았을 걸 하고 말이다.

그러니 젊은 분들은 미리 도전해서 성취감을 느껴보기를 바란다. 나이 드신 분들도 나이와 부상을 이유로 회피하지 마시고 조금씩 꾸준히 달려보기를 진심으로 권한다. 앞으로 얼마나 더 달릴지는 솔직히 나 자신도 알 수 없다. 하지만 적어도 65세 또는 가능하다면 70세 또는 그 이상까지는 계속 뛰기를 소망한다. 나이 들어도 건강하게 뛰는 나의 삶, 상상만 해도 너무 즐겁지 않은가?

12

외교와 마라톤

마라톤에 비유하는 것들이 있다. 인생이 그렇다. 인생은 마라톤이라든가, 마라톤 같은 인생이라는 이야기를 종종 듣는다. 이 경우에 마라톤의 긴 거리와 인간의 한계를 넘을 것 같은 어려움 극복이라는 점에 초점이 맞추어져 있다. 마라톤 협상이란 말도 쉽게 합의가 되지 않은 협상을 장시간에 걸쳐 진행하는 경우를 말한다.

어쨌든 마라톤은 쉽게 단기간에 끝나지 않는 것들을 지칭할 때 많이 사용한다. 특히, 인생은 앞의 글에서도 말했듯이 마라톤 같은 어려움이 계속 온다는 의미에서 '인생은 마라톤의 연속이다'가 더 맞다고 생각한다.

이렇게 인생 마라톤 지론을 장황하게 쓰는 이유는 내가 외교관으로서 몸을 담고 있는 외교 현장에서 개인적으로 시간을 내서 마라톤을 하다 보니 외교와 마라톤과의 상관관계를 생각해 보지 않을 수 없었기 때문이다. 그래야 마라톤을 하는 나 자신이 더 정당함을 얻을 수 있을 것 같다는 생각이다.

외교는 나라를 대표하여 국익을 수호하기 위하여 상대국과 협상을 벌이고 정치, 경제, 통상 등 양자관계를 강화하고, 문화를 확산하며 우리 국민과 재외국민을 보호하는 업무를 기본으로 한다.

마라톤이 이러한 외교와 똑같다고 주장하는 것은 아니다. 하지만 마라톤만큼 국가는 아니지만 나 자신을 대표하고 다른 사람들과 교류하고 서로를 독려하며, 개인의 발전을 이루어 나간다는 점에서 보면 그래도 조금은 유사성이 있다고 말하고 싶다. 억지스럽긴 하지만 특히 외국에서 대회에 참가하여 개인 자격이긴 하지만 한국을 대표한다고 생각하고, 또 참가자들과 교류한다면 좀 더 비슷하다고 하지 않을까 싶다.

어쩌면 외교와 마라톤의 유사성을 찾기보다는 마라톤이 외교에 얼마나 도움이 되는지를 설명하는 편이 더 설득력이 있을 것 같다. 마라톤을 시작한 초기에는 별다른 일이 없었는데 1년 반 후 칠레로 오게 되면서 대사가 마라톤을 한다는 것 자체가 외교가에 화제가 되어 사람들이 관심을 갖고 자주 물어본다.

외교단 행사가 많아 관계 당국 인사들과 외교단 사람들을 자주 만나게 된다. 그런 자리에서는 다양한 이야기로 대화를 이어가는데 운동 이야기가 나오면 단연 마라톤 하는 나의 말을 기대한다. 마라톤 이야기는 자연스럽게 대화를 하고 또 쉽게 사람들과 친하게 해주는 역할을 한다.

한 번은 칠레 외교장관이 초청한 오찬 행사에 참석했는데 칠레의 유명한 이스터섬 이야기가 화제로 등장했다. 마침 내가 마라톤에 참가하려고 이스터섬에 갔다가 마라톤 대회가 취소되는 바람에 혼자 42K를 달린 영웅담을 들려주었다. 장관을 포함해 모두가 놀라움으로 받아들였고, 친근감을 더 높이는 계기가 되었다. 물론 마라톤 이야기만은 아니었다. 이스터섬의 토착 역사와 칠레의 고유성을 대표하는 문화에 대한 깊은 이해를 갖게 되었다는 언급으로 외교장관과 참석자들을 흡족하게 했다.

칠레에 부임한 이후 우리 대사관 직원들뿐만 아니라 칠레에 진출해 있는 지상사 직원들 가운데서도 러닝에 관심을 갖게 되는 사람들이 많아져 이제는 스스로 자발적으로 뛰는 사람들이 많아졌다. 정말로 반가운 일이다. 또한 한인 사회 내에서도 관심을 갖는 사람들도 많아졌다.

나는 이 모든 호응이 자신들이 재미를 느끼기 때문에 자발적으로 일어나고 있다고 생각한다. 나 자신도 스스로 힘들지만 재미있어서, 또는 성취감으로 뭔가 좀 더 멀리 뛰고 싶고, 더 빨리 뛰고 싶고, 더 많은 대회에 나가고 싶어서 오늘까지 오게 되었으니 그 기분과 마음을 잘 이해할 수 있다.

이제는 모두 스스로들 다 방법을 터득하고 훈련을 하고 있기 때문에 내가 더 이상 조언을 해줄 이야기는 별로 없다. 하지만 만약 내가 마라톤을 하지 않았다면 이런 기회조차 없을 수도 있었는데 다행히 모두들 자발적으로 마라톤을 주제로 만남의 자리를 만들고 많은 대화를 할 수 있다는 것을 생각하면 마라톤을 매개로 소통의 광장이 이루어지는 게 너무도 고맙다.

이 정도면 마라톤 같은 인생에서 마라톤 협상과 같은 기나긴 설득의 노력을 기울이지도 않고도 나름 마라톤 붐을 일으켜 참여하는 사람들 간의 유대와 소통을 강화하는 계기를 만든 것은 또 하나의 외교적 성과라고 감히 말할 수 있지 않을까? 내가 견

강부회식으로 전개한 논리지만 적어도 오늘도 달리는 나와 이에 참여하고 훈련하는 사람 모두에게는 그럴 거라고 강하게 믿고 싶다.

13

마라톤과 인생의 의미

　어떤 사람에게 물었다. 죽음을 어떻게 생각하냐고. 그는 조금 생각해 보더니 이내 "죽음이 무섭고 두렵기도 하지만 사실 죽음은 너무도 먼 훗날의 일이어서 당장은 크게 걱정되지 않는다"라고 했다. 그러면서 덧붙이기를 "죽음을 생각하며 괜히 쓸데없이 우울하게 사느니, 지금 즐길 수 있는 것을 최대로 해보면서 사는 게 더 의미가 있을 것 같아요"라고 말했다.

　다른 사람에게 또 똑같이 물었다. 이번에 그는 "지금 죽을 것 같은 심정으로 살아야 한다"라고 했다. 삶은 정말 의미 있게 살아야 하며, 매 순간 최선을 다해야 하기 때문에 넋 놓고 허송세월하거나 순간의 만족만 추구하면 껍데기 같은 삶이 될 것이라고 했다.

세 번째 사람에게도 같은 질문을 했다. 그의 답은 좀 특이했다.

"전 내일 죽을 것 같은 기분으로 살아요."

오늘이 아니라 내일 죽을 것을 생각하고 오늘을 산다고 한다. 내일과 같은 그리 멀지 않은 가까운 미래가 마지막이라는 마음으로 오늘을 산다면 앞의 두 사람의 다소 극단적인 자세보다 훨씬 유연하고 주변을 더 둘러보며 너무 느슨하지도, 너무 빡빡하지도 않은 인생의 의미를 찾을 수 있을 것 같다.

어느 누군가가 이 이야기는 세계적으로 유명한 작가인 카잔자키스의 『그리스인 조르바』에 나오는 능청스럽지만 유쾌하고 낙천적이며, 세상의 지혜를 체득한 주인공 조르바의 말이라고 한다. 책을 찾아봤지만 이 구절을 발견하지는 못했지만 어쨌든 흥미로운 글이다. 그나저나 갑자기 마라톤에 관한 책에서 인생의 의미에 관해 이야기하는지 의아스러울 것 같다.

만일 나에게 마라톤이 어떤 의미냐고 묻는다면 죽음과 같이 멀고 먼 곳에 있는 것도 아니요, 당장 발등에 떨어진 무시무시한 것도 아닌 내일 그만두게 되더라도 오늘을 열심히 뛰는 것이라고 말하고 싶다. 내가 지난 3년을 부단히 열심히도 뛰어왔지만, 마라톤이 유일한 삶의 의미라고 살지는 않았고, 또 그리고도 싶지는 않다. 내가 할 수 있는 범위 내에서 꾸준히 노력해 왔던 것 가운데 하나일 뿐이다.

나에게 인생이란 나에게 주어진 오직 나만이 제대로 읽을 수 있는 내가 만드는 책과 같다고 생각한다. 남의 책이 아무리 멋있고 훌륭해 보여도 그 책을 내 책으로 바꿀 수 없다. 남의 책의 내용을 내가 참고하거나 영향을 받을 수 있지만, 결국은 내 책은 내 책으로 남고, 내 책은 내가 쓸 수밖에 없기 때문이다.

내 책은 남을 보여주기 위해 억지로 꾸미는 것이 아니다. 남에게 말 못하는 내 안의 게으름과 부족함도 잔뜩 있지만, 내가 성장하기 위해 목표를 정하고 꾸준히 노력하고, 또 성과가 좋았다면 남에게도 권해서 남들의 삶에 조금이라도 참고가 되거나 영향을 주는 책이 되기를 바란다.

마라톤은 이제 내가 만들어 가는 나만의 책의 내용 가운데 중요한 부분이 되었다. 불과 3년에 불과했지만 앞으로 더 오래 기록될 것이고, 내가 생각한 목표를 이루고, 의미를 크게 만들어 나갈 것이다.

여러분도 여러분만의 소중한 책을 만들어 가기를 진심으로 바란다. 그것이 굳이 마라톤이 아니더라도 말이다. 무료하거나 따분하다고 느낄 때 나에게 나만의 책이 있나 생각해 보고, 거기에 무엇으로 채울까 생각해 보면서 엔돌핀을 느껴보면 좋겠다.

어떤 큰일이 한순간 갑자기 일어나는 경우는 단언하건대 결코 없다. 우리가 결과만 봐서 그런 것이다. 자세히 들여다보면 그 일이 일어나기까지 어마어마한 과정이 있게 마련이다. 멋지고 근사하고 의미가 있는 큰일을 해보고 싶다는 생각이 있다면, 그냥 생각만 하고 기다릴 것이 아니라 당장 조그만 것부터 시작해야 한다. 방향을 잘 모르겠거든 우선 관련된 글을 읽고, 그 느낌을 기록하는 것부터 시작해 보라.

어려울 것 같지만 지금 읽기 시작해서 관심이 가는 유사한 분야의 책을 따라가다가 읽은 책들이 쌓이기 시작하면서 자연스럽게 자신의 관심사를 자기 스스로가 잘 알게 된다. 그걸 바탕으로 그 분야에서 성공한 사람들의 이야기를 찾아가는 과정에서 자신이 어떻게 실천해 나가야 하는지 역시 스스로 알게 된다.

여러분들의 빛나는 미래가 이루어지도록 기원한다.

Part 4

마라톤 알쓸신잡

01

달리기 시간대 선택

　달리기 연습을 처음 시작할 때는 굳이 어느 시간대에 달릴 것인가를 생각도 해보지 못했다. 그냥 하루의 일과 가운데서 달리는 연습을 할 수 있는 시간이 나는 때가 바로 달리는 시간대가 되었다.

　처음 한 달 동안 10킬로 달리기에 도전했을 때는 업무를 마치고 퇴근 시간대였으니 6시에서 6시 반경에 사무실에서 집까지 뛰어갔다. 당시는 유럽의 4월이었기 때문에 아직 어둠이 내리지 않았지만 해는 서쪽에 기울어져 있어 햇살은 세지 않았고 도로 옆 인도, 숲길, 자전거길을 달렸다.

　이후에는 주말 낮에 주로 거대한 브뤼셀 숲속 안에 복잡하게 나 있는 길을 따라 20킬로 정도를 뛰었다. 2022년 10월 첫 풀마라톤 이후 무릎 부상으로 2달 동안 달리기를 중단했다가 이듬해 봄에 있을 파리 마라톤을 준비하기 위해 다시 연습을 재개한 2022년 연말은 밤이 길었다. 아침 시간대에는 아이를 학교에 데려다주고 사무실로 가야 해서 뛸 수 있는 시간을 내기가 불가능했기에 밤 시간대에 뛰기로 마음을 먹었다.

이때부터 집 주변에 나만의 10킬로짜리 러닝 코스를 개발해 밤늦게 나가 매일 뛰었다. 보통 밤 10시이거나 좀 더 늦을 경우에는 11시에 집을 나서기도 하였다. 내가 살았던 곳은 시내에서 떨어진 약간 외곽의 시골 마을 같은 곳이다. 집 앞에는 큰 소 농장이 있어 낮에는 전원적이고 아름다워 보이지만, 밤에는 외지고 어두운 시골길이 많아서 이곳을 달리려 하니 처음에는 약간 겁도 나기도 했다. 하지만 매일 달리다 보니 어둠도 익숙해진다. 칠레에 와서도 아이 등교 때문에 아침 시간에 러닝을 하기에는 시간이 없었다. 결국 이곳에서도 밤늦게 달릴 수 있는 안전한 길을 모색하고 밤 10~11시 사이에 나가 10킬로를 뛴다.

내가 밤에 뛴다고 하면 사람들이 의구심을 표명했다. 잠자기 전에 과격한 운동을 하면 몸이 활성화되어 잠을 잘 수 없지 않냐고 묻는다. 실제 해보면 그런 우려와 달리 샤워를 하고 잠시 정리를 하고 난 후 잠자리에 들면 오히려 잠도 잘 자고 일어나서도 상쾌하다. 특히 나는 7~8년 전부터 잠이 줄어 평균 하루에 4시간 미만을 자는데, 밤에 뛰고 나서부터는 수면 시간이 6시간 정도로 늘었다.

만약 저녁에 행사가 있을 경우에도 행사가 10시 반 이전에 끝나면 나가서 10킬로를 뛰었다. 만약에 저녁에 뛰는 게 여의치 않은 경우에는 아이 학교 수업이 없는 날에는 아침 일찍 새벽 시간에 뛰었다.

달리는 시간대와 관련해서 강조하고 싶은 점이 있다. 특히 남아메리카에 있는 칠레는 햇살이 매우 강하고 따갑다. 햇볕에 그을린 멋진 피부를 원하는 사람도 있겠지만 피부암을 일으킬 염려가 있고, 피부가 쉽게 노화가 되어 나이가 많이 들어 보인다. 자외선에 노출되지 않고 운동하는 게 바람직하다. 그렇게 하려면 자외선 노출을 피하는 게 좋다. 이런 의미에서 저녁 달리기를 추천하고 싶다.

02

마라톤 대회 참가 등록

　지금은 익숙해졌지만 첫 풀마라톤 참가 때에는 무엇을 준비해야 하는지도 모른 채 그냥 달리는 것만 생각하다가 마지막에 가서 준비물을 구하느라고 애를 먹었다. 대회를 참가하기 위해서는 그래도 꽤 신경을 써야 할 사항들이 많이 있다. 물론 경험이 쌓일수록 별일 아닌 것처럼 느껴지기도 한다.

　우선 참가 등록을 해야 하는데 그간 나의 경험을 통해 설명하면 다음과 같다. 보통 대회 한 달 전쯤에는 등록이 마감된다. 많은 경우 대회 조직위원회 측에서 등록받을 수 있는 최대 참가자 수를 정해 놓고 신청자가 그 수를 채우면 마감한다. 유명한 대회일수록 사람들이 많이 신청하기 때문에 조기에 마감된다.

마라톤 대회마다 참가조건이 다르므로 등록 홈페이지에 나오는 참가요령을 잘 숙지해야 함은 물론이다. 이 요령에는 참가 자격뿐만 아니라 코스 설명, 급수대 설치, 전체 제한 시간, 번호표 배부, 대회 출발 시간 등 상세한 정보가 포함되어 있다.

가장 단순하게는 누구나 신청하면 참가할 수 있는데, 보통 미성년자는 풀코스 출전이 제한된다. 의사가 발행한 건강확인서 제출이 필수인 경우도 있고, 신청자 가운데 추첨을 통해 실제 참석자를 통보해 주는 대회도 있다. 추첨에서 떨어지면 신청비는 환급해 주거나, 또는 기부되기도 한다. 메이저 대회가 아니면 대부분은 신청만 하면 참가하는 데 별문제는 없다. 하지만 최근 러닝 인구가 기하급수적으로 늘어 국내에서는 웬만한 대회 참가 등록도 어렵다는 얘기도 들었다.

일반적으로 세계 6대 메이저 마라톤을 말하는데 런던, 베를린, 도쿄, 시카고, 뉴욕, 보스턴 마라톤이다. 혹은 시드니까지 포함해서 7대 메이저 마라톤이라고도 한다. 이중에서 보스턴 마라톤이 가장 힘든 마라톤이라고들 한다. 보스턴 마라톤은 대회 신청할 때 최근 2년 이내에 인정된 다른 대회에서의 공인 기록을 제출해야 한다. 그 공인 기록이 얼마냐에 따라 참가가 결정된다.

그런데 그 참가 기준이 웬만한 아마추어 마라토너는 도저히 달성하기 어려운 수준이다. 예컨대 18~34세 남자의 경우 3시간 이내의 기록이 있어야 참가가 가능하다. 나 같은 55~59세 남자 그룹의 경우에는 3시간 45분이다. 해마다 약간씩 기준이 달라질 수도 있다고 하는데 크게 바뀌지는 않는 모양이다. 블로그에 보니 매우 제한적이지만 자선단체에 기부하고, 그 자선단체의 추천을 통해 참가하는 방법도 있다고 한다.

우리나라의 경우 인터넷으로 찾아보면 마라톤 대회가 정말 많다. 마라톤 일정을 알려주는 웹사이트나 블로그를 보면 한눈에 연중 전국에서 열리는 대회 일정을 알 수 있다. 우리나라 대회는 여태까지 딱 한 번 참석해 봤다. 업무상 귀국해 체류하는 동안 주말을 이용해 참가한 충북 음성의 반기문 마라톤이다. 우리나라에서는 지자체를 중심으로 무수한 대회들이 있어 마음만 먹으면 거의 매주 참가할 수 있을 정도이다. 물론 전통 있는 유명한 대회는 오래전에 등록이 마감된다. 최근에는 신청자가 많아서 추첨으로 참가자를 정한다고도 한다.

등록비는 일찍 등록할수록 할인을 해주는 경우가 많다. 풀코스의 경우 우리나라는 지방에서 개최되거나 규모가 그리 크지 않은 경우에는 3~5만 원 정도 한다. 칠레의 경우에도 5~7만 원

정도이다. 유럽은 이에 비하면 비싼 편인데 대략 100유로(15만 원) 내외이다. 보스톤 마라톤은 230달러 정도라고 알고 있다.

대부분의 대회가 대회 개최일 2~3일 전부터 마감 전날까지 참가 번호표를 배부한다. 나의 경우는 대개 하루 전에 현지에 가서 번호표를 받고 그날 예약해 둔 숙소에서 묵고 다음날 대회에 참가하고 당일 다시 집으로 돌아오는 경우가 많다. 한국 대회의 경우에는 대회 며칠 전에 택배로 번호표를 보내주는데 다른 나라에서처럼 일일이 찾아가서 줄 서서 오래 기다린 후에 번호표를 받는 수고가 없어서 정말 편리하다.

유럽에서는 번호표를 받으러 가면 신청서와 신분증으로 확인을 하고 번호표를 내주는데 번호표를 배부하는 곳에 가보면 42K, 하프, 10K 등으로 구분해서 배부하기 때문에 42K의 경우는 대부분 다른 줄보다 붐비지는 않는다. 대개는 번호표가 들어 있는 주머니 가방을 주는데, 가방 앞면에는 자기 참가번호가 표시되어 있다. 대회 당일 소지한 물건을 넣어서 맡기고 나중에 번호표와 일치하는지 확인해 쉽게 반환받기 위한 용도이다. 그 가방 안에는 번호표, 옷핀 4개, 기념품, 홍보자료 등이 들어 있다.

기념 티셔츠는 사이즈별로 나눠주기 때문에 별도의 장소에 가서 자기가 미리 신청한 사이즈의 것으로 받는다. 실제 대회에 앞서 미리 기념 티셔츠를 주는 경우도 있지만, 대회가 끝나고 결승점을 통과한 후에 주는 경우도 있다. 보통 이 티셔츠들은 완주기념 티셔츠인데 옷에 대회 이름과 finisher(완주자)란 말이 써 있다. 완주 후에 받는 게 더 의미가 있다고 생각된다. 물론 미리 받으면 나는 늘 대회 당일에 그 티셔츠를 입고 뛰었다.

03

마라톤 대회에서 눈여겨볼 일들

 뒤돌아서 생각해 보면 마라톤 대회에 참가하기 전에 알아두었으면 좋았을 것들이 많다. 잘 몰라서 낭패를 겪기도 하고, 그냥 모른 채 넘어간 일도 많다. 사실 이러한 일들은 유튜브를 찾아보거나 블로그 등을 몇 개 찾아 읽어봐도 알 수 있는 것도 있다.

 특히나, 대회 공식 홈페이지에 나오는 대회 운영에 관한 상세한 정보를 자세히 읽어보면 많이 도움이 되는데, 우리가 보통 제품을 사고 나서 사용설명서를 잘 안 읽듯이 이런 설명도 잘 안 읽기 때문이기도 하다.

 우선 기본적으로 잘 알아두어야 하는 사항은 대회 날짜, 집합 시간, 출발 시간, 물건 보관소 운영 여부, 연결 교통편, 대회장까지 오는 방법, 가능할 경우 주차 장소, 화장실 위치 등을 파악하는 것이 좋다.

대회장에 도착했을 때 우선 화장실을 먼저 이용할 것을 권한다. 출발 시간이 어느 정도 가까이 오기 시작하면 화장실 앞에 굉장히 긴 줄이 생기기 때문에 생리현상을 해결하지 못하고 출발하면 심리적으로 출발부터 영향을 받기 때문이다. 대회장에 도착하는 대로 최대한 빨리 화장실을 다녀오고, 긴장 때문에 또 가고 싶으면 가능할 경우 다시 다녀오도록 하는 게 좋다.

달리는 과정에서 수분이나 음식을 섭취하는 급수대가 어느 지점에 위치하고 있는지도 알아두면 좋다. 일일이 다 정확한 위치를 알 필요는 없지만 몇 킬로 지점마다 있다는 식의 정보만으로도 유용하다.

급수대가 나오면 앞부분에 많은 러너들이 붐벼 기다리면서 지체하다가 달리는 리듬이 깨질 수 있다. 급수대는 보통 매우 길게 설치되어 있는데 가급적 앞쪽을 피해서 러너들이 비교적 없는 뒤쪽 부근으로 가서 빨리 물컵을 받아 뛰는 상태를 유지하면서 마시는 것이 좋다. 러너들마다 다르겠지만 갈증이 심한 경우를 제외하고는 급수대에서 가급적 물을 매번 섭취하기는 하되 다 마실 필요는 없다. 그냥 입안을 헹구기만 해도 좋다. 물을 많이 마시며 배나 옆구리가 아픈 경우도 있을 수 있기 때문이다.

유럽의 경우에는 급수대 외에도 바나나, 오렌지, 또는 과자, 빵 등을 제공하는 장소가 달리는 코스 경로에 몇 군데 있다. 반면 칠레에서는 대부분 물이나 이온 음료만 제공하고, 바나나 등 간식은 경기를 완주하고 난 후에 받는다. 이런 사항을 몰랐기에 중반 이후 간식으로 열량을 보충하려던 계획에 차질이 생기고 계속 물만 나와서 힘들었던 경험이 있다.

그리고 홈페이지 등에 나오는 전체 코스를 미리 지도를 보면서 주요 위치와 특징을 파악하는 게 좋다. 대회에 따라서는 지도에 커서를 올리면 고도 높이도 나오는데 전체적으로 어느 지점이 고도에 따라 오르막과 내리막이 있는지 등의 정보를 머리에 넣고 달리면 전체 페이스 조절에 도움이 될 수 있다. 물론 더 바람직한 방법은 실제로 뛰거나 걸어서 또는 자전거나 차량, 대중교통으로 풀코스를 사전에 돌아볼 수 있으면 최선이겠지만 잘 아는 도시가 아니면 쉽지 않은 일이다.

이전에 참가했던 대회를 다시 참가하는 경우에는 이미 달리는 코스를 알고 있어서 도움이 많이 되지만, 혹시나 전년도에 비교해 일부라도 코스가 바뀌었는지 확인해 볼 필요도 있다. 칠레에서 비냐델마르 마라톤을 2번째로 참가할 때 전년도와 같은 코스라고 생각하고 41킬로라고 생각한 곳에서부터 막판 스퍼트를 냈는데 작년과 코스가 달라져 있어 1킬로를 더 우회해서 결승점으로 가야 했다. 이미 남은 힘을 거의 다 소진한 상태에서 다시 1킬로를 더 가야 했을 때 느낀 그 막막함으로 너무 당황했던 적이 있다. 대회 전에 홈페이지에 나왔던 지도 정보를 대충 보고 똑같다고 생각만 하고 자세히 보지 않았던 참사였다.

많은 경우의 대회들이 풀코스, 하프, 10킬로 등을 시차를 달리해서 같은 코스상에서 진행한다. 각 코스별로 진행 경로가 다른 경우가 대부분인데 이런 정보도 홈페이지에 대부분 나온다. 같은 코스를 뛰다 보면 하프의 빠른 선수들은 풀코스의 느린 주자를 따라잡는 경우가 있다. 이렇게 같이 섞여 뛰다 보면 하프 코스로 가는 길과 42K로 가는 코스가 갈라지는 지점이 나올 수 있다. 진행요원들이 선수들의 번호표를 보고 올바른 길로 안내를 해주기도 하지만 잘못하다 원래 자신이 가야 할 코스로 안 가서 실격을 당할 수도 있다. 거리에 표시된 자기에 해당하는 코스 안내 표지판을 잘 보고 확인하며 가야 한다.

마지막으로는 주의사항이 아니라 참고사항이다. 달리다 보면 중간에 여러 곳에서 공식 사진사들이 사진을 찍는다. 여기에서 찍힌 사진들은 경기가 끝나고 난 후에 조직위 측에서 이메일로 사진 샘플을 보내준다. 대회 홈페이지나 이메일에서 자기 얼굴 사진을 찍어 보내면 AI가 수많은 사진 중에서 내 얼굴을 감지해 내가 찍힌 사진들을 모두 보여준다. 물론 이 사진들은 대회 워터마크나 글자가 찍혀 있고, 이런 표시가 없는 선명한 사진을 원하면 돈을 내고 신청하면 된다. 비디오를 만들어 주는 서비스도 있다. 대회에 따라서는 홈페이지에 몇 초간의 골인 장면도 볼 수 있게 해주기도 한다.

최종 기록은 홈페이지에 바로 나오기도 하고, 기술적인 문제로 약간 시간이 걸려 나오기도 한다. 대부분 최종 기록과 구간별 전자 감응 장치가 체크한 기록을 같이 보여준다. 전체 및 성별, 나이별 그룹에서 몇 등을 했는지 등도 알려준다. 대부분의 대회 홈페이지가 과거의 기록들도 연도별로 쉽게 찾아볼 수 있게 되어 있다. 경우에 따라서는 홈페이지를 개편하면서 가장 최근 기록만 조회할 수 있게 해놓아서 좀 더 오래된 기록을 찾을 수 없는 경우도 있다. 이런 경우를 방지하기 위해 당해 연도에 홈페이지 결과를 사진과 필요시 영상으로 남겨두면 좋다.

04

기타 미리 준비하면 좋은 것들

앞에서 마라톤 대회에 참가하기 위해 기본적으로 필요한 품목들을 설명했는데 이외에도 미리 준비하면 좋은 것들이 더 있다. 내 경험상 모자도 장거리 달리기에 유용한 물건 중의 하나이다. 강한 햇빛을 가리기 위해서는 모자를 쓰고 뛰면 좋다. 땀이 나고 머리가 더워져서 싫어하는 사람들도 있다. 어떤 사람들은 대안으로 머리에 두건을 두르고 뛰기도 한다. 이는 계속 흐르는 땀이 눈에 들어가 고통스럽거나 얼굴로 흘러내려 따가움을 유발하는 것을 막아준다.

나로서는 모자를 권하고 싶다. 햇빛 노출을 어느 정도 막아주는 것도 있지만 모자가 땀을 흡수해 얼굴로 흘러내리지 않는다. 물론 모자는 땀으로 흠뻑 젖고 마르면서 나중에 보면 흰 소금기가 군데군데 서려 있을 정도다. 모자 속 머리 부분이 더운 건 사실이지만 크게 뜨거움을 느끼지 않는다. 오히려 모자를 안 쓰면 따가운 햇빛으로 머리 상부 두피가 햇빛으로 그을릴 수 있어 탈모가 걱정스러운 사람들에게는 좋은 방법은 아니라고 생각된다.

이것 말고도 내가 달리면서 챙겨가는 것이 하나가 있다. 손수건이다. 작은 가제 손수건이면 된다. 이 손수건의 용도는 땀이나 콧물을 닦는 데 있다. 뛰다 보면 중간에 특히 콧물이 조금씩 흘러나오는 경우가 있다. 어느 정도는 참아보지만 여간 성가시지 않다. 이때 확 풀어버리면 좋은데 맨손으로는 쉽지 않다. 옛날 한국에서는 운동하면서 길가에 코를 팽하고 풀어버리거나, 소리를 내며 가래를 내뱉는 경우를 종종 보았는데 지금도 그러는지 모르겠다. 자연스러운 행동일 수도 있는데 외국에서는 잘 보지 못했다.

가제 손수건은 흡수력이 빠르고 아기 기저귀 같은 포근한 느낌이 들어서 좋다. 휴지는 접어서 갖고 뛰면 땀으로 젖어서 뽀송하게 잘 닦이는 느낌을 주지 못한다. 가제 손수건은 콧물 처리하기도 쉽고, 또 가끔 얼굴의 땀을 쉽게 닦아내는 데 유용하다. 복대를 열어 빼지 않고 하의 호주머니에 쉽게 넣고 뺄 수 있어 나름 편리하다. 또는 손에 쥐고 뛰어도 크게 불편하지 않다.

참, 양말도 있다. 기능성 양말도 나와 있고, 압박 스타킹 제품도 있다. 오래 달리다 보면 다리 근육이 갑자기 통제가 안 되고 풀어져 휘청거리는 경우가 있다고 하는데 이런 경우를 방지한다고 한다. 쥐를 예방하는 데도 도움이 된다는 말도 들었다. 아직까지 그런 경험은 없지만, 양말이 과연 얼마나 기능을 발휘할 수 있을까 하는 회의적인 생각 때문에 양말에는 큰 관심을 두고 있지 않다. 적당한 흰 양말로 바닥에 약간의 두꺼운 쿠션이 있으면 좋고 없어도 상관없다. 쿠션은 운동화가 받쳐준다고 생각하기 때문이다.

가장 중요한 신발은 다른 편에서 따로 이야기하기로 하자.

05

운동화에 눈독 들이다

내가 처음으로 20K 달리기에 참가하고, 첫 풀마라톤을 뛰고 또 그 이후 매일 10킬로 달리기를 할 때까지 신던 운동화는 아식스였다. 사실 모델명도 잘 모른다. 처음 달리기를 시작할 때 동료 중 한 사람이 웬만하면 마라톤화를 사서 신는 게 좋다고 조언을 해주었다.

어느 날 브뤼셀에서 한 시간 반 정도 떨어진 네덜란드 국경 근처에 있는 아울렛에 갈 기회가 생겼다. 거기에 갔더니 마침 아식스 매장이 눈에 띄었다. 나이키나 아디다스 매장도 있었는데, 아식스 매장으로 간 것은 당시에는 운동화를 잘 모르기도 하고, 아식스 신발이 일본 디자인이어서 그나마 다른 운동화에 비해 볼이 넓어 아시아 사람들에게 좀 더 맞는다는 얘기를 들어서였다.

　동료의 조언대로 매장에 들어가 매니저를 찾아서 마라톤에 쓸 신발을 추천해 달라고 부탁을 했다. 매니저는 기다리라고 하더니 사무실 안으로 들어갔다가 잠시 후 나오면서 두 가지 신발을 내게 보여주었다. 그러면서 마라톤화는 보통 자신의 치수보다 한두 치수 큰 것으로 선택해야 한다고 했다. 그중에 마음에 드는 것을 하나 골라 구매를 했다. 가격도 생각보다 크게 비싸지 않아 만족했다.

　집에 돌아와서 새 신발을 신고 뛰어보니 그전에 내가 신었던 일반 운동화에 비해서 폭신폭신하고 좋았다. 아, 드디어 뭔가 제대로 된 신발을 신은 느낌이 들었다. 사실 한참 지난 후에 알아보니 그 아식스 신발은 좀 무겁기도 하고, 그렇게 좋은 신발은 아니었으나 난 좋은 신발로 굳게 믿고 근 1년을 열심히 뛰었다.

　나중에 유튜브나 책을 통해 여러 가지 신발에 대한 정보를 접하고 보니 내가 샀던 신발은 나쁘지는 않지만, 그냥 보통 정도의 마라톤 입문 수준의 신발이었던 것 같다. 어쨌든 나는 이 신발을 신고 고급화라고 믿으면서 부단히 달리고 달렸다. 이 신발로 20킬로도 완주하고, 생애 첫 번째 풀마라톤 완주도 이루어 냈다.

마라톤을 점점 알아가게 되고, 유튜브와 책을 통해서 마라톤에 관해 더 많이 알게 되었다. 그중 유튜브 가운데 마라톤화를 비교 평가해 주는 영상을 보게 되었는데 어느 유튜버가 나는 그 당시 처음 들은 미국 브랜드인 써코니(Saucony)를 추천하는 것을 보았다.

인터넷으로 써코니를 검색해 보니 이 가운데에서도 마라톤화로 신기에 적합한 모델로 엔돌핀 시리즈가 있는데, 여기에도 스피드, 프로, 엘리트로 단계가 나누어져 있었다. 신발 가격은 내가 전에 샀던 아식스 신발보다 두 배가량 비쌌다. 부드러운 게 특징인데 장단점이 있다고 했다. 발꿈치 보호 부분이 단단할 경우 발목을 보호해 주는 데 도움이 되나 무게가 무거워지는 단점도 있다고 말한다. 내가 맘에 든 것은 특히나 무게가 가볍다는 것이고, 신발 위 표면이 섬유질이 아니라 그물망같이 되어 있어 훨씬 가볍고 시원할 것 같다는 느낌이 들었다.

카본에 경량화라! 벌써 생각만 해도 기록을 많이 단축할 것 같은 기대감에 부풀었다. 하지만 마음에만 품고 있었고, 물건을 함부로 잘 사지 않는 나의 특성상 실제 운동화를 사는 데까지는 많은 시간이 소요되었다.

골프나 테니스처럼 사람들이 장비에 욕심을 내는 경우를 많이 봤다. 뭐가 좋다고 하면 바로 사는 경우인데 대부분 장비는 많아지고 실력은 크게 향상되는 것을 보지 못했다. 나 또한 이런 걸 경계해서 그런지 마음속으로는 굉장히 사고 싶으나 선뜻 구매를 결정하지 못했다.

파리 마라톤을 한 달 정도 앞둔 어느 날, 온라인 매장에서 써코니 모델을 보고 있었다. 특이하게 여러 매장에서 운동화를 팔고 있었는데 치수나 색상에 따라 가격이 천차만별이었다. 내가 원하는 색상에는 내 치수가 없거나, 또는 많이 비쌌다. 그런데 내 치수보다 두 치수 크긴 하지만, 맘에 드는 색상인 데다가 할인을 꽤 많이 해 가격대가 괜찮은 상품을 발견했다. 그럼 치수가 너무 크지 않나 생각이 들기도 했지만 과감히 구매를 했다.

며칠 후 배송되어 온 신발을 신어보며 다행히 아주 크지는 않고 약간 큰 정도임을 확인하고 새 신발을 고이 모셔두었다. 한 번 시험은 해봐야 하는데 하면서도 우습게도 바닥이 닳을까 봐 걱정하고 있었던 것이었다. 어느 날 그래도 시험 삼아 대회

전에 한 번을 뛰어봐야 할 것이라는 생각이 들었다. 그래서 신발을 신고 조심스레 10킬로를 뛰어봤다. 특별히 빨리 뛰거나 한 것 없이 평소대로 달렸다. 달린 후 삼성 헬스앱을 확인해 보니 평소에 내가 달리던 킬로당 평균 속도가 6분에서 5분 30초로 무려 30초나 당겨졌다.

놀라웠다. 역시 좋은 신발은 다르구나 하고 실감했다. 신발이 닳기라도 할까봐 나는 신발을 정성스레 닦아서 다시 잘 보관했다. 두 번째 마라톤인 파리 마라톤에 가서 이 신발을 신고 잘 달려봐야지 하면서 말이다.

06

어떤 마라톤화를 살까?

처음 달리기를 시작할 때만 해도 운동화가 뭐 그리 중요할까 생각했다. 그래서 일반 운동화를 신고 시작했다. 조금 지나니 주변에서 신발 정도는 마라톤 전문화를 신는 게 좋다고 이야기를 한다. 처음에는 흘려들었지만 달리기에 재미를 붙이면서 좋은 신발을 신으면 더 잘 뛸 것 같은 상상이 머릿속에 떠나지 않는다.

앞에서 얘기한 대로 내가 처음으로 구입한 마라톤화는 아식스였다. 당시는 아무것도 모르는 상태여서 동료들에게 들은 대로 아울렛 매장 매니저에게서 추천받은 운동화로 비록 나중에 아주 전문적인 마라톤화는 아니라고 알았지만, 적어도 1년 동안은 상당히 좋은 것으로 알고 열심히 뛰었다. 이런 의미에서 나를 마라톤에 취미를 붙이게 해주고 자신감을 높여줬다는 점에서 내 마라톤 여정에 이만큼 공로가 큰 운동화도 없다고 해야 할 것이다.

두 번째 마라톤을 앞두고 나는 본격적으로 신발에 대해 알아보았다. 앞서 얘기했듯이 나는 써코니 운동화 가운데 엔돌핀 시리즈 프로 3를 구매했고, 이 신발로 시험 삼아 뛰어본 결과 분당 6분 수준에서 5분 30초로 30초나 줄이는 혁혁한 성과를 경험했다. 확실히 효과를 실감한 나는 좋은 마라톤화를 신어야 하는 이유를 그제서야 믿게 되었다.

그 신발을 신고 뛴 두 번째 프랑스 파리 마라톤에서는 첫 번째 완주 때보다 무려 43분을 단축했다. 내가 새로운 신발을 샀을 때만 해도 이를 들었던 동료는 초보가 무슨 그런 고급 신발을 신느냐고 하면서 그래봐야 별 차이 없을 것이라고 나를 놀렸는데 내가 43분을 단축하고 나서 그 이야기를 듣고 나 몰래 써코니를 구입했다고 나중에 나에게 실토를 하기도 해서 함께 웃었던 기억이 난다.

그리고 그 신발을 가지고 1년 반 동안 계속 연습하면서 5번의 풀마라톤 완주를 했다. 그동안 최소한 주중에 10킬로 1~2

회, 주말에 21킬로 1회를 달렸으니 한 주에 30~40킬로는 뛰었다. 1년이 52주이니 한 주에 달리는 거리를 30킬로로 잡아도 1,500킬로이다. 아마 모르긴 해도 이 신발로 달린 거리가 못해도 2천 킬로는 넘을 것 같다. 아마도 이제 효능이 다했는지 그 이후의 기록들이 대부분 최고 기록보다 뒤처진 결과를 보였다.

그래서 새로운 운동화를 구입하는 것을 고민하기 시작했다. 칠레에 와서 써코니 매장에 가보니 엔돌핀 4 시리즈 신상품이 출시되었다. 최상위 상품인 엔돌핀 시리즈 엘리트 4가 탐이 났는데 칠레 현지 가격이 한화로 치면 42만 원이나 했다. 그래서 선뜻 구매하지 못하고 또 고민하기 시작했다.

2024년 10월에 건강검진을 받기 위해 한국에 가게 되었는데, 가기 전에 인터넷으로 한국에서 써코니 엘리트 4 운동화를 검색해 봤더니 칠레보다 10만 원이나 싼 32만 원이었다. 한국에서는 ABC마트에서 독점 수입을 한다. 여러 군데 지점을 찾아갔지만, 엘리트 4를 보유하고 있는 데를 찾기 어려웠다. 다시 인터넷으로 검색해 보니 강남점에 재고가 있는 것을 보고 가서 구입을 했다. 남아 있는 제품이 별로 없어 색상도 선택하지 못하고 남아 있는 신발을 그냥 구매했어야 했다. 그나마 내게 맞는 사이즈가 있었던 것이 다행이었다. 마침 세일 기간이어서

10% 할인을 받아 29만 원에 구매해서 칠레보다 13만 원이나 싸게 살 수 있었다.

이 신발도 칠레에 곱게 모셔와서 테스트 차원에서 한 번 신고 뛰어봤더니 또다시 현재의 킬로당 평균 속도에서 20~30초를 줄일 수 있었다. 다음번 대회에서 이 신발을 신고 Sub-4를 달성하는 꿈을 꾸어본다.

07

마라톤화 트렌드 변화

마라톤에 적합한 운동화는 어떤 것일까에 대해 의견이 분분하다. 전통적으로 유명한 브랜드에 이어 최근에는 새로운 브랜드들이 급속한 신장세를 보인다. 2024년 11월 14일자 영국의 시사 주간지 The Economist에 세계 스포츠 운동화 시장의 최근 변화에 관한 재미난 기사가 나서 이를 소개한다.

스포츠 운동화 시장은 오랫동안 나이키와 아디다스가 전 세계 시장을 지배해 왔다. 2023년 모건 스탠리 은행의 조사에 따르면 전 세계 15개 브랜드의 총매출 가운데 나이키가 35%, 아디다스가 16%로 두 회사 합쳐서 51%를 차지했지만, 2018년의 두 회사의 매출이 63%였던 것에 비하면 5년 만에 두 회사의 전 세계 매출 비중은 12%나 감소했다.

이 자리를 차지한 것은 기존에도 있었던 뉴발란스, 아식스 말고도 새로 출현한 온(On), 호카(Hoka) 같은 새로운 브랜드들이었다. 중국 시장에서는 안타(Anta)와 리닝(Li-Ning) 브랜드의 점유율이 높아지고 있다.

스포츠 제품시장에서 특히 운동화의 판매량 증가가 매우 높았는데 그 이유로는 코로나-19를 거치면서 체육관이 문을 닫으면서 러닝 인구가 급속히 증가하였다. 이 여파로 2024년 뉴욕과 런던 마라톤 참가자 수가 공히 5만 5천 명으로 기록적인 최고 수준을 기록했다. 세대를 막론하고 러닝이 유행하고 있고, 러닝화가 운동 때만이 아니라 사무실에도 이상한 차림으로 보여지지 않고 점점 더 캐주얼한 패션을 지향하는 추세가 이어지면서 운동화에 대한 수요가 급속히 증대되었다.

이런 수요에 맞추어 발 빠르게 혁신적인 디자인으로 도전하는 제품들에 대한 구매자들의 관심이 집중되었다. 호카는 우스울 정도로 두꺼운 밑창을 사용하고 있고, On은 초경량의 단일 열가소성 섬유를 사용한다. On은 신발 탄력성을 높이기 위해 우연히 정원용 호스를 밟았을 때 느낀 탄력을 이용하기 위해 호스를 잘라 바닥에 붙여본 것이 2010년 사업의 시초였고, 지금 회사의 시장 가치는 170억

달러에 이른다.

사람들의 관심이 이러한 새로운 혁신적인 신발로 이동하는 동안 나이키는 연구개발(R&D)에 뒤처졌고, 아디다스는 패션 제품군에 지나치게 의존함으로써 성상 정체를 맞이하고 있다. 이들 메이커들은 수익 증대를 위해 대형 스포츠 소매업체와의 관계를 끊고 자체 매장, 웹사이트, 앱을 통한 직접 판매 비중을 높였는데, 공급이 끊긴 소매업체들은 나이키와 아디다스 대신 새로운 브랜드를 들여올 수밖에 되자 모순적으로 다른 신생 제품 판매로 전환하는 예상하지 못한 결과도 발생했다.

나이키와 아디다스는 이런 상황 아래서 구조 조정, 새로운 디자인 개발, 소매업체와의 관계 개선을 통해 점유율 회복을 위해 노력하고 있는 한편, 신흥업체들은 유명 브랜드와 협업 등 다소 과한 투자를 하고 있는데 그 노력이 얼마나 계속해서 성과를 낼 수 있는지 현재로서는 알 수 없다.

인터넷으로 검색해 보니 The Economist의 이 기사 이후 많은 언론사가 이를 소개하거나 이 기사를 기반으로 비슷한 기사를 내놓고 있었다. 국내 한 신문은 2025년 12월 21일자 기사에서 The Economist 기사의 일부를 기초로 운동화 시장 트렌드 변화를 소개하면서 추가로 브랜드별 하프와 풀마라톤용 대표 모델을 선정했다. 아디다스의 경우 Adidas Pro Evo 1, 아식스의 경우 Asics S4, Hoka의 경우 Cielo X1, 뉴발란스의 경우 Fuelcell SC Elite V4, 나이키의 경우 Alphafly 3, 온의 경우 Cloudboom Echo 3, 푸마의 경우 Fast R Nitro Elite 2, 써코니의 경우 Endorphin Elite 4였다.

대부분의 사람들이 좋은 신발을 신으면 기록이 엄청나게 좋아질 것으로 기대한다. 어느 정도 상관관계가 있지만 모든 경우가 그런 것은 아니다. 내 생각에는 중간 이상의 운동화이면 적절한 것 같고, 오히려 정말 중요한 것은 자신의 체력과 의지 그리고 평소 운동량이라고 생각한다.

그래도 여유가 된다면 좋은 모델로 사는 것도 추천하고 싶다. 좋은 운동화로 적어도 마음의 위안을 받을 수 있고, 또 실제로 좋은 기록이 나올 가능성이 크기 때문이다. 하지만 너무 자주 교체하거나 신상품이 나올 때마다 구매하지는 말자. 선수가 아닌 한 그런 마음은 헛된 욕심일 가능성이 크기 때문이다.

08

들고 뛸 것이냐, 말 것이냐?
그것이 문제로다

　마라톤 대회에 참가할 때 한 번쯤 들고 뛸지 고민하는 물건이 있다. 바로 핸드폰이다. 평소에는 뭐가 무겁냐 하겠지만 42K를 뛰려고 하면 왠지 갑자기 핸드폰이 묵직하고 무게도 꽤나 나가는 것으로 느껴진다. 그래서 고민스럽다.

　물론 핸드폰은 달리는 동안 통화나 연락용이 아니다. 주로 핸드폰에 설치되어 있는 앱으로 중간에 주기적으로 자신의 속도와 시간 기록을 확인하고 보관하려는 것이다. 근데 또 이렇게 하려면 무선 이어폰도 필요하다. 물론 스마트워치를 이용해도 된다. 그래서 한 번은 무선 이어폰 없이 스마트워치로 스톱워치 기능을 켜고 뛰어봤는데 예상치 못한 다른 문제로 안 하느니만 못했다. 당황스럽게도 노안으로 시계 화면의 숫자가 보이지 않는 것이었다. 몇 번 보려고 애쓰다가 아예 없는 셈 치는 게 차라리 속 편하겠다는 결론에 도달했다.

나도 몇 번 그랬지만 많은 사람들이 달리는 동안 무게를 최소한으로 줄여 좋은 기록을 만들려고 한다. 그러기에 핸드폰은 심리적으로 너무 무겁다.

핸드폰을 갖고 또는 안 갖고 뛰는 두 가지 경우를 다 해봤지만 솔직히 아직도 잘 모르겠다. 기록이 좋으면 그게 핸드폰 무게를 줄여서 그런 건지, 아니면 내 실력이 향상되어서 그런지 확언하기 어렵기 때문이다. 또한 핸드폰을 가지고 뛰는 경우에도 처음에는 무게감이 느껴지지만, 얼마 지나고 나서부터는 힘들기 때문에 핸드폰 무게 같은 건 생각을 할 겨를도 없고, 잘 느껴지지도 않으니 그냥 초기에 느끼는 심리적 문제일 수도 있다.

무선 이어폰으로 연결된 앱을 통해서 매번 킬로를 지날 때마다 킬로당 평균 속도, 누적 거리 등을 듣는 것도 뛰면서 전체적인 상황과 전략 수립에 도움이 되기도 한다. 하지만 어떤 경우는 위기가 와서 속절없이 예상했던 페이스보다 쉽게 무너지기 시작하면 이때 듣게 되는 형편없는 속도와 내가 생각했던 기록에서 멀어진 예상 종료 시간은 낙담을 가중시키고, 지친 발걸음을 더욱 무겁게 하기도 한다.

　나로서는 핸드폰과 무선 이어폰을 가지고 뛰어야 할지 말지에 대해 뭐라고 얘기해 주기 어렵다. 요즘은 일단 챙겨서 가지만 당일 아침에 즉흥적으로 드는 생각에 맡긴다. 별로 개의치 않으면 갖고 뛰고, 좀 아니다 싶으면 보관할 짐에 넣고 함께 맡긴다.

　이러나저러나 내 마라톤 기록에 지장을 준다기보다는 생각보다 못한 결과가 나올 경우 핑곗거리로 사용될 가능성이 많기 때문에 어느 한쪽이 바람직하다고 생각하지는 않는다. 그러니 여러분들도 너무 고민하지 말고 마음이 내키는 대로 하시기 바란다. 좋은 기록이 나왔다면 무거운 핸드폰을 갖고 뛰었어도 실력이 좋다고 생각하고, 기록이 별로 아니라면 다음에 더 열심히 훈련해서 참가하거나 그때는 핸드폰을 안 들고 뛰는 것을 고려하면 될 것이다. 이거 완전 요즘 유행하는 원영적 사고방식이긴 하다. 완전 럭키비키해 보이니 말이다.

　하지만 정작 이 글을 쓰고 난 후 한참 후인 8번째 마라톤에서부터는 더 이상 핸드폰을 들고 뛰지 않는다. 마지막 마라톤 직전에야 비로소 스마트워치만 갖고 뛰어도 나중에 연동된 핸드폰에 뜬 자료가 전송된다는 사실을 뒤늦게 알았기 때문이다. 그동안 스마트워치가 있었어도 반드시 핸드폰이 같이 있어야 하는 줄로 알고 있던 나의 무지의 소치였다. 그래서 이 글의 제목과 같은 햄릿의 대사와 같은 나름 심각한 고민을 했던 거다.

달리면서 스마트워치의 작은 화면으로 보이는 기록들이 노안으로 잘 보이지 않는다는 단점은 여전하지만 그래도 핸드폰에 달린 기록을 남겨야 한다는 우려로 고이 모시고 뛰었던 핸드폰을 더 이상 걱정할 필요가 없어졌다. 적어도 핸드폰을 갖고 뛰어야 하는지에 관해서는 이제는 더 이상 햄릿적 고민은 없다.

아, 근데 생각해 보니 핸드폰이 있으면 좋은 경우도 있다. 파리 마라톤 대회 때였다. 당시에는 핸드폰도 스마트워치도 없이 달렸다. 달리고 난 후가 문제인데 참가자가 많은 관계로 동료들과 연락할 수단이 전혀 없다는 점이었다. 스마트워치가 핸드폰 없이도 통화가 가능한지 모르겠지만, 만약 그렇다면 스마트워치만 차고 뛰는 게 최선일 것 같다. 여러분들에게 더 혼란함을 준 것 같다. 부디 자신의 필요에 맞게 선택하시길 바란다.

09

출발 전날까지의 준비

참가 번호표를 받으면 모든 준비가 끝난 것 같지만 그렇지 않다. 아직도 출발 전까지 챙겨야 할 사항들이 많이 있다. 전날 저녁 식사를 적절히 잘하고, 대형 슈퍼마켓에 가서 필요한 물건을 산다. 이때 필요한 것은 다음날 아침에 먹을 음식과 음료이다.

마라톤 풀코스는 체력과 열량 소모가 큰 운동이다. 그래서 효과적인 영양 배분을 위해서 출발 3시간 전에는 열량이 많은 탄수화물 중심의 식사를 하는 게 좋다. 보통 음식을 섭취한 후 3시간이 지나면 영양분이 온몸에 분배된다고 하는데 이렇게 하면 달리기 시작하는 때부터 아침에 먹은 음식을 통한 영양 공급이 되어야 한다는 이유라고 한다.

지금은 이렇게 수월하게 이야기하지만, 처음 혼자 풀마라톤을 뛸 때 이런 사실을 인터넷을 통해 불과 하루 전에 알아 부리나케 동네 슈퍼에 가서 먹을거리를 사기도 했다. 내 생각에는 피자빵이나 햄버거도 추천할 만하다. 음료는 혹시나 다른 탈이 날지 모르니 생수로 마시는 게 안전하다.

참, 미리 사야 하는 물건에 바나나가 빠졌다. 경기 도중 쥐가 나는 경우가 종종 있다. 쥐를 예방하는 운동을 평소에 꾸준히 하면 쥐 발생을 줄일 수 있다. 그럼에도 불구하고 쥐는 정말 언제 급습할지 모른다. 경기 중에 쥐를 경험해 본 사람이라면 얼마나 절망스러운지 알 것이다.

쥐가 한 번 오면 그 고통은 말할 수 없이 매우 크다. 쥐를 풀기 위해 많은 시간이 소요되는 것도 문제지만, 또다시 발생하기 쉽다. 경기 도중, 특히 후반부 결승점을 얼마 남겨두지 않고 쥐가 나서 겨우 수습하고 쩔뚝거리며 뛰어가는 주자들을 보면 정말 안쓰럽고 애처롭다. 바나나가 쥐 예방에 좋다고 한다. 나는 출발 3시간 전 아침 식사 때 한 개를 먹고, 대회장에 가져가서 출발 1시간 전에 또 하나를 먹는다.

이보다 전에 꼭 구입해 두어야 하는 게 있는데 에너지 젤이다. 중간에 심한 소모로 체력을 보충해 주어야 하는데 에너지 젤은 카페인 성분이 많은 고열량 성분으로 되어 있다. 최근에는 카페인이 없는 제품들도 나온다. 나 같은 경우는 최소 4개 정도는 휴대하고 뛰면서 필요할 때 섭취를 한다.

보통은 나의 경우 하프까지는 그럭저럭 괜찮은 편이라 하프 지나는 지점, 가장 취약한 25K에서 30K 사이 지점, 35K 지점, 그리고 38K 정도 지점에서 에너지 젤을 섭취한다. 계획은 이러한데 실제 뛰어보면 그날 컨디션에 따라 이보다 일찍 에너지 젤을 모두 소비해 버려서 나머지 구간에서 에너지 젤이 절실히 아쉬운 경우도 있었다.

에너지 젤을 더 많이 갖고 뛰면 좋겠지만 에너지 젤도 하나가 수백 그램이기 때문에 4개만 해도 벌써 상당한 무게가 된다. 거기에 더 추가하는 것은 좀 무리스럽다. 편법도 있다. 출발할 때 하나를 아예 먹고 출발하면 하프까지 기록도 더 나아질 수도 있고, 총 5개를 소비하는 셈이니 이것도 그리 나쁜 방법은 아니다.

물론 에너지 젤을 많이 먹는다고 무조건 좋은 것은 아니니 적절히 판단해야 한다. 에너지 젤은 대형 스포츠 매장이나 스포츠 전문점에서 주로 구입할 수 있는데, 나라에 따라서는 약국에서 판매하는 경우도 있다.

이제 남은 것은 뛰면서 필요한 최소한의 물건을 넣어야 하는 복대다. 여러 개를 써봤는데 특히 중요한 것은 주머니와 연결된 연결 줄이다. 복대에 들어 있는 물건의 무게로 뛸 때마다 덜럭거리는 느낌을 느낄 수 있는데, 일반적인 줄로는 이 움직임을 잡기 어려워 신경이 쓰인다. 가급적 복대 줄이 탄력성 있는 스판으로 되어 있어서 복대 안의 물건이 움직이더라도 복대 자체가 안 움직이게 몸에 밀착시켜 주는 제품이 좋다.

10

참가 번호표는 생명줄이다

 이전에 얘기했듯이 택배로 보내주는 한국을 제외한 다른 나라에서 번호표 받는 것도 큰일이다. 보통 전날 현지에 가서 받는다. 배부 마지막 날, 즉 행사 전날은 아무래도 사람들이 많이 몰린다. 당연한 사항이지만 대부분의 대회에서 당일에는 번호표를 받을 수가 없다. 미리 전날까지 받아야 한다.

 대회 전날 숙소에서는 우선 받은 기념 티셔츠 혹은 다른 입고 뛸 티셔츠에 번호표를 잘 부착한다. 대부분은 들어 있는 조그만 옷핀 4개를 사용해서 부착한다. 느슨하게 달면 뛸 때마다 번호표가 움직일 수 있다. 민감한 경우에는 이 번호표의 움직임도 신경이 쓰인다. 그래서 나는 스카치테이프를 가져간다. 테이프를 동그랗게 말아 양면테이프처럼 만들어 번호표 뒷면과 티셔츠 앞 표면 몇 군데에 밀착시켜 붙이면 흔들리지 않고 잘 고정된다.

대회에 따라서는 번호표 외에 기록용 전자칩을 따로 주는 경우도 있다. 보증금을 내고 나중에 반납하면 보증금을 돌려주기도 한다. 동전 크기의 원형 플라스틱 또는 네모난 모양으로 생겼는데 한쪽 신발 끈에 달고 뛰도록 한다.

그러나 요즘 대부분은 참가 번호표 자체가 전자칩 역할을 한다. 종이 번호표 뒷면을 보면 좌우 양쪽 끝 부근에 얇은 스폰지가 길게 위아래 방향으로 부착되어 있거나, 바코드가 있는 특별한 스티커가 붙어 있다. 이것이 기록용 전자칩이 있는 곳이다.

일반적으로 출발선, 반환점, 결승점에는 마라토너들의 통과를 확인하는 전자 감응 장치가 설치되어 있다. 이 장치들은 흔히 공사장 주변에서 볼 수 있는 차량 통행에 지장을 주지 않기 위해 설치된 전선 보호 패드와 같이 생겼다.

이들 3개 지점 외에도 중간에 다른 교통기구를 몰래 탄다거나 코스를 가로질러 기록을 단축하려는 부정행위를 막기 위해 미리 공개되지 않는 몇 군데 지점 바닥에 전자 감응 장치가 설치되어 있다.

　이 장치 위로 지나갈 때 "삐~이" 하는 통과 체크 신호음을 들을 수 있다. 이 장치가 설치된 모든 지점에서 체크가 되어야 하고, 그 지점의 통과 기록도 자동으로 저장된다. 만약 한 지점이라도 체크가 되지 않으면 실격 처리가 된다.

　따라서 뛰기 전에 배부받은 번호표를 구기거나 훼손되지 않도록 조심히 다루어야 한다. 이 장치 덕분에 완주한 후 홈페이지에 들어가 보면 내 기록이 체크 지점별로 자세히 기록되어 나온다. 정확한 기록과 함께 실격되지 않고 성공적으로 마라톤을 마치기 위해서는 참가 번호표 관리가 중요하다.

11

예상치 못한 통증 방지

　마라톤 경기에서 입고 달릴 옷도 중요하다. 상의와 하의라고 쉽게 생각하기 쉽지만 고려해야 할 요소가 많다. 상의의 경우 민소매와 반팔 소매 두 가지 유형이 있다. 여기서는 일단 반팔 소매 티셔츠를 중심으로 이야기하고, 민소매 티셔츠는 나중에 이야기하기로 한다.

　반팔 소매 티셔츠 안에 얇은 러닝을 입는 것을 추천한다. 내가 써본 바로는 매쉬(매우 미세한 그물망) 재질의 러닝이 가볍고 이질감이 없어 좋다. 누구에게 추천받은 게 아니라 직접 써보고 추천을 한다. 사실 이 러닝은 다이소에서 5천 원에 파는 제품이다. 우연히 사서 입고 뛰어봤는데 여러 가지 면에서 너무 좋아 추천을 한다.

장거리 달리기의 경우 상의와 피부가 지속적으로 부딪치는 시간이 훨씬 길어서 단거리에 비해 계속 옷에 쓸리면 쓰라린 통증으로 발전할 수 있는데 속내의 러닝은 이러한 통증을 예방할 수 있다. 바깥에 입는 반팔 티셔츠도 경우에도 목 주변과 양쪽 팔뚝 끝부분이 계속 피부와 접촉이 되어 통증을 유발할 수도 있는데 반팔 소매 러닝을 안에 입어주면 몸과 밀착이 되면서 티셔츠와의 접촉을 차단해 이런 통증 유발을 막아줄 수 있다.

상의 티셔츠 속에 러닝을 입는 이유가 몇 가지 더 있다. 42K의 장거리를 뛰다 보면 위에서와 같이 옷으로 인해 특정 부위에 쓸림 현상으로 통증을 느낄 수 있다. 특히 남성의 경우 맨몸 위에 티셔츠만 입고 뛰게 되면 약간 튀어나온 유두 부분이 옷과 계속 마찰을 일으키면서 피가 나기도 해서 심한 통증을 호소하는 사람들이 상당히 있다.

이를 방지하기 위해 보호 테이프를 붙이거나, 러닝을 입으면 이런 문제는 아예 거의 일어나지 않는다. 또한 만약 새로운 티셔츠를 입고 뛴다면 세밀히 미리 점검해야 한다. 혹시나 태그나 상품설명서가 있어 걸리적거리거나 피부에 닿아서 쓰라림을 유발하거나, 목이나 팔, 겨드랑이 부근에 불편한 접촉으로 신경이 쓰일 수 있으니 미리 잘 살펴보고 원인을 제거해야 한다.

바세린도 매우 유용한 통증 방지제이다. 출발 전에 사타구니 부근에도 충분히 발라주어야 한다. 허벅지 안쪽, 사타구니 밑 그리고 양쪽 엉덩이 등 살의 직접적인 접촉이 일어나는 곳은 장거리를 달리면 마찰로 인해 심한 쓰라림 통증을 느낄 수 있다. 바세린을 충분히 발라두면 기름 성분이 오랫동안 남아 있어 마찰에 따른 통증을 방지한다.

썬크림도 당연 필수다. 마라톤은 장시간을 강한 햇볕 아래서 달리는 경우가 대부분이기 때문에 심하게 자외선에 노출이 된다. 피부가 타는 것은 물론이거니와 완주 이후 한동안 피부 화상으로 얼굴, 팔, 다리 부근 피부가 화끈거리기도 한다. 피부가 구릿빛으로 타서 건강하게 보이는 것도 좋지만 강한 자외선 노출로 피부암과 급속한 노화를 유발하기 때문에 최대한 썬크림을 잘 바르고 달리는 게 좋다. 썬크림은 얼굴, 팔, 다리 등을 꼼꼼히 바르고 특히, 귀 부분과 뒷목, 앞쪽 목 주변을 옷으로 가려진 부분 조금 안쪽까지 골고루 잘 발라주면 좋다.

12

싱글렛의 발견

앞에서 마라톤을 뛸 때 입는 상의로 티셔츠를 이야기했고 민소매 상의는 뒤로 미루었다. 스마트워치만큼이나 마라톤에 관해서 더 이상 모를 것이 없다고 확신했던 내가 정말 몰랐던 것 중에 이런 것도 있었나 하고 놀란 게 하나 더 있다. 바로 민소매 상의이다. 한국에서는 싱글렛(Singlet)이라고 부르고, 영어로는 싱글릿이라고 발음한다. Booklet, Pamphlet을 생각하면 금세 이해가 된다.

싱글렛의 존재를 인지한 것은 불과 얼마 전이다. 2025년 3월 중순에 뛴 8번째 마라톤이 있기 1주일 전에 우연히 유튜브에서 싱글렛에 관한 영상을 보게 되었다. "마라톤 선수가 '무조건' 싱글렛을 입는 이유"라는 영상이었다. 그 영상에 따르면 공기저항이 상당하게 기록에 영향을 미치는데 싱글렛을 입었을 때 최대 몇 분의 기록 단축이 가능하다는 게 요지였다. 영상에는 공기저항 실험과 결과를 비교적 과학적으로 보여주고 있어 이 영상을 보자마자 싱글렛에 급 관심을 갖게 되었다.

대회가 있는 주 월요일 밤에 그 영상을 봐서 화요일 점심 시간을 이용해 스포츠 매장에 들러 여러 메이커의 싱글렛을 둘러보았다. 실제로 착용을 해보니 왠지 처음이라 낯설기도 하고 일반 티셔츠에 비해 노출이 심해 좀 꺼려졌다. 하지만 곧 기록이 단축된다면 그 정도야 감수할 수 있다고 스스로를 세뇌했다.

여러 메이커 매장을 돌다가 결국 아디다스 싱글렛을 사기로 했다. 비교적 덜 노출이 심한 것 같고, 재질과 바느질 연결 부분이 없어 마찰로 인한 통증이나 신경이 쓰일 부분이 전혀 없었기 때문이다. 또한 바로 앞에 있던 광고 사진에 유명 마라토너인 Benson Kipruto가 내가 살 싱글렛과 똑같은 것을 입고 뛰는 것이 아닌가! 내가 살면서 어떤 물건을 사는데 이렇게 홍보력이 강한 사진을 본 적이 없는 것 같다. 당연히 바로 구매하고 돌아오면서 마라톤 운동화만큼이나 기대감을 갖게 된다.

보통 대회가 있으면 1주일 전까지만 뛰고 회복을 위해 더 이상 뛰지 않는다. 1주일은 쉬어야만 쌓였던 피로도가 해소되어 대회 당일에 오히려 기록이 더 좋다는 것을 경험으로 알게 되었다. 하지만 싱글렛을 구매한 화요일은 적응을 위해서도 그렇고, 또 정말 효과가 있는지도 궁금해서 뛰지 않을 수 없었다. 밤에 딱 10킬로만 뛰어봤다. 어색하지도 않고 착용감도 좋다. 더구나 기록도 평소보다 2분 정도 빠르다. 물론 이게 정말 싱글렛 효과인지, 아니면 그날 컨디션이 좋아서 그런지는 확신할 수 없다.

어쨌든 일요일에 있을 나의 8번째 마라톤에는 작년 가을에 한국에서 산 새 운동화인 써코니 엔돌핀 시리즈 엘리트 4와 아디다스 싱글렛이 함께한다. 10킬로가 아닌 42킬로에서도 효과를 발휘할지 궁금하다.

13

무리함이 가져온 것

첫 풀코스 완주를 하고 한동안 들뜬 기분이었다.

"아, 대단하세요. 그 긴 거리를 어떻게 뛸 수가 있죠? 저라면 도저히 못할 것 같아요."

대부분이 이런 반응이었다. 나는 "별거 아닙니다. 누구나 다 할 수 있어요, 저 같은 사람도 했으니까요"라고 대답하곤 했다.

다른 사람들에게 이렇게는 얘기했지만 생각해 보면 남들에 대한 자랑보다는 자신에 대한 만족감과 성취감이 더 컸다. 그래서 남들에게는 더 이상 이야기를 안 해도 나는 이런 성취를 더 유지하고 더 잘 뛰는 체력으로 유지하고 싶어졌다. 사실 풀코스를 뛰고 나면은 당분간 쉬면서 체력을 회복해야 하는데 욕심이 앞서서인지 충분히 쉬지 않고 다시 달리기 시작했다.

주로 주말에 20킬로 정도를 뛰곤 했는데, 언제부턴가 오른쪽 무릎에서 살짝 이상한 느낌을 받기 시작했다. 좀 나아지겠지 했는데, 갈수록 상태가 더 안 좋아지는 것 같았다. 파스도 붙여보고 했지만 나아지지 않았다. 오른쪽 발을 내디딜 때마다 약간의 통증이 느껴졌다. 더 이상 뛸 수가 없었다. 혹시 무릎이 완전히 망가지면 어떻게 하나 하는 걱정도 들었다.

달리 방법이 없어 일단은 달리기를 중단했다. 대략 2달가량 달리기를 중단하고, 그 사이에는 간간이 걷기와 자전거를 탔다. 자전거가 무릎에 크게 무리를 주지 않으면서 무릎 주변 근육을 강화시켜 무릎 부상을 방지할 수 있다는 얘기를 듣고서였다. 하지만 일단 무릎 이용을 최소화하면서 회복하는 게 우선이라고 생각이 들어서 다른 운동도 최대한 자제를 했다.

이때부터는 매일 매일 수시로 무릎 주변을 마사지했다. 이곳저곳을 눌러보면서 약간의 통증이나 연결되는 감이 느껴지면 주변을 잘 마사지하고 경과를 지켜보았다. 통증이 더 있는 곳에는 마사지와 함께 원형 자석 파스를 붙여보기도 했다. 이렇게 한 것이 제대로 한 것인지는 몰라도 어쨌든 약 두 달 정도가 지나니까 무릎의 통증은 거의 느껴지지 않았다.

다행이었다. 무엇보다도 다시 뛸 수 있을 거라는 희망에 기뻤다. 뛰지 않는 기간 동안 좀 심심했지만 그래도 무릎 회복이 최우선이었기에 잘 견딘 것 같았다. 다른 한편으로는 내가 무슨 선수도 아닌데 너무 욕심을 낸 거 아닌가 하는 반성도 하게 됐다.

적당히 즐길 만큼 정도껏 하자! 이것이 내가 무릎이 아프고 나서 나름 고난의 시간을 보내면서 느낀 교훈이었다.

그 기간에 다른 소득도 있었다. 유튜브에 많은 정보가 있어 다 믿을 수는 없지만, 무릎 부상 방지나 무릎 근육 강화를 위한 좋은 정보를 많이 찾을 수 있었다. 대부분은 실제로 따라 해보고 그중에 효과가 있는 것을 많이 해봤는데 의외로 효과를 본 것도 많았다. 이중의 몇 가지는 이후 다시 달리게 되었을 때 무릎에 도움이 되는 사전 준비 운동으로 평소에 많이 하게 되어서 더 이상 크게 무릎에 무리 없이 지금껏 잘 달릴 수 있었다. 찾으면 구해진다는 게 또 얻게 된 다른 교훈이었다.

14

무릎이 걱정된다면

　달리기를 남들에게 권하다 보면 제일 먼저 듣는 질문 가운데 하나는 무릎은 괜찮냐는 것이다. 한참 재미있게 나의 마라톤 예찬론을 듣고 한 번 도전해 볼까 하는 마음을 갖던 사람들이 마치 잊고 있던 것을 갑자기 깨달은 듯이 한결같이 하는 질문이기도 하다. 자신들은 무릎이 원래 안 좋아서, 또는 무릎이 아플 것 같아서 뛰기는 힘들다는 반응이 많다. 어떤 사람들은 내가 이렇게 달리는 것은 아직 젊어서 그렇다고 한다. 어떤 분은 좀 더 지나면 무릎이 아주 나가버려 아예 걷지도 못하게 될지도 모르니 조심하라고 애써 걱정을 해주기도 한다.

　달리기를 하다 보면, 특히 장거리 달리기는 내가 상식적으로 생각해 봐도 무릎 연골에 영향을 주고, 무릎 관절이 소모되는 것은 어쩔 수 없는 것 같기는 하다. 하지만 내가 전문가가 아니라서 다른 사람들에게 확실하게 답을 하지는 못하긴 하지만, 적어도 경험상으로 내가 겪어본 무릎 통증과 그것을 극복한 방법, 부상 예방 방법을 대안으로 알려주면 사람들은 조금은 다시 뛰어볼까로 마음이 돌아서는 것 같다.

앞에서 얘기한 대로 처음 풀코스를 완주하고 과도한 자신감에 충분히 쉬지 않고 무리하게 뛰었더니 오른쪽 무릎에 통증이 와서 약 두 달 정도를 쉬었던 경험이 있다. 달리기를 쉬는 동안 책과 유튜브 등을 보면서 무릎 통증의 원인과 다양한 치료법, 예방법을 나름 익히게 되었다. 지금 생각해도 우연인지 그 당시 잘 대처했고 지금까지 잘 유지해 오는 것 같다. 그 이후 2년을 더 뛴 현재까지 무릎에 큰 지장 없이 잘 뛰고 있으니 말이다.

내 추산이지만 보통 주중에 10킬로 한 번, 주말에 20킬로 한 번을 평균으로 뛰니 1주에 대략 30킬로를 뛰는 셈이다. 더 뛸 경우도 있고 적게 뛸 경우도 있지만, 더 뛴 경우가 더 많은 것 같다. 일주일에 대략 30킬로를 뛴다고 하면 1년에 52주이므로 50주를 뛴다고 가정할 때 연간 평균 1,500킬로는 뛰는 셈이다. 누적 거리를 놓고 보면 생각보다 많이 뛴다는 걸 알 수 있다.

이런 계산에 따르면 보수적으로 계산해도 무릎 회복 후 지난 2년간 적어도 2,500~3,000킬로를 뛴 것 같은데 그 정도에도 무릎에 별다른 문제가 없다는 것은 나의 예방책이 어느 정도 효과가 있지 않을까 싶다. 그럼에도 이 정도 설명만으로는 남들을 확신시키기에는 뭔가 좀 부족하다는 생각이 든다. 뭔가 객관적이고 과학적인 증거가 필요했다.

2024년 10월에 건강검진을 받으러 한국에 갔을 때 건강검진 외에도 따로 정형외과 전문의를 찾아가 진료를 받아봤다. 얼마 전 신문기사에서 달리기로 유명한 연예인 선이 무릎 진단을 해봤는데 20대 젊은 청년의 무릎 상태와 같다고 한 기사를 봤던 것도 하나의 동기가 되었다. 내 무릎 상태가 청년 같기를 바라는 것은 아니지만, 내 상태가 상당한 거리를 달려도 여전히 괜찮은 상태인지, 만약 괜찮다면 나의 무릎 부상 방지법이 효과가 있다는 점을 증명해 줄 것이라는 믿음에서였다.

정형외과에 가서 엑스레이를 찍고 검사를 받아봤다. 의사 선생님은 엑스레이를 보시더니 많이 뛰는 편이냐고 물었다. 나는 자세히는 얘기하지는 않았지만 일단 그렇다고 대답했다. 의사 선생님은 엑스레이를 판독하신 후 아직 나이에 비해 무릎 상태가 괜찮은 편이라고 하면서 뛰어도 괜찮다는 판정을 주셨다. 나는 속으로 "하나님 감사합니다"를 외쳤다. 내가 정말로 듣고 싶었던 말이었기 때문이었다. 다만 의사 선생님은 괜찮긴 하지만 나이도 있고 하니 너무 무리는 하지 말라고 조건을 달긴 했다.

청년과 같은 무릎은 아니더라도 적어도 2년간 달리기가 크게 무릎 손상을 가져오지 않았다는 것을 입증하는 말씀인 것으로 들렸다. 내가 매일 해왔던 무릎 부상 방지를 위한 몇 가지 운동들이 효과가 있었다고 해석할 수도 있겠다 싶다. 무릎은 전혀 안 쓰는 것보다 적절히 조심하면서 쓰면 더 건강히 유지할 수 있다는 말을 입증이라도 한 것처럼 나는 의사 선생님의 말씀이 그렇게 고마울 수가 없었다.

15

무릎 보호를 위한 평소 운동법

앞에서 무릎 보호를 위한 나만의 평소 운동법이 있다고 소개했고, 또 그것이 결과적으로 무릎 검진을 통해 효과가 입증된 것처럼 이야기했다. 하지만 다시 말하지만 이게 정말 효과가 있는지는 100% 장담하기는 어렵다. 아마도 운이 좋았거나, 또는 개인마다 차이가 있을 것이라는 점을 이해하고 읽어주면 좋겠다.

우선 나만의 무릎 건강에 관한 상식의 기초는 무릎은 많이 사용하면 결국 연골이 소모되어 문제가 발생하는 기관이라는 점이다. 하지만 이 무릎을 건강히 사용하면 소모를 지연시키거나, 또는 오히려 건강한 상태로 유지할 수 있다는 것이다.

나도 처음에는 잘 이해가 되지 않았지만, 원리는 비교적 간단하다. 우리의 무릎을 정상적인 위치에서 벗어나게 하거나 그러한 상태를 계속 유지하면 통증이 유발되거나 마모가 되는데 최대한 무릎 가운데 움직이는 동그란 뼈인 슬개골의 위치를 바로잡아 달리기로 인해 비정상적인 위치로 가게 하지 않는 게 중요하다.

그래서 평소에 수시로 하면 좋고 특히 달리기 전에 똑바로 선 상태에서 두 손으로 슬개골을 감싼 후에 좌, 우, 상, 하 방향으로 번갈아 가며 약 10초가량을 밀어준다. 다시 말해 안쪽으로 밀어 10초간 유지하고, 바깥쪽으로도 10초를 유지한다. 그 다음에 아래 방향으로 10초가 밀어 유지하고, 다시 위쪽으로 밀어 10초가량을 유지한다. 그리고 난 후 살살 시계 방향과 반대 방향으로 회전을 해주면 된다. 이 방법은 어느 물리치료사가 하는 유튜브에서 본 내용인데 실제로 해보면 상당히 효과가 있는 것 같다. 슬개골과 관절의 위치를 제 위치에 정렬함으로써 위치 이탈과 불필요한 통증이 발생할 경우를 방지하는 것이다.

이에 추가하여 평소에 무릎 주변 좌우 및 위아래로 엄지손가락으로 여기저기를 지그시 눌러보면 무릎과 연결되는 근육이나 신경 부분을 느낄 수 있는데 허벅지 중간부터 정강이 중간 정도까지 느낌을 느낄 수 있다. 이 부분들을 따라가며 마사지를 해주면 도움이 되는 것 같다.

이러한 방법들은 직접적으로 통증이나 부상을 방지하기 위한 조치라고 한다면, 정말 평소에 해야 하는 근본적인 부상 방지 예방 운동이 있다. 무릎을 둘러싸고 있는 근육을 강화해서 무릎 부상을 원천적으로 방지하는 방법이라고 할 수 있다. 내가 쓰는 방법은 다름 아닌 바로 스쿼트이다. 많이 뛰게 되면 자연스럽게 허벅지 근육이 강화된다. 특히 똑바로 서서 자기 허벅지를 보면 허벅지 하단 좌우로 근육이 발달한다. 이런 근육은 스쿼트를 많이 하거나, 또는 자전거를 많이 타면 형성되는 근육과 비슷하다. 그런데 이런 근육들은 허벅지만 강화하는 게 아니라 무릎 주변의 근육도 동시에 강화시켜 부상으로부터 보호하게 된다.

보통 하루에 100개 정도의 스쿼트를 하려고 노력한다. 스쿼트를 제대로 하는 법은 유튜브에 많이 나와 있다. 100개를 한 번에 하기 어렵다면 이것을 몇 번에 나눠서 해도 좋다. 40+30+20+10개를 하거나, 40+30+30개를 하거나 하는 방식이다. 자신이 편한 조합으로 100개를 채우면 된다. 이것도 유튜브 어디선가에서 본 것인데 한 번에 하면 잘 안 하게 되는데 나름 유용한 방법이다. 안 될 때는 돌아서 가는 방법을 생각해 보자.

근육이 빠지기 시작하는 나이에 도달하면 운동으로 쉽사리 이전의 상태로 돌아가기 어렵다고 한다. 의사들은 허벅지 근육이 장수와 직결된다고 한다. 달리기를 위해서만이 아니라 건강한 삶을 살기 위해서 스쿼트 운동의 중요성은 아무리 강조해도 지나치지 않는다.

나이가 있으신 분이더라도 늦었다고 생각하지 말고, 항상 지금이 가장 빠른 때이고 내일이면 더 늦은 때라는 것을 생각한다면 바로 스쿼트 운동을 하시기를 권한다.

이때 쉬는 중간에 스쿼트 숫자와 같은 횟수로 하는 다른 간단한 운동이 있는데 이 운동도 매우 중요하다. 벽을 보고 서서 천천히 발뒤꿈치 들기 운동을 한다. 많이 알려진 바와 같이 종아리는 혈액순환에 중요해서 제2의 심장이라고 한다. 혈액순환뿐만 아니라 이곳을 훈련시키면 달리는 중간에 쥐가 나는 것을 방지할 수 있다. 그래서 매일 아침 스쿼트와 발뒤꿈치 들기를 번갈아 가며 나눠서 하고 있다.

내가 생각하기에 하체 운동은 이것으로 충분한 것 같다. 나머지 상체는 집에 있는 덤벨로 간단히 몇 개의 동작을 하면 전체적인 운동으로는 부족함이 없다. 여기에 일주일에 2~3회 정도 장거리 달리기를 하면 운동은 충분하다고 생각한다.

물론 쉬는 것도 중요하다. 만약 몸에 무리가 느껴지거나, 매우 피곤하다거나 또는 살짝 무릎에 이상을 느낀다면 무조건 쉬는 걸 추천한다. 며칠 쉬고 나면 회복을 하게 되고, 오히려 더 잘 뛰어지고 기록도 좋게 나오는 것을 여러 번 느꼈다.

이것이 내가 평소에 무릎 부상 방지를 위해 하는 운동들이다. 이외에도 달리기 위해 나가기 직전에 하는 운동이 더 있는데 이 운동은 평소에는 안 하고 달리기 직전에만 한다. 고관절을 풀어주는 3가지 운동이다. 이 역시 물리치료사 유튜브에서 본 것인데 매우 도움이 된다. 고관절이 튼튼해서 잘 잡아주어야 무릎에도 영향이 적다는 점에서 결국 무릎에도 도움이 되는 운동이다.

이 운동은 우선 기마자세에서 한쪽을 고정하고 다른 쪽 발을 밖으로 최대한 크게 회전해서 고관절을 풀어준다. 20회 정도를 실시하고, 반대쪽으로도 20회를 실시한다. 다음으로는 똑바로 서 있는 상태에서 한쪽 발을 직각으로 든 다음 좌우로 크게 추

운동을 20번 해준다. 공원에 가면 있는 한쪽 발을 올려놓고 좌우로 흔드는 기구를 생각하면 된다. 반대쪽 다리도 같은 방식으로 20번 반복한다. 마지막으로 서 있는 자세에서 이번엔 한쪽 다리를 앞뒤로 크게 왕복 운동을 20회 한다. 반대쪽도 마찬가지로 해준다.

이렇게 해서 내가 평상시와 뛰기 직전에 하는 모든 운동 요령을 설명했다. 무릎 상태와 개인의 특성에 따라 차이가 날 수 있기 때문에 위에서 설명한 운동 말고도 여러 가지 방법을 시도해 보고 반복해도 무릎에 별 무리가 없다면 자신의 운동으로 개발시킬 것을 권고한다.

아, 하나 잊은 게 있다. 마음처럼 쉽게 되지는 않지만 달릴 때 매 걸음 땅바닥에 닿을 때마다 최대로 무릎에 충격이 많이 가지 않게 의식하면서 뛰는 노력을 하는 것도 나름 도움이 된다고 생각한다. 사실 장거리를 뛰다 보면 매 발걸음을 계속 신경 쓰기는 어렵지만 그래도 의식을 하고 발걸음을 내딛는다면 도움이 되리라 생각한다.

16

근육통 후유증 극복하기

지난 몇 년간 비교적 꾸준히 뛰어온지라 42킬로를 뛰어도 크게 지장은 없다. 그만큼 나는 강해졌다고 생각한다. 초반기에는 10킬로만 뛰어도 며칠을 힘들어했었을 텐데 20킬로를 뛰고 42킬로까지 뛰면서 어느덧 풀코스에 적응이 된 것 같다. 하지만 칠레에 와서 너무 바빠서 달리는 시간을 내기가 힘들어 생각보다 연습을 많이 하지 못했기 때문에 칠레의 첫 번째 마라톤 직후에는 이전과 달리 허벅지의 근육통이 약 3일 정도 이어졌다.

그런데 마라톤을 뛴 지 이틀 후가 국경일 리셉션이었다. 아직 근육통이 풀어지지 않은 시점이다. 국경일 리셉션은 공관의 연중행사 가운데 가장 많이 신경을 쓰는 행사인데 다리가 이래서야 어떻게 하나 좀 걱정이 되었다. 이 해(2023년) 국경일 리셉션에는 프레이 전 대통령을 비롯해 500여 명이 넘는 사람들이 와서 행사장이 꽉 찰 정도였다. 아마도 여태껏 국경일 리셉션 가운데 가장 많은 사람이 온 것 같다.

행사 중 대부분 서 있어서 크게 지장이 없지만, 식순에 따라 무대로 올라가 축사를 하고 내려왔다가 주빈의 축사 후에 다시 올라가 건배를 해야 했다. 오르고 내릴 때 최대한 자연스럽게 움직여야 할 텐데 하고 걱정이 되었다. 다행히도 겉으로는 아무렇지도 않게 자연스럽게 움직였다. 사실 속으로는 근육통 때문에 아팠지만 말이다. 500여 명 이상의 사람들이 보고 있으니 더 주의해서 아프지 않은 것같이 걸음걸이를 했다.

무대로 내려와 많은 손님들과 인사를 하고 대화를 이어갔다. 전 대통령뿐만 아니라 외교부를 비롯해 농업부, 광업부 장관 등 고위 인사들이 많이 와주어서 국경일 리셉션은 매우 성공적이었다. 다양한 주제로 대화를 이어갔는데 일부 사람들은 신문보도를 봤는지 나의 마라톤에 대해 놀라움과 함께 정말로 42킬로를 뛴 게 맞냐고 묻기도 했다. 마라톤을 마친 지가 불과 2일밖에 되지 않아 나의 설명은 구체적이고 장황할 수밖에 없다. 하지만 수많은 다른 사람들과 이야기를 해야 해서 내 마음과 다르게 짧게 끝내고 다른 대화 상대자로 옮겨가야 했다.

　사실 후유증이라고 하기도 민망하다. 평소에 충분히 연습을 제대로 하지 못해 근육에 무리가 간 것일 뿐이다. 어쩌면 마라톤 대회 이후 다음날부터 계속 움직여야 하는 일정들이 있었고, 그 다음날은 국경일 리셉션이라는 큰 행사가 있어 불편함에도 불구하고 계속 움직여야 했다. 그 강제적인 움직임이 아마도 근육통을 빨리 사라지게 하는 데 도움이 되었을 것이라고 추측해본다. 그러니 마라톤 후유증 극복하기란 말은 말이 되지 않는다. 극복이 아니라 그나마 그동안의 연습이 근육통 지속 기간을 줄여준 것이라고 하는 게 맞는 말일 것이다. 그런 의미에서 평소에 좀 더 연습을 많이 하는 것 자체가 근육통 후유증을 예방하는 길이다.

　3일이 지나고 4일째 되는 날 드디어 근육 통증이 완전히 사라졌다. 신기하게도 한순간에 그렇게 된 듯이 더 이상 통증이 느껴지지 않았다. 그러자 슬그머니 다시 뛸 생각을 하게 된다. 하지만 첫 완주 이후 무리를 해서 무릎 통증으로 이어져서 두 달가량을 쉬었던 일을 회상하고는 달리기는 약간 시간을 두고 재개하기로 한다. 그게 오래 가지 않을 것이라는 걸 알면서도 말이다.

17

새로운 도전,
매일 10킬로 달리기

무릎이 회복된 후 2022년 말 다시 달리기를 시작할 즈음에 새롭게 시도하는 것이 생겼다. 바로 매일 10킬로 달리기다. 이 시도는 우연히 유튜브에서 '마라닉'이라는 채널을 보게 되었는데, 운영자분이 매일 10킬로를 뛰는데 눈이 오나 비가 오나 뛰는 모습을 영상에 담아 보여주면서 여러분도 할 수 있다, 라는 자신감으로 권유하는 모습이 신선했다.

처음에는 매일 10킬로면 좀 과하지 않나 하는 생각이 들었다. 여태껏 내가 뛴 것은 주로 주말을 이용해 20킬로 정도를 뛰고 간혹 기회가 되면 주중에 짧은 거리를 한 번 정도 뛰는 것인데 매일 10킬로는 좀 부담스럽게 느껴졌다. 그런데 자꾸 마라닉이라는 분이 눈이 오고 비가 와도 셀카봉으로 뛰는 모습을 찍은 유튜브 영상이 내 머릿속에 계속 떠올랐다.

더욱이 매일 10킬로를 뛰려면 일정한 뛰는 시간을 확보해야 하는데 처음에는 시간 내기가 어려울 것 같다고 생각했다. 보통 아침에 일찍 일어나지만 6시에 강아지 산책을 약 40분간 시키고 돌아와서 막내딸 등교 준비를 시켜 출근길에 학교에 데려다 주어야 했기 때문에 아침 시간에 뛰려면 적어도 새벽 4시나 5시에 뛰어야 하는데 그건 좀 무리라는 생각이 들었다.

좀 더 고민하다가 아예 밤늦게 뛰면 어떨까? 라고 생각했다. 보통 퇴근하고 집에 와서 가족과 저녁을 먹고 정리하고 얘기를 좀 하다 보면 9시가 넘는데 그럼 10시경에 나가서 뛰고 11시경 들어오면 되겠다고 계산을 하게 되었다. 다만 너무 밤 늦게 운동을 하면 잠을 잘 자지 못한다는 염려가 있었지만, 그 시간밖에는 없으니 달리 도리가 없었다. 그리고 내가 잠자리에 누우면 바로 자는 사람인지라 별 영향이 없겠지 했다.

한 가지 더 망설여진 것은 이미 12월 말이라 밤의 차가운 날씨가 문제였다. 추울수록 밖으로 나서기가 망설여지는 게 당연하지 않나? 아무리 의지가 강해도 이건 나도 망설여지는 점이기도 하다. 다행히 벨기에의 겨울은 간혹 혹한이 있기는 하지만, 우리나라에 비하면 그리 춥지는 않다. 밤에 나가보면 보통 0도 정도였다. 가끔은 영하 4~5도를 기록하는 경우가 있기도 하다.

무릎 때문에 2달 쉬었다가 다시 달리기를 시작하던 그즈음에 나는 매일 10킬로 달리기를 결심했다. 그것도 밤에 10킬로 달리기이다. 내가 사는 곳은 후일라트(Hoeilaat)라는 곳으로 브뤼셀 외곽 시골이어서 주요 도로까지 가는 일부 시골길은 매우 어둡기 때문에 머리에 착용하는 헤드라이트도 준비했다. 일단 주요 도로까지 가면 도로 옆에 사이클 및 산책로가 계속 이어져 있어 그 길을 따라 5킬로 지점까지 간 다음 다시 돌아오는 코스를 개발하고 이를 매일 밤 달렸다.

처음에는 추위 때문에 옷을 잔뜩 껴입고 나갔는데 한 1킬로 정도를 뛰면 땀이 나기 시작했다. 가끔은 비나 눈이 오기 때문에 그 다음부터는 아예 속에는 반팔 티셔츠 하나만 입고 겉에는 사이클용 형광색 우비 하나만 입고 나갔다. 처음에는 무척 춥지만 1~2킬로를 뛰고 나면 땀이 나서 버틸 수 있었기 때문이다. 비가 오면 우비에 달린 모자를 뒤집어쓰고 달렸다. 바지는 긴바지였지만 방수가 되는 옷은 아니어서 그냥 맞으며 달렸다. 그래도 달리는 동안에는 별로 불편한 느낌이 들지 않았다.

달리고 난 후 집에 돌아와서 샤워하고 나면 상쾌했고, 우려와 달리 오히려 잠도 곤히 잘 잤다. 당시에 삼성 헬스앱을 사용했다. 앱이 매 킬로마다 거리와 속도 등을 알려주었기 때문에 나중에는 얼마나 왔는지, 남았는지가 자연스럽게 익혀져서 앱의 거리를 이어폰으로 안 들어도 쉽게 거리를 가늠할 수 있게 되었다.

매일 10킬로 달리기를 파리 마라톤을 90일 정도 앞두고 시작했는데 매일 기록한 것은 아니지만 내 기억으로는 적어도 70일 이상을 뛰었다. 지금도 내가 매일 뛰었던 벨기에의 시골 마을인 후일라트(Hoeilaart)에서 훌덴베르크(Huldenberg) 사이의 길은 아직도 눈에 선할 뿐만 아니라, 눈을 감고 그 길을 따라가는 상상을 하면 그 당시 뛰면서 느꼈던 거리 풍경, 지나가는 차 소리, 인도 옆 들풀 냄새까지도 여전히 생생하다.

또 내 동료 중의 한 사람은 내가 매일 10킬로 달리기를 한다고 하니까 그러다 오히려 체력이 많이 소진되어 안 좋을 수 있으니 무리하지 말고 살살 달리라고 했다. 그럼에도 나는 계속 매일 10킬로를 이어갔다.

가끔은 한계를 알 수 없기에 무리를 하는 것인지, 아직도 더 한계까지 많이 남을 것인지 알 수 없을 때가 많다. 이는 나를 둘러싼 일상생활에서도 마찬가지이다. 내가 한 노력이 적절한 것인지, 아직 더 할 여지가 없는지 말이다. 무턱대고 하다 보면 무리로 실패할 가능성이 많다. 하지만 어느 정도 기초체력과 실력이 갖추어져 있다면, 무슨 일이든 노력을 좀 더 해보는 게 더 좋을 것 같다.

나의 실력과 기량이 갖추어져 있다면 좀 더 노력을 기울이는 것은 분명히 더 큰 결과를 가져올 수 있기 때문이다. 매일 10킬로는 나에게 큰 성취감과 당시에는 몰랐지만 후에 마라톤 기록을 대폭 단축하는 데 대단히 큰 도움을 주었다. 지금도 당시의 매일 10킬로 달리기를 도전할 수 있는 자신감을 주신 '마라닉' 유튜버에게 감사한 마음이다.

18

달리기 착지법과 속도 높이기

달리기를 다룰 때 논쟁거리 중의 하나가 착지법이다. 달릴 때 우리가 땅바닥에 딛는 발의 부분이 어디에 닿는가에 따라 포어풋(forefoot), 미드풋(midfoot), 리어풋(rearfoot)으로 나눈다. 즉 발바닥의 앞부분, 발가락 부근으로 땅을 내딛으면 포어풋, 발바닥의 중간 부분이 먼저 땅을 내딛으면 미드풋, 마지막으로 발바닥 가운데 뒤꿈치가 먼저 바닥에 닿는 경우 리어풋이라고 한다.

내가 읽었던 달리기에 관한 책의 저자에 따르면, 포어풋으로 달리는 것은 속도가 높지만 피로도가 높기 때문에 장거리 마라톤에는 적합하지 않다고 했다. 발뒤꿈치로 먼저 닿는 경우는 많지 않으나 이 경우 발뒤꿈치로 전해지는 충격이 바로 뇌로 전달

될 가능성이 많아 바람직하지 않다고 했다.

대부분의 러너들이 미드풋으로 달리는데 발바닥의 중간으로 바닥을 터치해야 충격이 골고루 분산되고 발 자체에 무리가 심하지 않은 가장 일반적인 주법이라고 했다. 지금은 정확한 비율이 잘 기억이 나지 않지만, 마라토너 1,000여 명을 상대로 조사해 본 결과 미드풋 주자들이 다수였다고 했다.

그래서 나는 한동안 미드풋을 마음속으로 외치면서 많이도 달렸다. 그러나 그렇게 오랫동안 달렸으면서도 정작 내가 정말로 미드풋으로 달리고 있는지 확신할 수는 없다. 그럴 것이라고 짐작할 뿐이다.

지난 2년 반 동안 미드풋을 철석같이 믿고 미드풋으로 달리고 있었는데 나 나름대로는 미드풋을 중심으로 하면서 포어풋을 가미하는 약간의 혼합적인 주법을 나름 개발하게 되었다.

이런 변화를 가져온 계기가 있었다. 산티아고 시내 마포초 강변을 뛰다 보면 수많은 러너들을 지나쳐 가게 된다. 어느 날 나름 열심히 잘 뛰고 있는데 뒤에서 힘찬 발자국 소리가 점점 가까워지더니 그 주자는 이내 나를 지나쳐 앞으로 치고 나가고 조금 있으니 멀리 사라졌다.

내가 그렇게 빠른 것도 아니지만 저렇게 빨리 뛰는 사람을 보니 솔직히 부러웠다. 그리고 애써 나는 벌써 10킬로 이상을 뛰고 있어 이미 지친 상태지만 아마 저 사람은 이제 막 달리기를 시작해서 힘이 남아서 그럴 거라고 믿고 싶었다.

그러던 어느 날 똑같은 사람인지는 알 수 없지만, 또 한 번 어떤 사람이 그렇게 힘차게 뛰면서 나를 제치고 앞으로 힘차게 달려 나가는 것을 보았다. 이번에도 멍하니 보고 있었지만, 갑자기 그의 발 움직임이 눈에 들어왔다. 위에서 말한 주법이 보인 것은 아니다. 그걸 어떻게 볼 수 있겠는가? 다름이 아니라 빨리 뛰는 사람들을 보니 도드라진 특징이 있었다. 뛸 때 뒤로 차 올라오는 발의 높이가 보통 사람들보다 훨씬 높아 보였다.

그걸 보고도 저렇게 하려면 굉장히 다리 근육이 강하거나 타고난 경우가 아니면 어려울 것이라 생각했다. 시간이 한참 흘러 내가 철석같이 믿었던 미드풋 주법으로 계속 달리던 나는 어떻게 하면 속도를 높일 수 있나 여러 면으로 궁리하기 시작했다.

좀처럼 해답을 찾지 못하던 가운데 어느 날 문득 그 빨리 달리던 러너들의 주법을 따라 해보면 어떨까 하는 생각이 들었다. 뒤로 차는 발의 높이를 평소보다 좀 더 높게 하려고 보니 일단 미드풋으로 딛고 나서 발을 뒤로 밀어야 하는데 밀 때 발 앞부분으로 의식적으로 약간의 힘을 주어서 밀듯이 뒤로 뻗으니 되었다.

그리고 발을 뒤로 내밀 때 발바닥 앞면으로 살짝 힘을 주는 것처럼 미는 것은 생각보다 크게 힘이 들지 않았다. 여기서 살짝은 정말 의식만 하고 뒤로 민다는 느낌 정도이지 실제 힘을 많이 주는 것이 아니었다.

그렇게 해보니 뒤로 차지는 발이 높아지고 동시에 뛰는 발걸음 사이의 간격이 좀 더 넓어진 느낌이 들었다. 그런 식으로 계속 노력을 해보고 달리기 연습을 마치고 난 후에 기록을 확인해 보니 보통 때보다 1킬로당 평균 속도가 15~20초가량 빨라졌다.

이것이 내가 생각한 미드풋을 중심으로 하면서 약간의 포어풋 주법을 가미한 나의 속도 향상법이다. 이 글을 읽는 분들이 이해가 될 정도로 제대로 설명했는지는 자신은 없다. 어쨌든 속도를 높이는 방법이 여러 가지 훈련법이 있을 수 있겠고, 나의 방법은 전문가가 보면 웃을지도 모를 일이다. 하지만 앞에서 설명한 것은 현재 내 수준에서 나름 연구해서 속도 높이기를 실현한 나의 방법이다. 누군가에게는 도움이 되기를 바란다.

Part 5

어쩌다 해외 전문 마라토너

01

[벨기에]
6개월 만에 42K 도전?

    2022년 5월 20K 달리기를 완주하고 난 직후에 들었던 생각이 있었다. 평생 처음으로 가장 긴 거리를 뛰어 한계에 다다를 무렵 힘들게 결승점에 도달했을 때 문득 들었던 생각이었다. 마음 한구석에는 언젠가 풀코스 마라톤을 뛸 수 있지 않을까 하는 마음이 있었긴 했지만, 이렇게 힘들게 20킬로를 뛰었는데, 여기서 다시 이보다 더 먼 22.195킬로를 가야 한다고 생각하니 풀코스 마라톤은 도저히 할 수 없는 미친 짓에 가까운 일이라고 생각이 들었다.

    어디선가 들으니 일반적으로 초보자들은 하프를 먼저 도전하고, 대개는 2~3년 내 풀코스를 도전한다는 것이다. 나 또한 20K를 뛰어보니 당장은 그게 내 한계인 것 같아서 풀코스는 꿈도 꾸지 않고 먼 훗날의 일이 되리라 생각했다. 다만, 지금까지 뛰어온 연습으로 이제 웬만큼 달리기를 할 수 있겠다는 자신감은 팽배했다. 그래서 대회 직후에는 주말에 주로 뛰고, 주중에는 간혹가다 뛰는 연습을 지속했다. 20킬로까지 달려본 경험을 최대한 길게 가져가기 위해서는 계속 연습이 필요하다고 생각했으나, 실제로는 그렇게 자주 연습하지는 못한 것 같다.

2022년 5월 첫 20K 달리기 완주 이후 석 달이 지나 8월이 되었을 때 일이다. 한국에서 오는 대표단이 있어 이들을 맞으러 공항에 나갔다. 공항에서 기다리고 있는데 우연히 벽에 붙어 있던 광고 포스터를 보게 되었다.

"브뤼셀 공항 - 유럽의 심장, 브뤼셀 마라톤 2022년 10월 2일, 우리가 돌아왔다(Brussels Airport - the Heart of Europe, Brussels Marathon 02/10/2022, We are back)."

여기서 우리가 돌아왔다는 표현은 2019년 대회 이후 코로나로 2020년과 2021년 2년간 대회가 중단되었다가 재개된다는 의미였다. 나는 그 광고를 보고는 눈을 뗄 수가 없었다. 대회에 대한 더 이상의 자세한 설명은 없었지만 급한 일을 마치면 나중에 인터넷으로 검색해 봐야겠다고 생각했다.

지난번 20K 때 한계라고 느꼈고 거기에 다시 비슷한 거리를 달려야 한다는 것은 불가능에 가깝다고 여전히 생각하고 있었지만, 완주가 어려울지라도 한 번은 42K를 경험해 보고 싶다는 생각이 머리에 계속 맴돌았다. 며칠을 고민했다. 주위에 얘기하면 말이 되냐고 할 것 같았다.

"이제 달리기 시작한 지 겨우 4달 남짓인데 풀코스를 뛴다고요?"

뻔히 예상되는 반응이다. 그래도 경험은 해보자는 생각이 더 강했다. 기록과는 관계없이 나름 완주를 하면 되지 뭐! 이게 나의 생각이었고 그래서 바로 등록했다. 하지만 한동안 등록 사실을 주위 동료들에게 얘기하지 않았다.

5월의 20K와는 달리 이번 10월 마라톤에는 나 말고는 주위의 사람들이 아무도 신청을 안 했다. 어떤 동료는 브뤼셀 10월 아침은 꽤 쌀쌀해서 참가를 안 할 생각이라면서 마라톤은 날씨가 좋은 계절에 뛰어야 한다고 했다. 그 말을 듣고 보니 정말 마라톤에 대해서 아무것도 모르고 신청한 거 아닌가 했다.

결국은 나 혼자 참가하게 됐다. 한편으로는 첫 풀코스 참가라 궁금한 사항이 있어도 물어볼 사람도 없어 아쉽긴 했지만, 다른 한편으로는 혼자여서 뭐라고 할 사람도 없을 테니 마음 편하게 뛰고 오겠다고 마음을 먹었다.

어느 날 달리기를 즐겨하는 동료 중 한 사람이 나에게 다가와 풀코스를 신청했다고 들었다고 하면서 무엇보다도 대회 전에 아무리 시간이 많이 걸려도 적어도 한 번은 연습으로 42킬로 거리를 뛰어봐야 한다는 팁을 주었다. 그래야 그 거리를 몸이 기억해 완주할 수 있다고 했다. 정말 그럴까? 의문도 들었지만, 일단 그때까지 최고로 멀리 달린 기록이 20K인 나로서는 과연 내가 연습으로라도 42K를 뛰어보고 대회에 참가할 수 있을지는 정말 의문이었다.

나머지 두 달 동안에 시간이 나는 대로 최대한 달리기를 해봤다. 동료의 조언대로 20킬로 이상의 거리를 달려보려고 여러 번 시도해 봤는데 생각보다 쉽지 않았다. 최대로 뛰어본 거리는 31킬로였다. 완벽한 연습이란 없지만, 여전히 많이 모자란 내 기량으로는 과연 완주는 가능할지 스스로 걱정스러웠다. 이런 걱정에도 불구하고 또 언제나 그렇게 어느새 새로운 큰 도전이 바로 코앞에 들이닥치고 있었다.

02

[벨기에]
좌충우돌 풀코스 준비 여정

정말 혼자 정식 풀코스 마라톤에 나가야 하는 날이 2~3일 앞으로 다가왔다. 그제야 퍼뜩 정신이 났다. '가만있자, 근데 대회 당일 출발 장소에 어떻게 찾아가고, 또 무엇을 준비해서 가야 하나?' 하는 생각이 그제야 든 것이다. 막연히 따라갔던 몇 달 전 20K 달리기처럼 별생각 없이 그냥 참가하면 되겠지 하고 있었던 것이다.

급히 물어볼 사람도 없고 해서 인터넷을 뒤져봤다. 몇몇 블로그를 봤는데 의외로 준비해야 하는 게 많았다. 일단 출발 전 갖춰야 할 것들로는 에너지 젤, 모자, 휴대품을 넣을 수 있는 복대, 휴대폰 등등이었다. 거기에다 일기예보를 보니 오전에 비 예보가 있고 아침 기온이 7~8도에 불과해 실제 뛰기 전까지 몸을 보온할 만한 뭔가가 있어야 했다. 할 수 없이 얇은 비닐 우비를 챙겨가기로 했다. 뛰다가 불필요하면 버릴 요량으로 말이다. 또 개인차량을 이용해 가야 해서 구글 지도를 보고 경기장 인근에 주차를 할 만한 곳을 보아 두었는데 그러면 또 자동차 키도 들고 뛰어야 했다. 실제로 이 많은 걸 복대 주머니에 넣고 뛰었는데, 당시에는 출발 전에 짐을 맡기는 걸 잘 몰랐기 때문이었다.

블로그에는 내가 몰랐던 아주 중요한 정보가 있었다. 마라톤은 체력 소비가 심해서 적어도 출발 3시간 전에 반드시 식사해서 탄수화물을 보충해 줘야 한다고 했다. 이것도 처음 알았다. 탄수화물로 밥이나 빵, 피자, 햄버거도 추천 음식으로 되어 있었다. 이에 따라 계산을 했다. 출발 시간이 9시이니 6시에는 식사를 해야 하고, 그러려면 5시나 5시 30분에는 일어나야 했다.

또 중요한 정보도 있었다. 장거리를 뛰다 보면 후반에 쥐가 나기 쉬운데 쥐를 예방하기 위해서는 바나나가 좋다는 것이다. 블로그는 출발 1시간 전에 바나나를 섭취할 것을 권장하고 있었다.

아! 이렇게 아무것도 모르고 대책도 없이 무작정 뛰기로 했던 내 자신의 생각이 참 무모했다. 그나마 이제라도 그런 정보를 알게 되어서 다행이었다. 그래서 출발 전날인 토요일에 나 혼자 동네 슈퍼로 장을 보러 갔다. 대회 당일 새벽에 가족을 가급적 안 깨우고 가야 하니 간단히 데워 먹을 수 있는 소세지가 들어간 피자빵, 라쟈냐, 그리고 바나나를 사고, 스포츠 전문점에 가서 에너지 젤도 충분히 샀다. 에너지 젤은 4개를 준비했는데 별거 아닌 것 같아도 4개의 무게가 생각보다 꽤나 무거웠다.

그리고는 번호표를 받으러 경기장 주변에 설치된 배부 장소로 갔다. 번호표를 배부하는 부스를 많이 만들어놔서 사람이 그렇게 많이 붐비지는 않았다. 특히, 42K 부스에는 사람이 많지 않아 금세 받을 수 있었다. 왕초보이긴 하지만 42K 신청자라는 사실만으로도 나 혼자 괜히 자랑스러운 느낌이 들었다.

번호표를 받고 나오는 길에 스타디움을 한 번 볼 생각으로 정문 근처로 가봤는데 통제가 되어 들어갈 수 없었다. 돌아 나오는 길에 나와 비슷한 생각으로 왔는지 30대 초반으로 보이는 아랍계 벨기에 사람과 마주쳤다. 서로를 보자 같은 생각으로 왔다는 걸 확인하듯 웃게 되었는데 자연스럽게 내일 뛰냐고 물으면서 대화를 하게 되었다. 내가 42K를 신청했다고 하니 자신은 아직 그럴 실력은 안 되고 일단 하프에 도전해 보겠단다. 우리는 서로의 성공을 기원해 주며 헤어졌다. 잠깐의 만남이었지만 그래도 큰 위안이 되었다.

집에 돌아와서 다음날 아침에 가져갈 물품들을 점검하고 방금 받아온 번호표를 미리 받은 기념 티셔츠에 잘 부착하도록 노력해 봤다. 옷핀으로 가장자리 4곳을 고정시켜야 하는데 생각만큼 잘 되지 않았다. 비뚤어지거나 혹은 자꾸 움직여서 신경이 쓰일 것 같아 아예 번호표 안쪽으로 테이프를 거꾸로 동그랗게 말아 양면테이프와 같이 앞뒤가 붙도록 해서 뛰어도 움직임이 없게 고정시켰다. 자, 이제 내일이면 대망의 42K를 뛰게 된다. 긴장된 마음을 갖고 일찍 잠자리에 들었다. "내일 꼭 완주는 하게 해주세요"라고 속으로 기도를 하면서 말이다.

03

[벨기에]
기적의 기적, 첫 풀코스 완주

드디어 대회날이다. 예정했던 대로 새벽 5시에 일어나 대회에 가져갈 물건을 챙겼다. 뒤편 정원에서 짧게 강아지 산책을 시키고 들어와 출발 3시간 전에 먹어야 한다는 아침 식사를 준비했다. 준비랄 게 없이 어제 사 온 피자빵과 라자냐를 전자레인지에 데우는 일이다. 탄수화물을 충분히 흡수하고 출발 1시간 전에도 먹겠지만 바나나도 하나를 미리 먹는다. 이제 물건을 챙겨서 대회장으로 출발이다.

교통 통제를 감안하여 미리 알아봤던 마라톤 출발 시간 2시간 전에 주차할 만한 곳에 가서 주차하고 난 뒤 쌀쌀함을 피하기 위해 차 안에서 기다렸다. 이제 출발지로 가야 할 시간이 되어서 차 밖으로 나와 보니 비가 조금씩 내려서 생각보다 더 쌀쌀했다. 우비를 입고 집결 장소로 향했다. 일찍 온 관계로 아직 사람들이 많이 오지는 않았지만, 대부분 추위를 피하는 모습이었다. 출발 시간이 다가오자 우비를 벗어 아주 잘 접어서 복대에 다시 집어넣었다. 버릴까도 생각했지만 아까워서 그러지 못했다. 복대에 이것저것 물건이 많았지만 어쩔 수 없었다. 복대를 뒤로해서 매어 물건들이 등 뒤로 위치하게 했다.

자, 드디어 출발이다. 다행히 비는 점점 멎어가고 있었다. 자꾸 등 뒤에서 덜거럭거리는 복대 주머니가 신경 쓰였지만, 다른 생각할 겨를 없이 앞으로 계속 전진할 수밖에는 없었다. 브뤼셀 마라톤은 그리 유명한 편은 아니어서 그런지 이번 대회에는 약 1만 4천 명 정도가 참여했다고 한다. 하프와 10K에 신청한 사람들이 대부분이고, 42K는 아마도 많아야 약 1,000명 정도인 것 같다.

그럭저럭 내 페이스에 맞춰 잘 달리는 느낌이 들었다. 뛰다 보면 앞에 따라가면 좋을 것 같은 주자들이 있다. 이들을 따라가면 내 페이스를 안 잃고 속도를 유지할 것 같은 생각에서다. 하지만 여러 번 몇몇 앞에 가는 주자를 따라가 보지만 결국에는 놓치고 만다.

한 번은 초록 형광색 티셔츠를 입은 나이가 나보다 훨씬 많아 보이지만 앞에 잘 뛰는 두 사람이 있어 이들을 따라가 보기로 했다. 눈에 띈 것은 그분 티셔츠 뒤에 그동안 참가한 마라톤 대회와 날짜가 적혀 있는데 무려 90년대부터 세계 곳곳의 도시 이름들이 가득 채우고 있다. 이 노년 주자들도 결국 내 페이스에서 멀어져 앞으로 갔다.

반환점이 아직도 한참 남은 것 같은데 엘리트 선두 1위가 벌써 반대편으로부터 힘차게 뛰어오는 것이 보였다. 대단하다고 생각하면서 이제 곧 반환점이 나오려나 했지만 가도 가도 반환점이 안 나온다. 1위는 도대체 얼마나 빠르길래 그러지? 라는 생각뿐이다.

그래도 어떻게 해서 20K를 지나고 곧이어 하프 지점을 통과했다. 그곳을 지나니 이제는 정말 여태껏 정식으로 뛰지 않았던 새로운 미지의 영역을 다시 이어서 뛰는 느낌이 들었다. 아마 27킬로까지는 그래도 잘 달려간 것 같은데 갑자기 속도가 떨어지고 엄청나게 힘이 들기 시작했다. 죽을 것 같다는 생각도 들었지만 절대 걷지는 않겠다는 생각으로 버티기에 들어갔다. 아마도 그런 상태로 2~3킬로를 억지로 달렸던 것 같다. 그 순간 한계에 도달했나 생각이 들었고, 정신이 없이 눈을 감고 기계적으로 발걸음을 내딛기를 계속했다.

나오는 급수대에서도 서지 않고 아주 천천히 뛰어가며 물과 바나나를 받아먹으면서 아주 느린 속도였지만 멈추지 않고 계속 뛰었다. 그렇게 몇 킬로를 버텼더니 신기하게도 다시 회복되는 느낌이 들었다. 초반 속도 같지는 않지만 그래도 위기 때의 속도보다는 회복된 속도로 이어 나갈 수 있었다. 약 33킬로 지점부터 40킬로 지점에서는 뛰는 사람들의 수가 급속히 줄어들었다. 주자 몇몇이 뛰엄뛰엄 힘들게 뛰어간다. 먼 앞까지 사람이 보이지 않는 구간도 많이 있다. 힘들면서 외로우면서 또 힘들다. 하지만 포기할 수 없다.

40킬로 지점 가까이 가니 또 다른 장애물이 보였다. 거의 1킬로는 되어 보이는데 눈으로 봐도 상당한 오르막길이 앞에 펼쳐져 있고, 단지 두 사람만이 저 멀리 앞에서 가고 있는데 모두들 힘든지 걸어가고 있었다. 나는 다시 이를 악물고 절대 걸어서는 안 된다는 강한 신념으로 느리지만 멈추지 않고 뛰어갔다. 첫 번째 사람을 추월해 갈 때는 정말 나도 멈춰서 걷고 싶었지만 눈을 꾹 감고 계속 달렸다.

드디어 두 번째 사람도 제치고 나니 오르막길이 끝나고 평지와 그리 심하지 않은 오르막과 내리막길들이 나온다. 아, 몸은 거의 만신창이가 되었지만 그래도 계속 뛰고 있는 내가 스스로 대견스럽다. 그런데 곧 나오리라 생각했던 결승점은커녕 아직 스타디움도 시야에 나타나지 않는다. 생각보다 상당한 거리를 가서야 바로 앞의 스타디움이 갑자기 나타난다.

힘이 들기도 하고 빨리 끝나면 좋겠다는 염원 때문인지 마지막 구간이 더 길게 느껴지는 모양이다. 스타디움을 향하는 다시 오르막길을 땅을 보며 힘겹게 뛰고 있는데 누군가 내 이름을 불렀다. 그것도 아주 정확하게 말이다.
"학재, 꾸하지(Courage, 불어로 힘내)!"
상당히 정확한 발음에 놀라 고개를 들어보니 한국 사람이 아니라 어떤 나이 든 벨기에 신사분이었는데 용케도 내 번호표 밑에 인쇄된 이름을 보고 나를 불렀던 것이다. 내가 가까스로 손을 들어 보이자 그는 손가락으로 바로 앞의 스타디움을 가리켜 보였다. 다 왔으니 힘내라는 응원이었다. 그 얼굴이 지금은 기억이 안 나지만, 참 놀랍고도 고마운 응원이었다.

드디어 스타디움 안으로 들어가니 TV에서 본 것과 같이 육상 트랙이 있는 운동장이 한눈에 들어오고, 약 200미터 전방에 결승점이 보였다. 물론 진행요원 몇만 보일 뿐이고 관중은 하나도 없지만 왠지 뿌듯함이 밀려오기 시작했다. 마지막으로 힘을 내서 결승점까지 달려 드디어 골인했다. 함성은 없어도 진행요원의 수고했다는 말이 더 큰 함성같이 들렸다. 결승점을 통과하자 진행요원의 안내로 바로 옆에 준비되어 있는 테이블에서 완주 기념 메달을 받고, 빵과 음료수를 받았다.

기쁨도 잠시, 비틀비틀거리며 아마 20미터도 채 못 가서 트랙 옆 한구석에 털썩 주저앉았다. 너무 힘들기도 해서 빨리 음료나 빵이라도 한입 베어 물어야 할 것 같았다. 주저앉아 빵을 한입 먹었는데 갑자기 넘기지 못하고 오히려 울컥 눈물이 나왔다. 지금 내가 42K를 완주한 게 현실인 건가? 라는 생각이 들었다.

애당초 완주하겠다고 죽기 아니면 살기로 매달린 목표는 아니었지만, 어쨌든 지난 6개월 동안 노력의 결실이라고 생각하니 스스로 기특하기도 하고, 남들이 소위 말하는 죽기 전에 꼭 해봐야 할 버킷리스트의 하나를 얼떨결에 이룬 것 같다는 생각이 들었다. 무엇을 억지로 달성하거나 성취했다기보다는 모든 게 자연스럽게 이루어졌다는 느낌이 들었다. 뛰는 동안 죽을 만큼 힘든 고통을 피하고도 싶었지만, 결국은 그게 생생하고 소중한 삶의 모습이었다는 생각이 들면서 모든 게 감사한 마음이 되었다.

그렇게 잠시 휴식을 취하고 있는데 지난번 브뤼셀 20K를 같이 뛰었던 동료가 카톡을 보내왔다. 완주를 축하한다는 글이었다. '어떻게 알았을까?' 하고 생각하는 사이에 다른 카톡들이 오기 시작했다.
"와, 놀랍습니다. 완주를 축하합니다."
"기적과 같은 완주 축하합니다."
알고 보니 처음 카톡을 보낸 분이 내가 마라톤을 뛰고 있는 동안 자동차로 파리를 가고 있었는데 대회 홈페이지에서 참가 번호를 입력하면 얼마나 뛰고 있는지 추적이 가능하다는 것을 알고 계속 내가 뛰는 것을 보고 있었다고 했다. 그리고 결승점에 들어오자마자 나를 비롯해 다른 달리기 동료들에게 카톡으로 소식을 전한 것이었다.

다른 동료한테 온 카톡 중에 "대단합니다. 앞으로 51초 사나이라고 불러야겠네요"라는 게 있었는데 처음에는 이게 무슨 뜻인지 몰랐다. 한참을 쉬고 나서 일어나서 가는데 다시 한번 그 카톡을 보니 이미 내 기록이 나와 있어 그걸 보고 보낸 내용이었다. 나는 기록이 한참 후에 나오는 줄 알고 있었는데 그게 아니었다. 대부분의 대회가 그렇듯이 교통 통제 때문에 마라톤 제한 시간이 있다. 이번 대회도 5시간이 제한 시간이었다. 나는 당초 완주 자체를 목표로 했기 때문에 5시간 이내로는 염두에 두지 않았다.

그래서 얼른 찾아본 나의 기록 시간은 기적과 같이 4시간 59분 9초였다. 제한 시간 51초를 남기고 완주를 한 것이었다. 완주를 한 것도 기적과 같은 일이었지만, 제한 시간 내에 들어온 것은 기적 중의 기적이라고 할 수 있었다. 나는 돌아오면서 아까 마지막 언덕에서 다른 주자들처럼 걸어갔으면 분명 1분 이상이 더 소요되어 5시간을 넘겼을 것이라 생각하니 멈추지 않고 계속 뛴 것이 얼마나 잘한 일인가, 라고 느꼈다.

이렇게 나의 첫 42.195킬로 마라톤 완주는 새로운 많은 것을 배우고 기적의 기적과 같은 경험으로 소중하게 남았다.

04

[프랑스]
파리의 유혹

첫 완주 이후 무릎이 아파서 한 2달을 자제하면서 뛰기를 그만두었다. 그리고 2달이 지났을 무렵 다시 달리기 시작했다. 사실 2달이 충분한지는 확신할 수 없었지만, 이 정도면 충분할 거라고 나 스스로 판단한 것이다. 매우 조심스럽게 다시 달려봤는데 막상 달려보니 별 이상을 못 느꼈다.

어쩌면 좀 더 시간을 두고 쉬어야 하는지도 알 수 없었다. 그러나 2달 만에 다시 뛰게 된 데에는 다른 동기가 있었다. 12월쯤 되어서 동료로부터 다음 해인 2023년 4월에 파리 마라톤이 열린다는 소식을 들었다. 그 동료는 2022년에도 파리를 다녀왔다. 그 동료가 내가 첫 풀코스 마라톤 완주를 한 것에 대해 제일 많이 놀란 사람인데, 농담조로 파리 마라톤을 뛰어보라고 권하는 것이다. 말이 권유이지 다시 완주하기는 쉽지 않을 것이라는 뜻으로 들린다.

놀리든 말든 나는 파리 마라톤이라는 말에 매혹되었다. 브뤼셀은 당장 내가 살고 있는 곳이니 어떤 면에서는 국내 마라톤이고, 파리는 내가 다른 외국으로 가서 참가하는 명실상부한 진정한 의미의 국제마라톤이 아닌가? 이전에 파리를 여러 번 가봤지만, 샹젤리제 거리를 비롯한 그 아름다운 파리 시내 거리를 내 두 발로 직접 뛸 수 있다는 게 너무 환상적인 경험이 될 것이라는 생각으로 가득했다.

그 얘기를 듣자마자 파리 마라톤 대회 등록을 신청했다. 파리 마라톤은 다른 대회와 달리 참가자가 마라톤을 뛰어도 괜찮다는 의사의 공식 진단서를 제출해야 했다. 주변의 의사를 찾아 예약하고 가서 마라톤을 참가하기 위해서 증명서가 필요하다고 했더니 벨기에 의사는 동양 사람이 벨기에도 아니고 파리 마라톤에 참가한다는 걸 보고 별 희한한 사람이라는 반응을 보였다. 스쿼트를 시키고 몇 가지 테스트를 하더니 건강에 문제가 없다는 증명서를 발행해 주었다. 간단한 진단이었지만 100유로를 지불했다.

이렇게 참가 등록은 마쳤지만, 여전히 무릎으로 쉬고 있는 터라 언제 다시 달리기를 재개할지가 문제였다. 파리의 유혹이 자꾸 나를 달리는 상상으로 데려갔다. 그렇게 지금 달려도 괜찮을지, 아니면 좀 더 기다렸다 달려야 하는지를 고민하다가 2달이 된 시점부터 달리기를 시작한 것이다. 무릎이 아프고 나서 2달을 쉬었다고 했지만, 사실은 파리에 출전한다는 꿈으로 2달 만에 휴식을 그만둔 것이 더 맞는 말이다. 파리의 유혹이 결국 나를 밖으로 나가 달리는 것을 불사하게 만들었다.

실로 오랜만에 달린다. 무릎에 통증도 전혀 느껴지지 않는다. 안도의 한숨을 내쉬지만, 무엇보다도 내 머릿속에 가득한 것은 파리 시내를 달리고 있을 내 모습이다. 그 모습을 상상하며 속으로 외친다. 파리여 기다려라! 그렇게 나의 두 번째 풀코스 도전 준비는 시작되었다.

05

[프랑스]
파리로 가는 길

마침내 파리 마라톤이 2023년 4월 2일 일요일에 열렸다. 출발점은 개선문 인근 샹젤리제 거리로 이어지는 초입에 있었다. 나에게는 첫 해외 원정 경기가 되는 파리 마라톤에 참가 자체도 흥분되는 일이지만 동시에 그 화려한 파리 시내를 뛰면서 명소를 보고 느낄 수 있을 테니 정말 흔하지 않은 기회였다.

파리 대회에는 나와 대사관 동료 그리고 기업인 한 분 해서 총 3명이 참가하기로 했다. 브뤼셀에서 파리까지는 자동차로 3시간 반 정도면 도착하는 거리이다. 생각보다 멀지 않은 거리여서 이동하는 데 별다른 부담은 없었다.

대회 전날 토요일 파리에 도착한 우리는 참가 번호표를 받고 저녁에 모여 같이 참가한 분의 기업이 후원하는 전시 겸 연주회에 참석해 다음날 있을 각자의 혈투(?)와는 사뭇 다르게 아주 우아한 저녁을 보냈다. 당시에는 우리나라의 부산 세계 엑스포 유치 활동이 활발한 때였는데, 마침 그 기업이 후원하는 행사 일환으로 파리에 있는 모네 미술관에서 열리는 채임버 앙상블 특별 연주회였다.

예전에 모네가 평생 작업을 한 공간인 지베르니 정원에 여러 번 간 적이 있다. 너무 아름답고 정말 그의 그림에서와 같은 똑같은 풍경이 있어서 놀랐다. 그래서 그의 그림은 항상 마음의 위안을 주는 그림으로 기억하고 있었는데 파리 시내에도 이런 훌륭한 모네의 미술관이 있는 줄은 몰랐다.

그 미술관 지하에 마련된 벽면에 아름다운 모네의 큰 그림들로 가득 메운 원형의 공간에서 듣는 클래식 음악은 너무 아름답고 환상적이었다. 혼자였다면 마라톤 완주의 결의를 다지며 삭막한 밤을 보냈겠지만, 마라톤 친구들 덕분에 매우 여유롭고도 우아한 전야제를 보내게 된 것이다.

내가 잡은 숙소는 라데팡스 쪽이어서 그곳으로 돌아와 인근에 있는 대형 슈퍼마켓에 가서 다음날 새벽에 섭취해야 할 간단한 식사 거리와 음료를 샀다. 역시 이번에도 출발 3시간 전에 먹을 것으로 탄수화물 보충이 주목적이기 때문에 칼로리가 비교적 높은 빵류와 혹시 몰라서 밥이 있는 스시롤을 골랐다. 물론 쥐 예방에 필수인 바나나도 2개를 구입했다.

숙소에 들어와 침대 위에 내일 가져갈 물건들을 나열해 보았다. 상의 티셔츠, 러닝 팬츠, 번호표, 옷핀, 손수건, 빵과 스시롤, 바나나, 복대, 모자, 신발, 에너지 젤, 핸드폰, 썬크림, 바셀린 등을 질서정연하게 펼쳐보았다. 우선 티셔츠를 침대 위에 반듯하게 펼쳐놓고 앞면 중앙에 위치를 잘 잡아 옷핀으로 네 군데 모서리에 잘 고정시켰다. 그 상태에서 다시 티셔츠를 입어 뛸 때 불편함이 없는지, 번호표가 비뚤어지지 않았는지를 보면서 핀의 위치를 수정해 가며 번호표 부착을 끝냈다.

그리고 내일 입을 러닝 팬츠와 속옷, 양말도 챙기고, 큰마음 먹고 산 써코니 엔돌핀 시리즈 프로 3 운동화를 손에 쥐고 혹시 이전에 2번을 시험 삼아 달렸기 때문에 흠이 가지 않았나 조심스레 살펴보았다. 시험 삼아 뛰고 난 뒤에 행여나 닳을까 해서 잘 닦아놓기는 했는데 아무래도 완전 새것 같지는 않았다. 그래도 이 신발이 내일 최대의 기능을 발휘해 주기를 바랐다.

내일 실전에 출전하는 모양으로 다 입어보고 착용하고 난 다음, 가져갈 물건도 챙겨서 복대 주머니에 넣어보고 이상이 없음을 확인한 후 모든 물품을 내일 일어나면 차질 없이 바로 갈 수 있도록 다시 정리해 두었다.

물건 가운데 손수건은 달리는 도중 의외로 유용한 물건이다. 뛰기 시작하고 얼마 되지 않았을 때는 땀이 많이 나서 머리로부터 얼굴로 땀이 흘러내리면 손으로 닦아도 잘 닦이지 않고 계속 흘러내리기 때문에 무척 신경이 쓰였다. 달리기를 계속하다 보니 모자를 눌러쓰면 땀이 모자에 흡수되어 얼굴로 잘 흘러내리지 않는다는 것을 경험으로 알게 되어 모자를 챙긴다. 손수건으로 닦으면 좋은데 자꾸 주머니에 넣다 뺐다 하기가 레이스 도중에는 여간 불편한 게 아니다.

내가 생각하는 손수건의 유용한 점은 정작 땀보다는 콧물 제거이다. 뛰다 보면 중간중간에 콧물이 계속해서 나오는 경우가 있는데 이것도 많이 신경이 쓰인다. 손수건이 있으면 깨끗하게 풀어서 콧속을 콧물기가 없게 해서 호흡에도 영향을 덜 준다. 콧속에 이질감이 남아 있으면 불편함이 지속되는데 손수건이 최고다. 내가 써보니 일반 손수건보다는 가제 손수건이 매우 편하다. 복대가 아닌 러닝 팬츠 옆 호주머니에 넣고 달리면 꺼내고 집어넣기가 아주 편하다.

　이렇게 해서 모든 준비가 끝났다. 아침을 기다린다. 충분히 잠을 자서 피로를 최대한 풀어야 한다고 생각하지만, 내일 레이스를 생각하면 잠이 잘 안 온다. 하지만 늘 그렇듯이 잠이 살 안 온다고 하면서도 나는 이내 잠으로 빠진다.

06

[프랑스]
파리의 낭만은커녕

    드디어 대회날 아침이 밝았다. 이전과 마찬가지로 새벽에 일어나 어제 준비해 놓은 음식으로 탄수화물을 섭취하고 이내 복장과 가져갈 물건들을 빠짐없이 잘 챙겼다. 화장실도 다녀오고 바나나도 섭취하고 만반의 준비를 마쳤다.

    신발까지 다 신고 난 후 한 가지 고민이 생겼다. 휴대폰을 가지고 뛸 것이냐 마느냐였다. 기록을 확인하기 위해서는 가져가고 싶은데 마음 한편으로는 휴대폰이 생각보다 무게가 나가 이를 등 뒤 복대 주머니에 넣고 달린다는 것도 부담스럽게 느껴졌기 때문이다. 아직 초보인데도 좀 더 빨리 뛰고 싶은 욕심이 앞선 것이다. 이럴 때 보통 나는 보수적으로 되어 가져갈 만도 한데 이날따라 어디 한 번 핸드폰 없이 달리겠다는 마음이 생겨

핸드폰을 호텔 로비에 맡길 가방에 넣었다.

다시 한번 단단히 준비물이 빠진 게 없나 확인을 했다. 에너지 젤은 5개를 챙겼는데 무게가 생각보다 많이 나가 한 개는 출발 직전에 먼저 먹고, 나머지는 20킬로, 30킬로, 35킬로, 40킬로 지점에서 먹는 것으로 계획을 짰다. 일요일 저녁에는 다시 브뤼셀로 돌아가야 해서 호텔을 1박만 예약했기 때문에 일찍 체크아웃을 하고 짐가방을 로비 데스크에 맡겼다.

하나 빠진 게 있는데, 4월 초 파리의 아침은 생각보다 체감온도가 매우 낮다. 당시 영상 5도 정도였던 것으로 기억된다. 파리 대회의 경험이 있는 다른 동료가 날씨가 춥고 실제 출발할 때까지 꽤 오래 기다려야 하기 때문에 반드시 몸을 보온할 여분의 옷을 가져가야 한다고 했다. 좋은 옷은 곤란하니 버려도 될 만한 옷을 가져갔다가 뛰기 직전에 의류 기부함이 있는데 거기에 넣으면 된다고 했다. 그래서 나도 몇 년을 입었지만 버릴 요량으로 아직 버리기에는 아까운 따뜻한 얇은 패딩을 입고 갔다.

호텔 밖을 나오니 역시 쌀쌀하다. 패딩 덕에 상체는 괜찮았지만, 반바지 차림의 하체로는 매우 차가운 바람을 맞는다. 한참을 걸어 지하철역에 가서 표를 사고 개선문 역까지 간다. 중간에 한 번 갈아타야 하는데 조금 이른 시간이지만 목적지로 갈수록 서서히 달리는 복장에 운동화를 신은 참가자들이 보이기 시작한다. 무언의 동질감과 함께 소리 없이 표정으로만 인사를 한다.

개선문 역에 나와서 보니 정말 사람들이 많다. 이날 참가한 사람은 무려 6만 명이나 된다고 한다. 나는 예상 완주 시간을 5시간으로 써냈기 때문에 내가 뛰어야 할 위치는 출발선에서 반대로 아주 멀게 거의 마지막에 위치한다.

진행요원들이 꽤나 철저히 번호표의 색을 보고 확인한 후 지정된 출발 구역으로만 입장을 시킨다. 다른 대회와 마찬가지로 늦게 출발한다고 해도 자신의 번호표 뒤에 기록 칩이 장착되어 있어서 실제로 출발선 바닥에 있는 전자 감응 장치를 지나야 내 기록이 시작되는 것이라서 늦게 출발해도 기록이 늦어지거나 할 염려는 없다.

대기 구역 한쪽 편에는 철망으로 된 긴 바구니 같은 게 있었는데 이것이 바로 옷을 기부하는 곳이었다. 앞 그룹의 사람들이 출발하고 나면 뒤에 있는 사람들이 앞으로 이동하고 일정 간격을 두고 그 다음 그룹이 다시 출발하기 때문에 옷을 미리 벗지 않고 자신이 출발할 때가 되면 그때 옷을 벗어 옆의 함에 기부하면 된다. 나도 쌀쌀함으로 출발 신호가 울리기 직전까지 패딩을 입고 있다가 출발선에 대기한 후 출발 1분여 전에 패딩을 기부함에 넣으면서 몇 년간 함께했던 정들었던 패딩과도 작별을 고했다.

드디어 출발이다. 파리의 샹젤리제를 앞뒤 좌우로 수많은 러너들이 일제히 밀려가는 파도처럼 거칠게 휩쓴다. 참가선수들이 많다 보니 한참을 무리에 섞여 같이 뛴다. 이른 아침에도 연도에는 소위 파리지엥들의 열띤 응원을 들을 수 있다. 어느 정도 가서 사람이 다소 한적해진 곳을 달릴 때에 문득 파리의 거리는 오히려 차가 밀리고 사람들이 걷는 게 더 어울리겠다는 생각도 들기도 했다.

내가 원래 생각했던 아름다운 파리의 도로를 발로 뛰어서 가면 얼마나 낭만적이고 멋있을까 하는 환상에 가까운 생각을 줄곧 가져왔는데, 뛰다 보니 유명한 건물이건 뭐건 간에 거의 본 기억이 없다. 잠시 스쳐 지나가는 에펠탑을 고개를 들어 잠시 쳐다본 것 말고는 특별한 기억이 없다. 오로지 정면과 땅바닥 그리고 주변의 다른 주자들과 연도의 시민이 보였을 뿐이다. 레이스 후반부에 세느강을 따라 달리는데도 별다른 감흥이 없다.

뛰는 내내 내 머릿속에 가득했던 생각은 그저 어떻게든 결승점이 빨리 나왔으면 하는 간절한 바람이었다. 그토록 바라던 낭만은 사라지고 육체의 고통만 남았다.

07

[프랑스]
놀라운 기록 단축, 꼬까신의 위력

출발 신호와 함께 레이스가 시작되었다. 어쨌든 힘찬 기상으로 넓은 샹젤리제 거리를 달린다. 주변의 사람들을 보기도 하면서 나의 페이스를 유지한다. 마라톤 대회에서 어김없이 드는 생각은 평소에 그리 많아 보이지 않던 달리는 사람들이 어디서 그렇게 많이 모여든다는 것인지 알 도리가 없다.

새로운 신발이 과연 위력을 드러내는지 느낄 겨를이 없이 정신 없이 달려간다. 파리를 달리니 벨기에에서 듣던 불어 쿠하지(courage, 힘내) 말고도 알레(allez, 파이팅)가 응원으로 더 많이 들린다. 몸 온도가 서서히 올라가면서 더 이상 쌀쌀함은 느낄 수 없다. 규칙적인 호흡과 힘찬 발걸음이 온전히 다인 세계이다.

지난 3개월간 뛰었던 벨기에의 숲길이 생각나기도 하고, 다른 동료들은 앞에서 출발했으니 잘 뛰고 있겠지 하는 생각도 든다. 이런저런 생각을 하며 뛰다 보니 10킬로가 지나고 하프 지점에 도착한다. 여기까지는 크게 문제가 없었다. 역시 주로 연습한 거리까지는 크게 문제가 없는 것 같다. 이 다음 20킬로에서 30킬로 구간이 제일 문제다. 전반까지 비교적 빠른 속도로 달려서인지 후반부터는 일부러 약간 속도를 늦췄다. 가장 힘든 20킬로에서 30킬로 구간을 넘기기 위한 나만의 전략이었다.

다행히 30킬로 지점까지 잘 달려왔다. 약간 힘이 들었지만 이제 12킬로만 더 가면 된다는 생각에 온몸으로 올라오는 피로와 힘든 고통을 참는다. 확실히 속도가 많이 떨어진다. 35킬로를 넘었을 때 이미 가져온 에너지 젤을 모두 소비했다. 한 개만 더 있으면 좋겠는데 하지만 아쉬울 뿐이다. 37~38킬로 정도부터는 오르막이다. 오르막답게 힘은 갑절로 들고 속도는 나지 않는다. 열심히 뛰어 거의 다 왔을 것 같은데 아직도 결승점은 멀기만 하다.

41킬로쯤 지점부터는 내리막이 시작된다. 이 정도를 오니 이제 곧 결승점이 가까운지 연도에 응원하는 시민들이 급격히 많아진다. 정말 환호성과 응원의 함성 속에 마지막 피치를 다해 속도를 높여본다. 마지막 코너를 도니 앞으로 약 500미터만 남았다. 일직선으로 펼쳐진 마지막 구간에 멀리 결승점 게이트가 보이고, 양옆으로는 인파를 차단하는 펜스가 있는데 사람들이 환호와 함께 힘내라고 펜스를 두들기는 소리로 요란하다. 42킬로를 뛰고도 어디서 그런 힘이 나는지 최대한 속도를 높여 결승점으로 힘차게 뛰어갔다.

드디어 골인이다. 무엇보다도 레이스가 끝나서 더 이상 달리지 않게 됐다는 게 너무도 기쁘다. 생각보다 완전 녹초가 되지는 않았지만, 시계도 휴대폰도 없이 달려서 내 기록을 알 수 없었다. 결승점을 통과할 때 전광판에는 건 타임(최초 첫 출발 시간부터 누적 시간)이 있었는데 어차피 처음 출발부터 기록된 시간이므로 늦게 출발한 나와는 관계가 없었다. 결승점을 지나치면서 얼핏 현재 시간을 봤는데 잠시 휙 하고 지나가서 잘 기억이 없다. 그렇다고 다시 거꾸로 피니시 라인을 반대로 통과할 수도 없었다.

할 수 없이 궁금한 마음에 옆에 지나가던 다른 참가자가 손목시계를 찬 것을 보고 시간을 물었다. 영어로 들었는데 내가 생각하던 시간과 너무 달라서 혼동스러웠다. 그래서 다시 한번 물었는데 내가 예상했던 완주 후의 시각보다 훨씬 빠른 것 같다는 생각이 들었다. 하지만 더 이상 확인할 길이 없었다. 핸드폰을 가지고 있었다면 홈페이지에 들어가서 공식 기록을 확인할 수 있겠지만, 핸드폰을 호텔에 맡기고 와서 알 수가 없다. 완주 메달을 받고, 바나나와 기념품을 받고 또 막막해졌다. 같이 참가한 다른 사람들과 연락할 방법이 전혀 없기 때문이었다.

몸이 식으면서 반팔과 반바지 차림의 나는 다시 추위를 느끼기 시작했고, 설상가상으로 전철역을 찾으러 이리저리 헤매는데 비마저 오기 시작했다. 가까스로 물어물어 전철역으로 갔지만, 대회가 끝나고 수많은 인파가 전철역으로 몰려 차표를 사려는 줄이 지하철 역사를 가득 채웠다. 이러다 보니 역무원이 나와서 그냥 개찰구를 통과해서 전철을 타라고 안내를 한다. 나도 사람들을 따라 전철을 타고 한 번 갈아타고 난 후 목적지인 라데팡스 역에 도착했다.

그런데 생각을 해보니 결과적으로 개선문 역에서 무임승차를 한 꼴인데 라데팡스 역에서 그걸 이해해 줄 리가 만무하고, 그렇다고 내가 불어를 잘하는 것도 아니니 더욱 난감했다. 혹시나 개찰구 안쪽에 승차권을 사는 기계가 있으면 좋을 텐데 했지만 내려보니 개찰구 안이 아니라 밖에 있는 것이 보였다. 잠시 망설였다. 마침 역무원은 없었고, 그 순간 앞에 가시던 분이 장애인용 출구로 나가시는데 거기의 문이 계속 열려 있어 나도 얼른 따라 나왔다. 무임승차가 좀 미안했지만 지치고 힘든 몸을 이끌고 개선문 역 역무원의 지시에 따른 것이니까 하고 스스로 위안을 삼았다.

드디어 호텔에 도착해서 로비에서 짐을 다시 찾고 화장실에 가서 되는 대로 세수로 땀을 닦아내고 옷을 갈아입은 다음 휴대전화를 켜서 기록을 찾아보았다. 나는 깜짝 놀랐다. 내 기록은 4시간 16분 28초였다. 브뤼셀에서의 첫 번째 기록이 4시간 59분 9초였던 것에 비하면 무려 43분이나 앞당긴 기록이었다. 처음에는 믿기 어려웠다. 나중에 보니 같이 참가한 세 사람 중에 내가 제일 빨리 들어왔던 것이다. 원래 나보다 훨씬 잘 뛰던 다른 동료는 후반부에 쥐가 나는 바람에 늦었다고 강변하면서 꽤나 억울해했다. 그러고는 나에게는 이게 다 그 개나리 봇짐과 같은 복대와 새로 산 꼬까신 덕분이라고 농담을 했다.

그러고 보니 꼬까신이라는 말이 그리 나쁘지 않고, 내 새 운동화에도 잘 어울린다고 생각이 들었다. 하지만 아무리 슈퍼 꼬까신이라도 지난 3달간 달려온 매일매일의 꾸준한 노력이 없었더라면 불가능했을 것이다. 약 70일 정도 매일 달렸던 10킬로 달리기와 신상 꼬까신이 상승작용을 일으켰을 것이라고 믿는다.

08

[룩셈부르크]
내친김에 룩셈부르크까지

파리 마라톤에서 한껏 자신감을 얻었다. 가뜩이나 43분이나 기록을 단축했으니 자신감을 넘어 뭐든지 할 수 있을 것 같은 자만감마저 들었던 것 같다. 동시에 좀만 더 뛰면 Sub 4(4시간 이내 완주)도 가능하지 않을까 하는 새로운 기대에 부풀었다.

내 생각이지만 주변의 달리기를 했던 동료들이 나를 보는 시각도 달라진 것 같다. 초보라고 생각하고 이런저런 달리기 조언을 해주었는데 이제 두 번을 완주하고 내 나이대에 비교적 나쁘지 않은 기록을 달성했으니 말이다.

가뜩이나 당시 얼마 후면 다른 공관으로 이동해야 하는 연락을 서울로부터 받고 있었던 터라 이제 벨기에에 있을 시간이 많지 않다는 점 때문인지 주변의 다른 마라톤이 더 없나 찾아보게 되었다. 마침 전에 룩셈부르크를 방문한 적이 있었는데 그때 들었던 마라톤 대회가 생각났다.

브뤼셀에 소재하는 우리 벨기에 대사관은 다른 대사관에 비해 관할 대상이 다양하다. 기본적으로 벨기에 정부, 유럽연합, 북대서양조약기구(NATO)뿐만 아니라 이웃 나라인 룩셈부르크도 겸임(2024년 주룩셈부르크 대사관이 신설되어 지금은 더 이상 벨기에에서 겸임하지는 않는다)하고 있었다. 또한 프랑스 지역이지만 유럽의회 본부가 스트라스부르크에 있어 자주 출장을 갔었다. 이 중 룩셈부르크는 차량으로 2시간 정도의 거리밖에 되지 않아서 룩셈부르크 외교부 면담이나 대표단 출장, 한인회 행사, 참전용사 행사 참석 등으로 비교적 많이 방문했었다.

한 번은 나의 첫 번째 마라톤인 브뤼셀 대회 얼마 후에 출장을 가서 룩셈부르크 한인회 임원진들과 저녁 식사를 하게 되었다. 회장님이신 박미희 회장님과 대화 중 나의 첫 번째 브뤼셀 마라톤 도전 이야기를 하게 되었는데, 회장님이 웃으시면서 자신도 마라톤을 한다고 했다. 더욱이 놀랍게도 나와는 비교가 안 되게 3시간대 완주 마라토너였다. 여성분이시고 나이도 나와 그리 많이 차이 나지 않은 것 같은데 오래전부터 달렸고, 기록도 그렇게 빠르다고 하니 부러울 따름이었다.

박 회장님은 마라톤에 진심이었다. 마라톤 운동화도 전문점에 가서 발을 스캔해서 딱 맞는 신발로 제작해서 신는데 룩셈부르크에 그런 전문점이 있고, 브뤼셀에도 있을 거라고 했다. 나중에 브뤼셀에서 찾아보니 그런 러닝 클리닉이라고 불리는 곳들이 있었다. 박 회장님은 룩셈부르크에도 매년 열리는 마라톤이 있다고 했다. 보통 5월에 열리는데 특이하게 야간 마라톤이라고 했다. 저녁 7시에 출발해서 5시간 제한 시간인 밤 12시 정도까지 행사가 진행된다고 한다. 머리에 헤드라이트를 달고 달리기도 한다고 한다. 회장님은 내가 마라톤에 정식 입문했으니 꼭 기회가 되면 참가해 보라고 했다.

이렇게 들었던 룩셈부르크 야간 마라톤이 기억이 나서 찾아보니 대회날이 2023년 5월 20일로 얼마 남지 않았다. 인터넷으로 홈페이지에 들어가 보니 다행히 아직은 마감이 되지 않아 바로 등록을 마쳤다. 국제적으로 크게 유명한 대회는 아니어서 그런지 일찍 마감되지는 않았다. ING 은행이 후원하는 행사인데 이 행사도 조그마한 나라인 룩셈부르크에서 상당수의 많은 시민들이 참여하는 몇 안 되는 큰 국가적인 행사 중의 하나라고 한다.

파리 마라톤 이후 불과 한 달 반 만에 있는 대회여서 체력 회복과 훈련 시간이 부족할 것 같았지만 일단 또 다른 나라에서 마라톤 대회에 출전할 수 있게 된 것에 속으로는 매우 신이 났다. 짧은 시간이지만 어쨌든 벨기에, 프랑스, 룩셈부르크 세 나라에서 마라톤에 참가하는 것도 좋은 경험이고 귀한 기회로 여겨졌다.

야간 마라톤이어서 저녁에 시작하므로 하루 정도 일찍 가야 하는 다른 대회와 달리 당일 오후에 도착해서 번호표를 받아도 되었다. 브뤼셀에서 오전 11시경에 차를 운전해 국경까지 1시간 남짓인데 룩셈부르크 영내로 들어가자마자 휴게소가 있는 것을 알고 있어 그곳에서 점심으로 햄버거를 주문해 먹었다. 햄버거를 좋아하기도 하지만 마라톤 전의 식사로 좋겠다는 생각이었다. 출발 3시간 전 탄수화물 섭취를 생각해서 아예 별도로 햄버거 세트를 테이크아웃으로 하나 더 주문했다. 4시경 햄버거를 먹을 생각으로 말이다.

휴게소에서 나오면서 생각해 보니 룩셈부르크에 도착하면 늦어도 오후 1시 정도인데 번호표를 받아도 시간이 많이 남아 보였다. 조만간 다른 나라로 부임하게 되어서 룩셈부르크 방문도 마지막이겠거니 생각하니 룩셈부르크에 사는 친했던 유럽의회 인사가 생각이 났다. 2008년 첫 번째 브뤼셀에서 근무할 당시부터 알았던 인사로 한국 아이를 입양해 딸로 키우고 있어 자주 만나게 되었고, 시간이 지나 다른 나라에서도 종종 연락을 하고 있었다. 그는 2022년 가을에 은퇴해서 룩셈부르크에 거주하고 있었는데 전화를 하니 마침 룩셈부르크 시내에 가까운 곳에 있다고 해서 만나기로 했다.

마라톤 번호표를 받고 약속한 시내 노천카페에서 만나 그동안 밀린 얘기를 나눴다. 내가 마라톤 참가로 왔다고 하니까 놀란 표정이다. 자기 조카들도 오늘 뛴다고 해서 시내 거리 응원 가기로 했다고 하면서 내가 지나가는 게 보이는지 응원하며 지켜보겠다고 한다. 이제 곧 칠레로 떠난다고 하니 슬픈 표정이다. 물론 나도 그렇다. SNS로 연락할 것을 약속하고 아쉬운 인사와 포옹을 한 후 나는 전차를 타고 다시 대회장 부근으로 왔다.

09

[룩셈부르크]
신기한 경험, 야간 마라톤 대회

　룩셈부르크는 1인당 GDP 세계 1위의 국가이다. 룩셈부르크는 인구 67만의 아주 작은 국가이다. 공작이 다스리기 때문에 대공국(Gran Duchy)이라고 한다. 룩셈부르크에는 유럽사법재판소 사무국 등 유럽연합 기관들과, 특히 국제적인 금융기관들이 많이 소재한다. 이번 대회를 후원하는 ING 은행은 네덜란드 은행이다. 네덜란드의 상징색이 오렌지색이어서 경기 당일 시내는 온통 오렌지빛이다. 특히 짐을 맡길 수 있는 배낭(sac)도 오렌지색이어서 거리와 전철에는 이를 메고 다니는 사람들로 북적인다.

　룩셈부르크의 대중교통 시설은 시민들에게 무료이다. 관광객은 원래 대상이 아니지만, 마라톤이 열리는 이날만은 모두 아무렇지 않게 전차를 이용한다. 오후 4시경 내 차를 주차해 놓은 대회장에서 좀 떨어진 곳의 골목에 가서 차 안에서 테이크아웃해 온 햄버거를 먹으며 준비물을 점검한다. 점검을 마치고 결의를 다지며 대회장으로 출발이다. 걸어가면서 대회장과 가까워질수록 같이 걸어가는 참가자들이 하나둘씩 점차 늘어난다.

대회장은 큰 엑스포 전시장을 통과해 참가 번호대에 따라 짐을 맡길 수 있는 구역이 있고, 이를 통과해서 지나가면 다시 운동장 출발선이 있는 곳으로 이어진다. 대회장 부근에서 우연히 한인 회장님을 만났다. 이번 대회에 참가한다고 연락도 하지 않았고 만나기로 하지도 않았는데 갑자기 딱 마주쳤다. 참가할 거면 왜 미리 연락하지 않았냐고 핀잔하는 눈짓이다. 서로 멋쩍어 웃었다.

회장님은 이번에는 하프를 뛴다고 한다. 이전 만남에서 룩셈부르크 야간 마라톤에 꼭 참가해 보라고 한 번 한 소리였는데 내가 진짜 참가한 것을 보고는 좀 놀라는 눈치다. 서로 잘 뛰라는 인사를 하고 헤어졌다. 이번 마라톤은 파리처럼 참가인원이 대규모가 아니어서 그런지 출발 그룹이 달리 정해져 있지 않고 출발선에 대형을 이루어 기다리고 있다가 출발 신호로 뛰기 시작하면 되었다.

이번에도 또 철저히 준비하지 못해 허를 찔린 게 하나 있었다. 야간 마라톤에 대한 대비이다. 야간 마라톤이어서 선선한 밤을 생각했는데 그게 아니었다. 룩셈부르크 5월 하반기의 7시는 너무 환하고, 또 기온도 높아 너무 무더웠다. 선크림을 좀 더 잘 바르고 더위에 대비하는 마음가짐으로 임했어야 했다. 정확히 기억나지는 않지만, 본격적으로 어두워진 것은 9시가 한참 넘어서였다. 또한 코스 가운데 여러 군데가 경사도가 상당히 있는 구간이 많았다. 룩셈부르크 시내가 크지 않다 보니 코스가 직선이 많지 않고 복잡하게 좁은 골목길을 미로같이 달려야 했는데, 한편으로는 한 도시의 주요 도로가 아닌 골목길도 달려보는 독특한 경험이었다.

조그만 도시다 보니 특히 시내 부근을 뛸 때는 도로변의 시민들이 많이 응원해 주었다. 아까 낮에 만났던 오랜 친구를 다시 볼 수 있을까 기대를 하며 사람이 많은 곳을 지날 때면 평소보다 많이 모인 시민들을 좀 더 보려고 했지만, 많은 사람들 가운데 찾기란 거의 불가능에 가까웠다. 아마 그 친구도 마찬가지였을 것이다. 이전에 몇 번 출장을 와서 익숙한 길도 있었지만, 당연히 모르는 길이 더 많았다. 새로운 길을 뛰는 것은 익숙하지 않아서 얼마나 더 가서 굽어지고 또 다른 길이 나오는지 알 수 없기 때문에 알던 길보다는 항상 힘든 법이다. 그러나 한 발한 발 또 내딛고 견디고 또 뛰면서 생각한다. 또 내가 직접 밟아본 이 세상의 땅은 조금씩 더 넓어지고 있다고 말이다.

밤이 어두워지고 나서 협곡 사이 길을 내려갔다가 다시 올라오는 길이 특히 어두웠다. 이어지는 시내의 길 한복판을 지나 종착점으로 가는 가장 큰 주요 도로에 다다랐지만, 얼마를 가다가 다시 오른쪽으로 빠져 한참을 우회한다. 얼마 후 다시 룩셈부르크 시내 중심도로로 나왔다. 이제는 마지막인가 싶은데 직진을 하다가 얼마 가지 않아 경기장 인근에 다가서 또 한 번 좌회전해서 크게 우회하게 만들어 결승점으로 이어진다. 대회 전에 홈페이지에서 미리 마라톤 루트를 봤는데 너무 복잡해서 자세히는 못 보고 대충만 봤던 게 후회되었다.

마지막 2킬로 정도가 너무 길었다. 나올 만도 한데 아직도 끝이 보이지 않는다. 마지막 거의 와서는 골인 지점이 출발점 옆에 있던 큰 전시장 건물 실내에 준비되어 있다. 마지막에 와서 실내로 코스가 이어지고, 실내로 들어서면 약 50미터 정도 거리에 골인 지점이다. 특이했던 것은 피니시 라인 근처 양옆에는 많은 사람들이 기다리고 있고, 또한 식당 겸 카페테리아로 개조가 되어 있어서 손님들이 결승점에 들어오는 사람들을 보며 응원하고 있었다.

내가 실내로 뛰어 들어오니 카메라로 번호를 미리 확인했는지 사회자가 나의 번호와 이름과, 그리고 한국에서 온 참가자라고 소개하는 소리가 들렸다. 마치 어떤 행사장 무대로 올라가 사회자로부터 소개를 받는 듯한 느낌이었다. 속으로 웃음도 났지만 어쨌든 완주였다. 세 번째 완주였다.

이번 대회의 기록은 약간은 실망스러웠다. 결과는 4시간 27분 22초다. 파리 마라톤보다 오히려 12분 후퇴다. 하지만 기록 단축보다는 완주를 위안으로 삼기로 했다. 기념 메달을 받고 맡겼던 짐을 찾아서 경기장에서 가까운 곳에 있는 전차 역으로 갔다. 벌써 시간은 자정을 넘기고 있었다. 전차 역에는 아주 많은 사람들이 전차를 기다리고 있었다. 차를 주차해 둔 곳이 두 정거장 거리인데 풀코스를 뛰었으니 좀 기다렸다가 전차를 타고 가기로 한다. 전철 안은 오늘 저녁을 달린 사람들을 가득 싣고 마라톤에 관한 이야기들로 시끌벅적하다.

전차에서 내려 또다시 얼마를 걸어 주차한 곳에 가서 네비게이션을 세팅하고 출발하니 새벽 1시다. 2시간을 운전해 다시 브뤼셀 집에 도착하니 3시가 넘었다. 오면서 다행인지 졸리지 않고 오히려 정신이 또렷해졌다. 어두운 밤길을 달리지만 피곤하거나 졸리지 않았던 것은 아마도 내가 또 한 번의 풀코스 마라톤 완주를 달성했다는 자부심 때문이었을 것이다.

 뛰었던 거리를 생각하고, 만났던 사람들, 응원해 주는 이들을 생각하며 처음 뛰기 시작하던 때부터 조금씩 앞으로 나아가고, 힘든 것을 이겨내고 새롭게 도전해 가면서 지금까지 기쁨으로 오게 된 것을 생각하니 내가 마치 한껏 자란 청소년기의 아이들처럼 육체적으로, 정신적으로도 훌쩍 성장한 느낌마저 들었다.

10

[룩셈부르크]
더 멋져진 새로운 꿈

룩셈부르크 마라톤 대회를 다녀온 지 얼마 되지 않아 칠레로 다음 부임지가 공식적으로 확정되었다. 이제 브뤼셀 생활을 정리하고 새로운 곳으로 이동을 준비해야 한다. 벌써 열 번이 넘는 해외 이사여서 어느 정도 단련이 되고, 숙달이 되었을 텐데도 늘 이사는 힘이 든다. 한 달 정도에 걸쳐 물건을 정리하고 처분하고, 필요한 사람들한테 나눠주고, 또 일부는 자선단체에 기부하기도 한다.

많은 나라를 다니면서 이사를 해봤지만 이사 나갈 때 가장 힘든 나라가 벨기에가 아닌가 한다. 벨기에에서는 임차계약이 끝날 때 입주 당시 상태와 비교해 복구나 수리가 필요한 사항들을 확인하고 비용을 계산하는 제도가 있다. 불어로는 에따 데

리유(état des lieux)라고 하는데 주택 상태 점검제도라고 할 수 있다. 그냥 임대인과 임차인 사이에서 합의하는 것이 아니라 부동산 거래인처럼 아예 공인 전문가가 따로 있다. 임대인과 임차인이 이런 전문가를 고용하거나 한 전문가가 양쪽으로부터 다 위임을 받아 검사하게 된다. 처음 입주할 때부터 집의 각 방, 공간, 부분에 대한 상태와 사진을 표시한 책 두께 분량의 서류에 사인하고, 계약 종료 후 나갈 때 그 서류를 가지고 전문가가 전후 상태를 비교해 복구 비용을 계산해 임차인이 지불하거나 보증금에서 제한다.

청소도 필수인데 전문적으로 하지 않으면 그 비용도 청구한다. 그래서 전문 청소인력을 사서 창틀을 포함한 집 내부 구석구석 청소도 마쳐야 하고, 정원이 있는 경우 정원 정리, 바닥이 벽돌로 된 경우에는 벽돌 사이의 이끼 제거도 해야 한다. 벽난로가 있어 굴뚝을 사용하면 1년에 한 번 청소부를 불러 청소를 시키고 확인증을 보관해야 하고, 보일러와 정수기, 알람 등도 마찬가지다. 따라서 벨기에에서의 이사 준비는 결코 만만한 일이 아니다. 그럼에도 불구하고 이사 준비를 하는 과정에서도 나는 틈나는 대로 달리기를 멈추지 않고 최대한 했다. 자기가 좋아서 하는 것은 아무리 힘든 상황이라도 즐거워하며 하게 되어 있다. 나에게는 달리기가 이미 그런 대상이 되어버린 것이다.

2022년 4월 중순부터 시작된 나의 달리기는 2023년 7월 하순까지 일단 유럽에서의 여정을 마치게 되었다. 총 1년 3개월 정도에 불과하지만 1~2킬로 달리기도 버거워하면서 시작했던 내가 20킬로에 이어 생애 첫 42.195킬로 브뤼셀 풀마라톤을 시작으로 연이어 파리와 룩셈부르크를 포함해 총 3번의 마라톤을 완주한 것이다. 돌이켜보면 1년 반 전만 해도 마라톤은 마치 "불가능" 자체이거나 "상식을 벗어난 미친 짓"이었다. 하지만 이제는 다르다. 누구에게도 마라톤이 가능하다고, 누구나 마음만 먹으면 할 수 있다고 자신 있게 이야기하고 다닌다. 마라톤 전도사가 된 것이다.

이런 유럽에서의 마라톤과 작별할 시간이 다가온다. 아마 내가 유럽에 더 있다면 유럽 국가 간의 지리적 인접성과 접근 용이성, 그리고 쉥겐 지역(국내처럼 자유롭게 이동할 수 있는 쉥겐조약이 적용되는 지역, 대부분의 유럽연합 회원국들과 스위스, 노르웨이 등 일부 비유럽연합 국가들도 포함된다) 내 자유 이동 덕분에 더 많은 대회를 찾아 마라톤 순례 여행을 다녔을 것 같다. 아쉽지만 유럽에서의 마라톤은 여기서 일단 접어야 한다.

하지만 이제 새로 부임하게 되는 칠레는 나에게 미지의 세계이다. 내가 다른 사람들에 비해 중남미 국가를 여러 차례 근무해 봐서 중남미를 안다고도 할 수 있으나 중남미 개별 나라마다 특성이 다 달라서 아무리 언어와 문화를 공유한다고 해도 새로운 국가는 또 역시 잘 모를 수밖에 없는 새로운 국가다. 과거에 칠레를 몇 차례 출장으로 방문해 본 적은 있지만 길어야 1~2일에 불과해 아주 피상적으로만 기억할 뿐이다. 늘상 그렇듯이 앞으로의 업무가 무엇인지를 파악하고, 어떤 목표로 어떻게 일을 할지를 고민하면서 나름의 준비를 시작한다.

하지만 과거와 달리 이번 이동에는 좀 다른 면이 생겼다. 평소의 업무 준비와 더불어 마라톤 차원에서 중남미를 생각해 본 적이 한 번도 없었기에 칠레를 비롯한 중남미의 마라톤 대회며, 현지에서의 관심도나 참여도가 어떤지와 같은 나만의 관심사항이 생겼다. 인터넷으로 잠시 검색해 보니 일단 칠레는 산티아고 마라톤이 가장 크고 중요한 대회인 것 같았다. 나는 이제 매일 새로운 꿈을 꾸게 되었다. 유럽 대륙을 떠나 다른 대륙 중남미에 가서 먼저 칠레 산티아고 마라톤을 달리는 꿈이 생긴 것이다. 마라톤이 있어서 나의 새로운 꿈이 더 멋져졌다.

11

[칠레]
두근두근 새로운 달리기 환경 탐사

정들었던 벨기에 브뤼셀, 나에게는 마라톤이라는 이전에는 한 번도 생각해 보지 못했던 새로운 분야를 알게 하고, 또 어느 정도 기대 이상의 성과를 내게 한 도시를 떠나게 된다. 어떤 면에서는 인생의 새로운 기쁨을 얻었다고까지도 말할 수 있다. 이것을 알기에 55년이라는 긴 시간이 걸렸다. 이제야 발견한 것이 아니라 그나마 내 생애가 끝나기 전에 이를 알았다고 생각하니 축복이다.

유럽과 중남미는 거리도 거리이지만 너무도 다른 환경이다. 중남미 국가들이 주로 스페인을 통한 유럽 문화유산을 바탕으로 하고 있어 유사한 면도 있지만 운동, 특히 마라톤을 기준으로 비교해 보는 생각을 이전에 한 번도 해본 적이 없기에 과거

여러 번 중남미에 근무했음에도 불구하고, 중남미 사람들이 얼마나 운동에 열의가 많은지, 사회적으로 운동을 많이 하는 분위기인지 실제 가보기 전에는 알 수 없는 노릇이었다. 특히 치안 면에 있어서 안심하고 달리기를 할 수 있는 환경인지 미리 가늠하기가 어려웠다. 거기에 더해 앞으로 가게 되는 칠레는 아는 게 거의 없기도 하지만 마라톤에 관한 환경은 더더욱이 알 수 없는 것이 당연했다.

칠레는 내 외교관 생활 중에 벌써 8번째 해외 부임지다. 그리고 아마도 마지막 임지가 될 것이다. 그럴수록 더욱 다음 임지에서 업무를 충실히 하면서 외교적 성과를 높이는 데 최선을 다하겠다고 다짐한다. 동시에 나머지 시간을 활용하여 새로운 곳에서의 새롭게 달리는 삶을 살아보겠다고 또한 다짐한다.

2023년 7월 31일 월요일에 마드리드를 경유하여 칠레에 도착했다. 화창한 날씨의 칠레는 남반구에 위치해서 겨울이었지만 청명하고 그리 춥지도 않았다. 공항에서 도심으로 들어오면서 멀리 보이는 눈에 덮인 안데스 산맥이 선명하게 보였다. 시내로 갈수록 다른 중남미 국가들에 비해 상당히 정리가 잘 되어 있고, 길거리는 깨끗하고, 우리의 한강과도 같다고 할 수 있는 도심을 관통하는 마포초 강변 인근에는 높은 빌딩들도 많이 보였다.

　비행기 수화물로는 물건을 많이 가져오지 못해 부피가 큰 겨울옷들이 부족했다. 한국처럼 매서운 추위는 아니더라도 칠레의 겨울도 아주 안 추운 게 아니어서 오자마자 좀 두터운 옷을 사기도 했다. 코스타네라 센터라는 곳에 가보았는데 우리의 롯데타워와 외형이 거의 비슷하다. 물론 높이는 62층으로 롯데타워보다 한참 낮지만, 그래도 남미에서 가장 높은 건물 중의 하나이다. 입점해 있는 백화점 의류 코너에 가봤는데 특이하게도 모든 옷이 보안상 절도 방지를 위해 옷걸이 사이로 와이어가 연결되어 잠겨져 있었다. 옷을 입어보고 싶으면 점원한테 얘기해서 와이어 열쇠를 열어 옷을 받아야 했다. 몇 벌의 옷을 사고 난 후 돌아 나오는데 많은 상점들 가운데 스포츠 전문점들이 많이 있는 게 눈에 띄었다. 그날은 그렇게 쇼핑을 마치고 돌아왔다.

　내 머릿속에는 운동화 등 달리기에 필요한 용품들을 살 곳을 오자마자 알게 되어 나중에 따로 다시 와야겠다는 생각이 가득했다. 비행기 짐 제한으로 반드시 필요한 것들 중심으로만 가지고 오게 되다 보니 운동화와 스포츠용품들은 컨테이너 이삿짐에 넣었었다. 앞으로도 받으려면 한두 달은 더 기다려야 하기 때문에 당장 뛰게 될 경우에 대비해서 신어야 할 운동화를 구입하는 게 나에게는 급선무였다.

출퇴근하면서 오가는 길을 익히기 시작했고, 저녁에 집 부근을 다녀보고 토요일에 다시 코스타네라 센터에 가서 아식스 상점에 가서 적당한 운동화를 하나 샀다. 아직 뛸 만한 코스를 찾지는 못했지만, 주말 동안에 어디라도 뛰어봐야겠다고 생각하고 일요일 아침 새로 산 운동화를 신고 나가 보았다.

도착한 지 3일 후에 외교부 의전장에서 신임장 사본을 제출했는데 그때 외교부 건물과 대통령궁이 있는 시내를 방문했다. 대통령궁은 20여 년 전 잠시 왔을 때 봤던 기억이 났는데 그때와 별다른 다름이 없었다. 며칠 전에 차로 방문한 곳이긴 하지만 시내 중심까지 가보면 지형도 익히고 좋을 것 같아 일단 대통령궁 부근을 목표로 정했다. 구글 지도를 보니 집에서 약 5킬로가량인데 집에서 나와서 서쪽으로 곧장 가기만 하면 도달할 것 같았다.

집을 나와 서쪽으로 계속 직진해 뛰어갔다. 처음에는 주로 대로변 건물들만 나오고 별다른 특이한 것이 없었다. 어느 정도를 가니 좌우로 더 큰 대로가 나왔다. 건너가면 마포초 강과 만나는데 복잡해서 차로는 건너갈 수 있어도 인도로 가기가 쉽지 않아 보였다. 할 수 없이 서쪽 방향인 다시 왼쪽으로 틀어 인도를 따라 뛰어갔다.

가다 보니 20년 전에 방문했을 때 들렀던 수산물과 해산물을 파는 중앙시장(El mercado central)이 좌편에 나온다. 당시에 안내해 주던 외교부 동료가 여기는 성게와 전복이 유명하다고 해서 들어가 봤는데 옛날 우리 수산시장처럼 가게들이 늘어서 있고, 지나가니 놀랍게도 칠레 상인들이 한국말로 호객행위를 하던 게 기억이 났다. "성게알 있어요"라고 외치는 칠레 상인의 소리에 재미있기도 하고, 그 소리에 그 가게 앞 좌판에서 앉아 성게알을 먹었던 기억도 새로웠다.

어쨌든 이 시장을 지나다 보니 일요일 아침이어서 그런지 원래 그런지 사람도 없고 주변이 그리 깨끗해 보이지는 않았다. 좀 더 가니 다시 강변의 문화센터, 철도역을 개조한 것 같은 큰 건물도 보이고, 더 달리다 보니 고속도로와 만나 더 이상 갈 수가 없다. 도시 중심에 거의 다 온 것 같은데 얼마나 더 가야 대통령궁 근처에 다다르는지 알 수가 없다. 나중에 다시 오기로 하고 다시 집 쪽으로 뛴다.

돌아오는 길에 강변 쪽으로 가봤더니 강변둑 굉장히 넓은 터에 노점 좌판들이 가득하다. 길을 잘못 들어 노점 사이를 이리저리 뛰다가 걷다가 다시 도로변으로 나와서 강변 옆 도로를 다시 찾아 달린다. 그렇게 해서 칠레에 도착한 첫 주말의 달리기는 끝났다.

다음날 출근해서 사건사고 담당 영사에게 대충 어디까지 뛰었다고 하니 깜짝 놀란다. 뛴 것 때문에 놀라는 것이 아니라 내가 갔던 지역이 사건사고가 많이 날 수 있는 위험한 지역이었는데 아무 일도 없어서 다행이라는 것이다. 몰랐기에 용감했고, 다행이었기에 아무 사고도 없었다. 아무튼 나로서는 칠레는 달리기에는 괜찮은 곳이라는 느낌이 들었다.

12

[칠레]
드디어 첫 번째 중남미 마라톤!

    칠레에 부임하면서 나의 개인적인 목표 가운데 하나가 마라톤을 계속한다는 것이고, 그 목표가 일단 산티아고 마라톤이었다. 하지만 산티아고 마라톤은 매년 4월경에 개최되기 때문에 내가 부임한 때인 7월 말에서부터 근 10개월을 기다려야 했다. 시기가 맞지 않아 실망스럽기도 했지만 시간 나는 대로 달리기를 계속 이어 나갔다.

    9월 초반쯤 되었을 때 우연히 인터넷에서 칠레 내 각종 달리기 대회 일정을 알려주는 웹사이트를 발견했다. 거기에 보니 단거리부터 풀코스, 울트라, 특히 산을 달리는 트레일 러닝 등등 각 지방에서 열리는 다양한 대회들이 월별로 정리되어 있었다. 당연히 산티아고 마라톤도 금년 4월에 이미 개최된 것으로 나왔다. 그런데 처음 들었지만 칠레 서쪽 태평양 연안에 있는 비냐델마르에서 열리는 풀코스 마라톤이 10월 초에 개최된다고 안내되어 있었다.

얼른 대회 홈페이지에 들어가 보니 아직 등록이 마감되지 않아 일단 등록을 서둘러 마쳤다. 비냐델마르(Viña del Mar)는 산티아고에서 차로 1시간 반 정도면 가는 거리에 비교적 가깝게 위치해 있다. 우리나라에도 비교적 알려 있는 태평양 연안의 발파라이소 바로 인접해 있는 도시이다. 칠레 상하원이 발파라이소에 있어 발파라이소는 몇 번 방문해 봤지만 비냐델마르는 처음이다.

비냐델마르는 한글로 옮기면 바다의 포도원(와이너리)이라는 뜻이다. 너무 멋지지 않은가? 태평양 연안으로 가는 고속도로 중간에 보면 카사블랑카라는 지역이 있는데 이곳에 화이트 와인을 재배하는 포도원들이 많이 있다. 비냐델마르에는 포도원은 없지만 바다의 포도원이라니? 그래도 정말 멋진 비유 아닌가?

물론 이름 때문에 마라톤을 참가하려는 것은 아니다. 아마도 연배가 좀 되시는 분들은 가수 정훈희 씨를 기억할 것이다. 이

분이 1975년 칠레 국제가요제에 참가해서 무인도라는 노래로 동상과 인기 가수상을 차지하였다. 4년 후인 1979년에 다시 참가하여 '꽃밭에서'라는 노래로 대상을 받았다. 나도 어릴 때였지만 TV나 라디오에서 소식을 들었던 기억이 얼핏 난다. 그런데 우리나라에서 알려진 칠레 국제가요제가 바로 지금도 매년 열리는 비냐델마르 페스티벌(Festival de Viña del Mar)이다.

이 글을 쓰면서 유튜브에서 당시의 공연을 다시 찾아볼 수 있었다. 과거에는 흑백 동영상이었는데 최근에 어느 누군가 칼라로 변환해 올렸다. 기회가 되면 꼭 한 번 보시기를 권하고 싶다. 1975년이었으니 올해로 벌써 50년 전이다. 내가 어렸을 때 TV에서 많이 보던 작곡가 이봉조 선생께서 색소폰을 불면서 오케스트라단을 지휘하고, 한복을 입고 무대에 등장한 정훈희 씨가 청아하고 시원하게 뻗는 고음으로 무인도 노래를 한다.

가수 정훈희 씨는 스페인어로 노래를 시작하고, 중간에 잠시 한글 가사로 부른다. "En el horizonte de la mar, una isla solita…(바다의 해안선 위로 외로운 섬 하나…)"로 시작되는 이 노래는 스페인어로 부르는 첫음절에서 인산인해의 칠레 관객들의 환호와 박수갈채를 받는다. 지금 봐도 감동적이다. 50년 전에도 이역만리 해외 무대에서 저렇게 당당하고 여유 있고 실력이 넘치는 모습이 놀랍기도 하고 대단했다는 생각이 든다.

당연히 나는 정훈희 씨처럼 국가대표 또는 대사로서가 아닌 순전히 개인 자격으로 비냐델마르 마라톤을 참가하러 간다. 마라톤 날짜는 2023년 10월 1일 일요일이다. 칠레에 부임한 지 딱 두 달이 되는 때이다. 그동안 신임장 제정, 칠레 외교부를 비롯한 주요 부처 장관·차관 예방, 업무 협의, 외교단 행사 참석, 지상사 단체장 인사 및 회의, 지방에 진출한 우리 기업 현장 방문, 지방 정부 당국자 면담, 한인 사회 단체장·원로위원분들 면담 등등으로 바빴을 뿐 아니라, 특히나 당시에는 2030 부산 엑스포 유치를 위해 전방위 유치 교섭과 고위인사 방문단 활동 지원으로 눈코 뜰 사이가 없었다.

그럼에도 충분하지는 않지만 주로 늦은 밤을 이용해 시간 나는 대로 10킬로 달리기로 비냐델마르 마라톤 연습을 대신할 수밖에 없었다. 업무로 바빠서 일단 등록한 이후에 별다른 준비를 못하고 있었는데 대회 날짜가 얼마 남지 않았을 때 비냐델마르 숙소 예약 생각이 나서 인터넷으로 검색해 보니 마라톤 출발 장소 인근 반경 5킬로 이내에는 남아 있는 숙소가 거의 없었다. 남아 있는 숙소는 아주 비싼 5성급 호텔 정도였다. 결국 차로 30분 거리에 떨어진 옆 도시 발파라이소에 있는 숙소를 정할 수

밖에 없었다.

그 당시에는 아직 한국에서 주문한 개인차량이 도착하지 않아서 대회 전날 오전 산티아고 시내에 있는 렌터카 업체에 가서 차량을 빌렸다. 오후에 비냐델마르로 출발해 나른 대회와 마찬가지로 참가 번호표를 받으러 지정된 대형 쇼핑몰에 갔더니 사람들로 인산인해다. 한참을 걸러 번호표와 기념 티셔츠를 받았다. 저녁을 먹고 또 슈퍼마켓에 들려 다음날 새벽에 먹을 탄수화물류를 산다. 쥐를 예방하기 위한 바나나도 역시 산다.

숙소를 찾아 체크인하고 내일의 준비물을 점검한다. 6개월 전에 있었던 파리 마라톤에서와 같은 긴장감은 살짝 덜하다. 유럽에서 중남미로 대륙을 건너왔음에도 불구하고 일들이 무수히 많아 정말 바빠서 한참 지난 것 같은데 겨우 6개월밖에 지나지 않았나 하는 생각이 들었다. 긴장이 좀 덜한 것은 아마도 바쁜 와중에 최선을 다하긴 했지만, 충분치 못한 연습량으로 좋은 결과가 나오리라고 기대가 되지 않기 때문이기도 했다. 하지만 이번이 벌써 4번째 풀코스 마라톤이고 더욱이 중남미에서, 칠레에서 처음 참가하는 마라톤이 아닌가 하고 스스로 기운을 복돋아본다.

내일 아침 대회 경로가 비냐델마르와 발파라이소를 잇는 해안도로 구간을 2번 왕복하는 것이어서 일찍부터 교통 통제가 된다면 택시가 대회 장소 인근까지 갈 수 있나 의문이 들어서 조금 이른 시간에 우버 택시가 오도록 미리 예약을 하고 잤다. 여전히 잘 뛸 자신은 많지 않았지만, 브뤼셀 첫 대회도 큰 욕심 없이 그저 완주하자는 목표로 뛰지 않았던가? 욕심 없이 뛰면 오히려 더 좋은 기록이 나오지 않겠나 하고 또 다른 엉뚱한 욕심을 부려본다. 이제는 약간의 긴장감과 함께 내일이 기대된다.

13

[칠레]
진척이 느릴수록
더 큰 도약이 기다린다

비냐델마르 마라톤의 출발 시간은 오전 8시였다. 7시 30분까지는 도착을 해야 해서 전날 밤에 우버를 통해 오전 6시 45분에 호텔에서 출발할 수 있게 택시를 예약해 두었다. 5시경에 일어나 우선 탄수화물 보충을 위한 출발 3시간 전 식사를 하고 바나나를 먹고 가져갈 물건들을 챙겼다. 비교적 잠도 잘 자고 컨디션도 크게 무리는 없었다.

택시가 올 시간이 되어 밖으로 나가서 그제야 우버 예약사항을 확인해 보니 예약이 간밤 사이에 취소가 되어 있었다. 아무 설명도 없었다. 앗! 이러다 교통 통제로 출발선 접근이 어려워져 출발이 늦어지면 어떻게 하나 걱정이 되었다. 일단 우버로 다른 택시를 호출했다. 다행히 택시가 잡혔으나 이 택시가 교통 통제를 피해 과연 시간 안에 대회장 부근까지 갈 수 있을까 걱정되기 시작했다.

얼마 후 도착한 택시를 타고 출발점으로 향한다. 기사가 어쩌면 근처에 가서 마라톤 대회 때문에 도로 통제가 있게 되면 목적지까지 가지 못할 수도 있다고 먼저 말을 꺼낸다. 나는 괜찮으니 갈 수 있는 데까지 가보자고 했다. 다행히 통제 직전의 도로를 간신히 통과하여 마지막 부분 약 1킬로 정도까지 갈 수 있었고, 그 이상은 무리여서 거기서 내렸다. 나중에 보니 많은 사람들이 주최 측에서 준비한 무료 셔틀버스를 이용해서 오고 있었다.

바다를 바로 옆에 두고 마라톤 대회를 시작하는 것도 인상적이었다. 많은 참가자들이 몸을 풀고 서로 격려해 주며 출발 신호를 기다린다. 나 또한 심호흡을 하며 기다린다. 오늘은 페이스 조절을 잘해서 고르게 잘 뛰도록 생각을 했다. 그런데 출발 직전 그러지 못한 계기가 생겼다.

이날은 작년에 내가 처음으로 뛰었던 대회인 브뤼셀 마라톤의 2023년도 대회가 열리는 날이기도 했다. 벨기에 브뤼셀 대회 풀코스에 참가할 만한 지인이 있어, 휴대전화 인터넷으로 브뤼셀 대회 홈페이지에 들어가 이름으로 검색해 보니 등록이 되어 있었다. 시차로 인해 브뤼셀은 시간이 몇 시간 빨랐기 때문에 이미 지인의 하프 기록이 나와 있고, 그는 계속 달리는 중이었다.

그 지인은 나보다 늦게 달리기를 시작했지만 나보다는 한참 젊어서 2023년 20킬로 달리기 대회에서 아주 좋은 성적을 냈었다. 일종의 다크호스인 셈이다. 벨기에를 떠나기 전 만났을 때 가을에 열리는 풀코스에 도전해 보겠다고 한 말을 듣고 온지라 참가 여부와 기록이 매우 궁금했다. 하프 기록이 2시간 미만으로 생각보다 빠른 속도로 통과한 것을 보았다. 이 사실 자체가 계속 생각이 나면서 전반부를 나도 모르게 좀 무리하게 빨리 뛰게 되었다.

좀 더 그 지인의 기록을 지켜보고 싶었지만 이제 곧 비냐델 마르 마라톤의 출발 신호가 울리기 직전이다. 출발 신호와 함께 앞으로 힘차게 발을 디디며 나아간다. 브뤼셀 지인의 빠른 하프 기록을 생각하니 나도 평소보다 좀 더 빠른 속도로 뛰게 된다. 이번에는 핸드폰을 갖고 뛴다. 삼성 헬스앱을 켜고 무선 이어폰으로 매 킬로마다 기록 시간, 평균 속도, 예상 시간 등을 알려주는데 나도 모르게 빨리 뛰어서 그런지 생각보다 훨씬 빠른 속도로 하프를 통과했다. 하프를 1시간 50분에 주파했다. 이 속도로만 가면 Sub-4도 충분히 가능할 것 같다는 생각이 들어 힘든 줄도 몰랐다.

하지만 이러한 바람과 달리 27킬로 지점을 지나면서 급격히 힘이 들고 발이 무겁기 시작했다. 드디어 풀코스를 뛰면서 반드시 한 번은 온다는 위기가 온 것이다. 이를 악물고 계속 뛰었지만 굳은 의지로도 견디는 게 너무 어렵다. 그래도 멈출 수가 없어 거의 걷는 듯한 속도라도 뛰기를 멈추지 않는다.

눈이 감긴다. 이제는 아예 눈을 감고 뛰어본다. 눈을 그냥 감고 뛴다기보다는 전방에 방해물이 없는지 확인한 후 잠시 졸듯이 눈을 감고 뛰는 것이다. 옛날 군 복무 시절 야간행군을 할 때 졸면서 걸어본 경험이 있었지만, 졸면서 뛰기는 처음이다. 이게 가능하다니 나도 못 믿을 정도이다. 그 정도로 체력의 극한을 느끼며 포기하지 않고 안간힘을 쓰며 뛴다. 그 당시에는 엄청나게 긴 시간이었는데 힘든 상황에서 내 느낌 때문일 수도 있다.

그렇게 얼마를 갔는지 정확히 알 수 없다. 다행히 다음 급수대가 나와 그곳에서 물을 마시며 잠시 쉬었다. 오랜 시간은 아니지만 잠시 서서 물을 천천히 2잔을 연거푸 마시며 몸이 순식간에 회복되기를 바랐다. 간절한 염원 때문일까? 다시 힘든 몸을 이끌고 뛰기 시작하는데 이전보다는 훨씬 나아진 느낌이다. 천천히 속도를 조금씩 높여본다. 초반처럼은 아니지만 평소 달리기의 50~60% 속도 수준까지 회복이 된 것 같다. 그렇게 달리다 보니 35킬로를 넘고 종반전으로 접어든다.

38킬로를 넘어서면 이제 4킬로밖에 남지 않았다는 생각에 힘이 다시 난다. 40킬로를 넘기면서는 이제 2킬로 남았다는 생각에서인지 어디서 그런 힘이 다시 나는지 평소 달리기의 100%에 가까운 속도로 달린다. 마지막 1킬로는 최대 출력이다. 이런 힘이 남아 있다는 것도 신기했지만 이제 가시권에 들어온 결승선까지 몇 백 미터는 정말 최선을 다해 뛴다. 아마도 평소 실력의 120% 이상 고출력을 분출한다.

드디어 골인이다. 막판 스퍼트로 결승점을 몇 십 미터 남겨둔 부근에서 기진맥진한 채로 앞서가던 주자 2명을 제치고 골인이다. 달리기는 드디어 끝났다. 고통의 순간도 끝났다. 다시 평온으로 돌아왔다. 마음은 한껏 뿌듯하고 상쾌하다. 반대로 발은 이제부터 점점 무거워진다. 몸의 카타르시스라고 할 만하다. 적어도 골인 순간은 몸과 정신이 온전한 자유다. 내가 살아 있음과 나의 목표를 달성했다는 생의 기쁨의 절정이다.

이번 대회의 기록은 4시간 15분 18초다. 중간에 위기 상태가 왔고, 졸면서 뛰는 특이한 경험으로 완주 기록은 별로 기대하지 않았다. 그런데 오히려 파리 마라톤 기록보다 1분 정도 앞당긴 기록이다. Sub-4를 이루지 못한 것은 아쉽지만 욕심이었으리라. 1분이나 기록을 단축하지 않았는가? 스스로를 위안하고 겸손의 마음을 기르며 더 노력할 것을 다짐하니 내 마음속에 불현듯 갑자기 즉흥적으로 만들어진 말이 떠오른다.

'진척이 느릴수록 앞으로 도약 가능성은 더 커진다.'

14

[칠레]
현지 신문과의 마라톤 인터뷰

    대사관에서는 지방 당국을 대상으로 한 공공외교도 추진하고 있다. 특히 산티아고에서 1시간 반 거리에 있는 발파라이소는 칠레 내 대표적인 항구도시이며, 제2의 도시라고 해도 손색이 없다. 칠레의 상원과 하원 모두 수도가 아닌 발파라이소에 의사당이 있다. 피노체트 독재 시절 당시 의회를 싫어한 피노체트의 명령으로 산티아고에 있던 의회가 발파라이소로 이전했다는 말도 있지만, 실제로는 지방 분산 목적으로 이전했다고 한다. 의회 의원들을 만나거나 회의에 참가하기 위해 발파라이소를 방문하는 경우가 많다.

    비냐델마르 마라톤을 앞두고 공관의 문화 담당 직원이 우리와 교류가 많은 발파라이소 주의회 의원에게 무심코 대사가 발파라이소 바로 옆 비냐델마르에서 열리는 마라톤에 참가한다는 소식을 전한 모양이다.

발파라이소의 대표적인 지역신문인 '발파라이소 인포르마(Valparaiso Informa)'지는 당일 사진기자를 보내 내가 달리는 모습을 찍겠다고 연락해 왔다. 하루 전날에는 신문사에서 인터뷰를 할 수 있겠냐고 문의해 왔다.

인터뷰를 할 수는 있겠지만 42킬로를 뛰고 난 이후에 지친 상태에서 인터뷰를 제대로 할 수 있을까 내심 걱정이 되었다. 그래서 일단 상황을 보자고 했다. 막상 마라톤이 끝나자 복잡한 현장 사정으로 신문사 사진기자를 찾기도 어려워 인터뷰는 힘들다고 판단했다. 대신 경기가 끝나고 1~2시간 후 식당에 가서 주문을 하고 기다리면서 그 시간을 이용해 간단한 소감을 써서 보냈다.

당시에는 2030 부산 엑스포 유치가 우리의 최대 외교적 목표였던 때였다. 마침 비냐델마르 바로 옆의 발파라이소시는 부산과 자매도시이기도 해서 개인적인 마라톤 참가이었지만, 서면 인터뷰 내용에 엑스포 유치를 홍보하는 내용을 넣으면 좋겠다는 아이디어가 떠올랐다. 칠레에 부임한 소감, 마라톤 참가로 발파라이소와 비냐델마르에 대한 인상과, 한국 특히 부산 엑스포와 연결하는 내용을 넣었다.

곧이어 해당 신문은 '한국 대사, 비냐델마르 마라톤에서 42K 완주하다'라는 세목으로 내가 달리고 있는 사진과 함께 기사를 냈다. 신문기사가 나간 지 2일 만에 누적 조회수 22만을 기록했다. 다행히 반응이 좋았고 우리 외교 활동을 널리 알리는 계기가 되었다. 다음은 당시의 신문기사 내용이다.

지난 일요일 마라톤에 한국 대사가 참가했다. 김학재 대사는 42킬로를 4시간 15분 18초에 완주했다. 김 대사는 칠레에 부임한 지 두 달밖에 되지 않았지만, 칠레에서 첫 번째 마라톤을 뛰게 되어 매우 기쁘다고 했다. 그는 이전에 브뤼셀, 파리, 룩셈부르크 마라톤을 완주했는데 그들 나라만큼 이번 코스도 좋은 코스라고 생각된다고 했다. 김 대사는 매우 힘들었지만 끝까지 완주해서 만족스럽다고 소감을 밝혔다.

그는 특히 비냐델마르의 아름다운 해안길을 달리면서 칠레의 아름다운 경치가 피로를 덜어주었고, 비냐델마르 시민들의 열렬한 응원이 많이 힘이 되었다고 말했다.

김 대사는 뛰는 중간중간에 해안가의 태평양을 보면서 먼 반대편에 있는 한국 생각이 났다고 말했다. 그리고 이제 막 부임한 대사로서 한국과 칠레 간 양자관계를 더욱 강화하는 노력을 하고자 마음을 먹었다고 했다.

그는 바다 반대편 한국에 있는 부산이라는 항구도시는 비냐델마르나 발파라이소와 많이 닮았다는 점을 강조했다. 부산은 매우 현대적이고 세계 제2위의 환적 항구로서 2030년 부산 엑스포 유치를 위해 노력하고 있는 만큼 칠레 국민들의 많은 지지를 부탁한다고 했다.

마지막으로 김 대사는 오늘 이 마라톤이 자신에게는 칠레의 아름다움과 함께한 잊지 못할 소중한 추억이 될 것이라고 확신하며, 이번 계기를 통해 칠레를 더욱 좋아하게 되었다고 말했다.

이렇게 마라톤을 시작한 지 처음으로 대륙을 바꾸어 남미의 칠레에서 첫 마라톤을 성공적으로 완주하게 된 것이다. 몇 달간 쉬고 또 부임지가 바뀌어서 새로운 환경에 적응하고 많은 일을 처리하느라고 제대로 연습하지 못했는데도 불구하고 이전 기록보다 좀 더 나은 기록이 나와서 특히나 좋았다. 앞으로 나의 마라톤 미래가 더욱 환하게 빛날 것 같은 느낌이 들었다.

    마라톤을 마치고 허기를 채우기 위해 점심을 먹고 바로 차를 운전해 산티아고로 돌아왔다. 또 하나의 목표를 달성한 것 같아 달리 피곤함을 느끼지 못했다. 그날은 별다른 일이 없었다. 하지만 다음날부터 오랜만에 42킬로를 뛴 후유증이 나타났다. 특히 허벅지 부근의 근육통이다. 계단을 올라가는 것은 그나마 괜찮은데 내려가는 게 쉽지 않았다. 계단을 내려갈 때마다 근육통으로 통증과 함께 자동적으로 부자연스러운 걸음이 된다. 상처뿐인 영광이 아니라 영광의 상처이다. 하지만 그 상처도 오래 가지 않았다. 3일이 지나고 4일 정도 되니 다시 정상으로 돌아왔다. 아마도 좀 더 집중적인 달리기 훈련을 했었다면 이런 고통도 없었으리라. 다행히 다리의 불편함은 잠깐이었다. 그만큼 다리의 근육이 더 붙고, 또 한 번의 성장이 이루어졌을 것이다.

15

[칠레]
이스터섬 마라톤 우여곡절

세계의 불가사의 중의 하나라는 이스터섬의 모아이 석상은 칠레에 있다. 지도를 놓고 보면 칠레 서안 태평양 방향으로 굉장히 먼 곳에 위치한 섬이다. 칠레 본토로부터도 무려 3,500킬로나 떨어져 있다. 지리적으로는 폴리네시아에 속하는 곳이고 하와이, 타이티 등과의 거리가 2천여 킬로로 칠레보다 오히려 더 가깝다.

칠레에서는 스페인어인 이슬라 데 빠스쿠아(Isla de Pascua: 부활절 섬)보다는 섬 원주민 언어인 라파 누이(Rapa Nui)라고 불린다. 수도인 산티아고에서부터도 비행기로 5시간이나 날아가야 한다. 이렇게 먼데도 행정구역으로는 칠레 태평양 연안에 있는 발파라이소주에 속해 있다.

중남미 여행을 오더라도 좀처럼 가기 쉽지 않은 곳이다. 마침 칠레에 거주하고 있으니 있는 동안 한 번은 꼭 방문해 볼 곳이다. 그러나 언제나 그렇듯이 굳은 마음을 먹기 전에는 나중으로 미루다가 가볼 수 있는 기회가 많았던 곳을 못 가보고 떠나게 되는 경우가 많다. 이번에는 좀 달랐다. 나의 이스터섬 방문은 다름 아닌 마라톤 때문에 가능했기 때문이다.

칠레에 와서 마라톤 대회들을 검색하다 유튜브에서 2019년에 개최된 이스터섬 마라톤 영상을 보게 되어 흥미를 갖기 시작했다. 그러던 차에 인터넷에서 그동안 코로나 감염병으로 중단되었던 마라톤을 2024년 6월 2일에 개최한다는 광고를 봤다. 등록비가 450달러로 다른 대회보다 상당히 비싸 잠시 망설였으나 나는 평소 특징인 주저함을 억누르고 곧바로 등록했다.

마라톤 일정에 맞추어 전후로 3박 4일의 일정으로 비행기표도 예매하고, 숙소도 예약을 마쳤다. 이때가 대회 6개월 전인 2023년 12월이었다. 그러지 않아도 가보려고 했지만 잘 엄두가 나지 않는 이스터섬을 갈 수 있고, 아울러 마라톤까지 뛴다는 것은 그야말로 금상첨화라고 생각했다.

아직 시간이 많이 남았지만 나는 평소대로 서서히 달리기 연습을 이어갔다. 이스터섬에 가려면 아직 많이 시간이 남아 있었지만 뛸 때마다 이스터섬을 생각하면 힘이 나는 것 같았다. 그렇게 여러 가지 일들로 바쁘게 지내면서도 시간을 내 연습을 게을리하지 않았다.

그런데 시간이 갈수록 약간 의구심이 들기 시작했다. 보통 한 달 전쯤이면 대회 안내 메일이 와야 하는데 아무 연락이 없었다. 좀 더 있으면 무슨 연락이 오겠지 하고 더 기다렸다. 대회 안내 사이트에는 여전히 번호표 배부 장소와 전날 환영파티가 있다는 안내문이 있어 내심 안심하며 연락을 기다렸다.

이제 이스터섬으로 떠나기 1주일 전이다. 아직도 아무런 연락이 없다. 3일 전까지 기다려 봤지만 마찬가지였다. 나는 비서에게 이스터섬에 마라톤 행사가 열리는지 알아봐 달라고 부탁을 했다. 비서는 이스터섬 시청에 전화를 걸었지만 모두들 마라톤 대회는 금시초문이라고 했다.

아뿔사! 나의 계획은 물거품이 되는 것 같았다. 마음을 비우고 어차피 가야 할 곳이니 이럴 바에는 즐거운 마음으로 관광에 전념하기로 했다. 비서가 좀 더 알아보니 대회 조직자가 금전 문제로 파산했다는 소문도 있고, 지병으로 사망했다는 이야기도 있다고 했다. 아무리 작은 대회라도 경찰, 지방 당국, 응급차 등이 구비되어 있어야 하는데 모두들 알지 못한다고 하는 것으로 봐서는 결국 대회는 없다는 게 확실해졌다. 아쉬움이 있지만 오랜만에 휴가다운 휴가를 갈 수 있겠다, 라는 마음으로 편안해졌다. 아니, 그렇게 마음먹기로 했다.

어쨌든 이제 곧 이스터섬으로 출발이다. 자꾸 마음 한구석에는 평생에 한 번 있을까 말까 한 기회가 사라진 것 같아 내심 아쉬움이 끊임없다. 이스터섬은 다시 갈 수 있겠지만, 이스터섬 마라톤은 다시는 뛸 수 없으리라는 생각에 아쉬움이 더했다. 비행기는 그런 내 마음을 아는지 모르는지 유유자적하게 태평양을 날아 남태평양 한가운데에 있는 이스터섬으로 점점 다가가고 있다.

16

[칠레]
홀로 뛰는 이스터섬 마라톤 1
(염불보다 잿밥)

이스터섬에 금요일에 도착해서 가장 중심지인 앙가로아(Hang Roa) 주변의 여러 유적지를 봤다. 특히나, 그 유명한 모아이 석상들과 석상을 만들던 예전 채석장을 둘러보았다. 다음날인 토요일에는 좀 더 멀리 떨어진 곳에 있는 전통적으로 섬의 지도자를 뽑는 경기가 진행되었다는 오롱고 마을과 섬 북동쪽 마지막 자락에 있는 유일한 모래사장이 있는 아나케나 해변을 방문했다.

특히, 가이드가 운전할 때 앙가로아부터 아나케나 해변을 가는 도로를 특별히 유심히 보게 되었다. 이스터섬 마라톤 홈페이지에서 봤던 기억에 따르면 섬에서 유일한 장거리 도로였다. 남서쪽의 앙가로아부터 북동쪽의 아나케나 해변을 잇는 도로가 바로 원래대로라면 뛰게 될 마라톤 풀코스 경로였기 때문이었다.

마음 한편으로는 대회가 없어졌지만 이미 내가 이 길을 뛰고 있는 상상으로 가득했다. 주변의 자연과 넉넉함, 정돈된 목장과 화산 지형에 따른 둥글둥글한 구릉 지형, 도로 한가운데서 한가롭게 풀을 뜯고 있는 소와 말들, 파란 하늘과 나지막한 구름, 간간이 내비치는 따사로운 햇볕, 중간중간 방치된 유적으로 보이는 널브러진 모아이 석상 등등. 이 모든 것을 눈에 담고, 피부로는 섬 바람을 맛보고, 발바닥으로는 대지의 기운을 느끼며 달려가는 모습을 생각만 해도 기분이 좋아졌다.

동시에 내가 관찰한 것은 아름다운 자연 말고도 이 길이 마라톤을 뛰기에 적합한 길인가, 너무 후미진 길은 아닌가, (들개 등) 위험요소는 없는가, 차량 통행량 정도와 도로변 뛰기에 적합한 공간이 있는가, 길을 잃을 위험은 없는가 등을 나도 모르게 수집하고 분석하고 있었다.

코스를 대략적이나마 확인한 나로서는 나름 의미심장한 결론을 내렸다. 그래! 마라톤 대회가 없어졌으니, 나 홀로 뛰는 나만의 마라톤 대회를 개최해야겠다는 결심이었다. 내가 대회 주최자가 되고, 달리기를 할 때 주로 쓰던 삼성 헬스앱이 경기 진행요원이고, 또한 내가 유일한 참가자인 셈이다. 물론 달릴 때 주변에 집을 지키는 강아지들과 풀을 뜯는 소와 말들, 그리고 간간이 빠른 속도로 옆을 지나쳐 가거나 앞에서 오면서 손짓을 하거나 환호성을 해주는 운전자들 모두는 나의 외로운 마라톤 경주를 응원해 주는 거리의 응원자들이 되는 것이다.

다음날인 일요일 아침, 아침 식사를 마치고 9시경 삼성 헬스앱을 켜 달리기 목표 거리 42K로 설정하고 난 후 시작 버튼을 누르면서 대장정의 길에 올랐다. 숙소 바로 앞에 있는 타하니 모아이 석상을 오른쪽 옆으로 두고 바닷가를 따라 경쾌하게 출발했다. 앙가로아를 거쳐 해안가를 따라 달리면서 간간이 구글 지도로 방향을 확인하고, 또 멋진 풍경이 있는 곳에서는 잠시 멈춰 사진을 찍고 하면서 여유롭게 달리기를 이어갔다. 혼자만의 비공식 대회라고 생각하니 다른 경쟁자들을 생각할 필요도 없이 즐기면서 달리기가 가능해졌다. 마음을 비우면 더 여유가 생긴다는 말이 떠올랐지만, 다른 한편 42킬로 마지막까지도 이럴 수 있을까 살짝 의구심이 들면서도 그랬으면 좋겠다는 소망을 품는다.

공항 부근에서 잠시 길을 잘못 들어 원래 코스를 찾는 데 약간의 시간을 소비한 다음 다행히 코스를 제대로 찾아 이제부터 길지만 그야말로 해안까지 이어진 길을 쭉 따라가면 되는 도로에 들어섰다. 어느 정도 마을에서 완전히 벗어날 때까지 통행하는 차량에도 주의하고, 건널목 등도 조심하며 통과를 했다. 외곽 쪽으로 나오자 이제 양옆은 그나마 간간이 나오던 건물도 없고, 외로이 뚝 떨어진 농가나 아니면 목장, 목초지가 대부분이다. 마을 어귀까지는 도로 옆 자전거 도로나 인도가 있었는데 외곽으로 나오자 인도가 없어 도로 옆 풀밭으로 뛰거나, 아니면 조심스럽게 도로 가장자리를 뛰어야 했다. 진행 방향 도로 우측 가장자리로 뛰었기에 뒤에서 접근해 오는 자동차 소리에 특히 귀를 기울이며 주의해 가며 뛰었다.

   섬 날씨는 변화가 심하다. 약 10킬로 정도를 뛰어오니 비교적 맑던 하늘이 먹구름이 가득하고, 좀 더 가다 보니 얇은 빗방울이 쏟아진다. 울타리 안쪽에 있어야 할 소나 말들이 도로 쪽으로 나와 있거나, 도로 한가운데 서서 통행을 방해하기도 하면서 무심하게 멀건 큰 눈으로 나를 보며 얘는 또 뭔가 하는 표정이 역력하다. 하지만 자주 있는 일인지, 아니면 반대인지 몰라도 소들은 꿈쩍도 하지 않고 보기만 할 뿐 도무지 움직일 생각이 없어 보인다. 간간이 나오는 농가를 지나다 보면 집을 지키고 있는 강아지들도 마찬가지다.

이스터섬 거리에는 개들이 참 많다. 거리를 홀로 쏘다니면서 먹을 것을 찾는 듯한 개들을 보면 마음이 안쓰러워진다. 하지만 대부분의 개들이 외형적으로 보면 비교적 깨끗하고 건강 상태도 좋아들 보인다. 아마 모두 자기 집이 있는데 낮 동안에는 자유롭게 돌아다니는 것 같다. 아마도 이 세상에서 가장 자유롭고 행복한 개들이 이스터섬의 개들이 아닐까 싶다.

농가의 개들도 길거리에 나와 있다가 나와 마주치면 잠시 다가와 뭔가 먹을 게 없나 살피고 아니다 싶으면 바로 제 갈 길을 간다. 그중에 일부 개는 내가 지나가자 나를 따라오며 맹렬하게 으르렁거렸는데 속으로는 무섭긴 했지만, 그냥 아무 일 없다는 듯이 가던 길을 가니 더 이상 따라오지 않았다. 개의 입장에서는 의심스러운 대상을 쫓아버려 의기양양한 채로 집으로 돌아갔을 것이다.

얼마를 더 뛰어가니 다시 날씨가 좋아졌다. 칠레는 남반구에 위치해 6월이 우리나라의 12월에 해당하는 겨울이지만, 본토로부터 3,500킬로 떨어져 있는 이곳 이스터섬은 대략 20도를 유지한다. 물론 내가 도착하기 얼마 전 사이클론이 와서 비가 많이 오고 강한 바람이 많이 불었다고 하는데 날씨가 급변하는 이런 일이 다반사라고 한다.

17

[칠레]
홀로 뛰는 이스터섬 마라톤 2
(모아이 석상과 함께한 마라톤)

반환점인 아나케나 해변에 가까이 가자 다시 날씨가 궂어졌다. 이번에는 제법 굵은 비가 쏟아졌다. 바로 어제 와본 곳이지만 마지막 해안까지 굽어 있는 도로가 너무나 멀게 느껴졌다. 어떤 경우에는 초행이어서 끝을 알 수 없으면 끝까지의 경로가 너무 길게 느껴지는데, 이번에는 어제 방문으로 경로는 이미 알고 있었지만 자동차로 이동해서 잠깐이었다고 느껴져서 그런지 발로 뛰어가는 동안 너무도 길게 느껴졌다. 같은 대상을 놓고도 이렇게 상반된 느낌을 갖게 되는 건 바로 그때그때 지나가는 구름과 같은 나의 변덕스러운 마음 때문일 것이다.

숙소로부터 아나케나 해안까지는 대략 22.5킬로였다. 해안 야자수 공원과 그 옆의 모아이 석상들을 보면서 벤치에 앉아 잠시 휴식을 취했다. 공식 대회라면 급수대와 간식이 준비되어야 하는데 혼자만의 대회이다 보니 당연히 있을 리 만무하지만 아쉽다는 생각이 들었다. 그래도 전반부까지 크게 힘들이지 않고 와서 그런지 급수대가 아예 없다고 해도 별문제가 될 것 같지는 않다는 근거 없는 자신감마저 들었다. 그래도 수분은 흡수해야 해서 해변가에 있는 노점상에서 파는 빈 플라스틱 생수통에 얼린 구아바 주스를 사서 준비해 간 초콜릿과 과자와 함께 먹었다.

아나케나 해변으로 가면서 해안 쪽으로 갈수록 일반적인 지형 구조상 당연히 내리막길이었는데 상대적으로 높은 위치에서 멀리 아래 사방으로 끝없이 펼쳐진 바다를 보면서 이곳이 바로 태평양 한가운데라는 생각에 뭔지 모를 감동을 느꼈다.

하지만 돌아오는 길은 낮은 해안가에서 다시 섬 중심으로 오다 보니 반대로 한참 오르막길이었다. 원래 25킬로를 넘어가면서 체력이 많이 떨어지는 편이라 이번에는 전반을 일부로 천천히 뛰면서 후반의 위기를 극복해 보고자 했는데 오르막길이 계속되다 보니 역시나 25킬로 이후부터 급격히 속도가 떨어지고 중간중간 상당 거리를 걸어가게 되었다.

30킬로 이후부터 다시 평지가 시작되어 이전 페이스로 회복하며 뛰어갔다. 가는 도중에 반대편에서 자동차 하나가 내 쪽으로 오다가 속도를 줄이더니 내 옆으로 멈춘다. 나이가 좀 들어 보이는 운전자가 자신은 캐나다에서 여행을 왔는데 이스터섬 마라톤을 뛰고 있는 거냐고 물어본다. 나는 자초지종을 설명하고 대회가 취소되어서 그냥 나 혼자서 뛰는 거라고 하니 대단하다면서 엄지를 치켜들고 행운을 빈다고 말하고는 떠났다. 이 외로운 레이스에서 그나마 누군가가 관심이라도 가져줘서 고마울 정도였다.

나는 다시 뛰기 시작했지만, 36킬로부터 다시 체력이 떨어지고 다리가 무거워지면서 뛰는 게 무척 힘이 들었다. 이미 해는 중천에 떠서 더위가 최고조인 때였다. 앙가로아 공항 옆을 지나면서 작은 가게가 있어 콜라 하나를 사서 벌컥벌컥 마셨다. 땀범벅인 외지인, 그것도 동양인이 와서 콜라를 사서 바로 그 자리에서 마시는 모습을 보고 가게 주인은 좀 이상한 사람이다 싶은 모양이다. 아나케나 해변까지 뛰어 갔다 왔다고 하면 놀랄까봐 차마 그 말은 못하고 그냥 좀 뛰고 있다고만 했다.

앞으로 남은 거리는 대략 4킬로이다. 마지막 피치를 다하고자 했는데 얼마 못 가서 다시 체력 방전을 느끼고 느릿느릿 뛰고 걷기를 반복했다. 앙가로아 시내로 들어오니 이제 남은 거리를 1.5킬로인데 타이머는 이미 5시간을 얼마 남겨두지 않고 있었다. 어떻게든 5시간 이내로 뛰려고 노력했지만 완주했을 때 기록은 5시간 3분을 가리키고 있었다.

기록은 좀 실망스러웠지만 일단 이스터섬에 와서 마라톤 풀코스를 완주했다는 것 자체가 자랑스러웠다. 안타깝게 미련으로 남을 뻔한 마라톤을 나만의 방식으로 해냈다는 점에서 더욱 의미가 있었다. 우리는 어려운 상황이나 절망스럽고 희망이 없어 보이는 경우에도 뭔가를 해낼 수 있다고 생각한다. 그렇게까지 평가받을 일도 당연히 아니겠지만 뭔가를 꾸준히 노력하면 하늘이 무너져도 살아날 방안은 얼마든지 있다. 그렇게 극단적이 아니라도 궁리하면 방법이 생긴다는 것을 다시 한번 느낀 계기였다.

특별한 마라톤을 나만의 방식으로 이룬 것이 가장 자랑스럽고 흐뭇한 일이었다. 다른 공식 대회보다 더 값진 나만의 비공식 대회여서 더욱 그러하다. 며칠 후 삼성 헬스앱을 다시 보니 처음 거리를 세팅할 때 42.195킬로에 맞춘다는 것을 착각해서 42.019킬로에 맞춘 것이었다. 뒤늦게 176미터가 부족한 거리임을 알게 되었다. 난 이스터섬이라는 곳에서 홀로 뛴 갸륵한

정성을 봐서라도 봐주어야 한다는 내 자신과 타협했다. 내가 주관자이고 유일한 출전자이니 누구를 해하는 것도 아니라는 억지스런 논리로 말이다.

이렇게 해서 이스터섬 마라톤을 마쳤다. 이번이 6번째 완주다. 비록 비공식 마라톤이지만 다른 공식 대회에 비해 더 많이 기억에 남는다. 마라톤 때문에 가게 되었고, 또 취소된 마라톤으로 실망을 했지만, 오히려 나만의 마라톤으로 진한 기억으로 남는다. 이스터섬의 아름다움과 함께 나만의 마라톤으로 이번 여행은 특별하고도 오래 기억에 남을 것이다.

다음날 섬을 출발하기 위해 공항에 갔다. 수속을 마친 후 비행기를 기다리는 장소가 활주로 옆 야외 공간이다. 한켠에 식당과 카페가 있어 테이블에 앉아 기다리고 있는데 누군가 와서 나에게 인사를 건넨다. 처음엔 못 알아봤는데 바로 어제 뛰다가 만났던 캐나다 여행자였다. 끝까지 마라톤을 잘 뛰었냐고 묻는다. 힘들었지만 잘 마쳤다고 하면서 알아보고 물어봐 줘서 고맙다고 했다. 마라톤이 가져다준 또 다른 인연이다.

18

[칠레]
꽃보다 고깃국
(세 번째 칠레 마라톤 참가기)

칠레에 와서 첫 번째 마라톤이었던 비냐델마르 대회를 뛴 지 어느새 1년이 지났다. 그 사이 칠레에서 두 번째로 뛰려고 했던 산티아고 마라톤은 뒤에서 얘기할 한국에서 개최되는 공관장 회의와 겹쳐 참석하지 못한 대신 한국에 가서 같은 날(2024. 4. 28.) 충북 음성에서 열린 반기문 국제마라톤에 참가하여 아쉬움을 달랬다. 두 달 후인 6월 초에는 비공식적이지만 이스터섬 마라톤도 달렸다.

그러고 나니 얼마 지나지 않은 것 같은데 비냐델마르 마라톤이 다시 다가오고 있었다. 작년에 참가한 경험이 있어서 그런지 별다른 걱정이 되지 않았다. 이번에는 2024년 10월 6일이다. 어떻게 하다 보니 작년과 마찬가지로 대회 2일 후에 국경일 리셉션이다. 데자뷰이다. 하지만 이번에는 작년 칠레 부임과 너무 바쁜 일정으로 연습을 제대로 하지 못했기에 이번에는 충실한 연습을 하기로 다짐했다. 이렇게 되면 당연히 근육통 문제로 고생하지 않아도 될 것이다.

작년 경험을 바탕으로 생각해 보니 출발 지점에서 가까운 곳에 숙소를 구하는 것이 필요했다. 내가 등록을 했을 당시에 숙박 예약 애플리케이션인 부킹닷컴에는 예약할 수 있는 숙소 가운데 가장 출발점에서 가까운 곳이 약 1.5킬로 정도 떨어진 곳이었다. 그 정도면 조금만 걸어가면 된다는 생각으로 일찍 예약을 마쳤다.

이번에는 대사관의 직원 한 명이 같이 참가하기로 했다. 그 직원은 대사관의 박기섭 영사인데 젊었을 때 풀코스를 뛴 적이 있고, 지난 산티아고 마라톤 풀코스에 도전하여 완주를 했다. 이번에도 역시 42킬로를 신청했다. 내가 한참 전에 2인용 숙소를 예약해 놔서 그 직원에게 원하면 숙소를 같이 써도 된다고 했다. 그 직원은 당연히 좋다고 했고 대신 자신의 차로 같이 가자고 한다.

모든 것이 순조로웠다. 그런데 예상치 못하게 미리 신경을 써서 한참 전에 예약한 숙소가 문제였다. 보통은 이메일로 숙소 예약 상황에 대해 며칠 전에 연락이 오는데 별다른 소식이 없다. 숙소 체크인 당일 비냐델마르로 출발하기 전 숙소 주인에게 핸드폰으로 전화를 했다. 지금 산티아고를 출발하니 늦어도 2시경에 도착할 건데 그때 만나서 열쇠를 받을 수 있냐고 물었더니 주인인 아주머니는 그렇다고 한다.

예상대로 2시경에 우리는 부킹닷컴에 나와 있는 주소에 도착했다. 그런데 뭔가 좀 이상했다. 앱에 나와 있던 주소에는 개인 집이 아니라 콘도미니엄 같은 건물인데 건물 이름이 달랐다. 일단 초인종을 눌러보니 한 사람이 나온다. 건물 수위다. 물어보니 여기는 여러 가구가 있는 연립주택 같은 곳이라고 한다. 나온다는 주인이 없어서 다시 주인에게 전화를 했다. 주인아주머니는 전화를 받자마자 그 집은 더 이상 예약 가능한 상태가 아니니 숙박을 할 수 없다고 한다. 너무 황당해서 2시간 전 전화에서 만나기로 해놓고 이러면 어떻게 하냐고 했더니 다짜고짜 안 된다고 하면서 전화를 끊어버렸다.

황당하기도 하고, 이렇게 되면 또 작년처럼 아주 먼 곳에 숙소를 다시 찾아봐야 되나 하는 생각으로 머리가 복잡해졌다. 그때 옆에서 듣고 있던 수위가 여기 여러 집들이 있는데 어쩌면 숙박을 제공해 줄 수 있는 다른 주인이 있을 수 있으니 알아봐 주겠다고 한다. 우리는 연락처를 남기고 대회 번호표를 받으러 배부 장소로 갔다. 쇼핑센터 인근이 배부 장소였는데 쇼핑센터 지하주차장에 들어가니 거의 만원이다. 빈 주차 자리를 찾는 차로 가득해서 과연 주차를 할 수 있나 싶었는데 어떤 차가 자기가 나가니 주차하라고 사인을 준다. 정말 행운이다.

우리는 번호표를 받았다. 올해는 작년과 달리 줄이 붐비지는 않았다. 아마도 시간대별로 사람이 몰리기도 하고 그래서 그런 것 같다. 그러는 사이 아까 그 수위가 우리에게 전화를 해서 빈 방이 생겼으니 오란다. 아, 처음에는 운이 안 좋다고 생각했었는데 오히려 전화위복이다. 주차장도 그렇고 이제 숙소도 더 좋은 상황이 된 것이 아닌가! 숙소로 가기 전 우리는 슈퍼마켓에 들러 저녁거리와 내일 새벽에 먹어야 하는 먹을거리를 사서 숙소로 이동했다.

숙소는 그럭저럭 지낼 만했다. 우리는 사실 잠만 자고 샤워만 할 수 있으면 돼서 별로 개의치 않았다. 다음날 새벽 5시에 일어나 우선 출발 3시간 전 탄수화물을 섭취하고 바나나를 먹었다. 준비물을 챙겨서 7시에 숙소를 출발해 7시 30분경 행사장에 도착했다. 이번에는 핸드폰을 갖고 뛰지 않기로 마음먹고 핸드폰, 숙소 열쇠 등을 같이 간 직원 짐에 같이 넣고 맡겼다.

드디어 8시다. 또 한 번의 출발이다. 그런데 컨디션이 그렇게 썩 좋지는 않다. 사실 며칠 전부터 오른쪽 무릎 상태가 좀 안 좋은 느낌인데 그 느낌이 가시지 않는다. 직원이 옆에 바짝 붙어서 계속 같이 뛴다. 처음에는 같은 속도로 뛰지만 조금 가면서 초반기에는 무릎 때문에 약간 천천히 뛰어야겠다는 생각이 들었다. 아마 직원은 날 위해서 옆에서 계속 같이 뛰는 것 같은데 먼저 가라고 하고 싶은데 눈치 없이(?) 계속 같이 뛴다. 한 4킬로 정도를 뛰었을 때 먼저 가라고 말하고 좀 뒤떨어져 내 페이스대로 뛰기 시작했다.

이번 대회를 앞두고는 특히 20킬로 후반에 오는 위기 상태를 극복하기 위해 조금 천천히 일정한 페이스로 꾸준히 달리는 연습을 했다. 마음속으로 "하~나, 두~울, 세~엣, 네~엣" 하면서 숫자를 느리게 세는데 대략 250까지 세면 1킬로였다. 일정한 속도를 유지해서 스테미너를 조절하면서 위기 상태 없이 완주하며 시간을 단축하는 걸 목표로 삼았다.

10킬로를 넘기면서부터 컨디션이 다시 좋아졌다. 무릎도 별이상이 느껴지지 않는다. 내 훈련 페이스대로 계속 직진이다.

18킬로를 조금 넘어서 보니 앞에 가던 우리 직원의 뒷모습이 보였다. 나는 그를 지나쳐 가면서 등을 툭 치며 힘내라고 했다. 내가 그를 다시 본 것은 32킬로 지점쯤인데 그와 이미 8킬로 정도 차이가 벌어져 있었다. 코스가 20여 킬로 순환 코스를 두 번 도는 것이어서 내가 마지막 남은 10킬로 거리를 결승점을 향해 가고 있었고, 그 직원은 반환점 쪽으로 내려가고 있었기 때문에 마주칠 수 있던 것이다. 나는 훈련한 대로 속으로 숫자를 세며 일정하게 계속 달렸다. 다행히 이번에는 위기 상태가 오지 않았다.

40킬로 부근에 갔을 때는 작년 코스를 생각하고 마지막 피치를 올려 속도를 높였다. 1~2킬로를 옆길로 돌아서 뛰고 해안도로로 나와 좌측으로 틀면 결승점이었기에 해안도로와 만나는 지점까지 마지막 힘을 다해 최대한 속도를 높여 뛰었다. 그런데 해안도로를 만나는 지점까지 왔을 때 코스는 작년과 같이 좌측으로 꺾어지는 게 아니라 그와 반대로 오른쪽으로 진로 방향이 표시되어 있었다. 다 온 줄 알았는데 거기서부터 1.195킬로를 더 달려야 했다.

갑자기 발이 멈춰졌다. 앗, 이런! 미리 코스를 잘 검토하고 왔어야 하는데 좀전의 전력질주로 힘이 거의 소진된 상태에서 다시 1.195킬로를 더 달려야 했다. 힘이 빠진 상태에서 다시 뛰려고 하니 힘이 들고 또 힘도 안 났다. 마음을 추스르고 다시 조금씩 속도를 높여본다. 조금씩 조금씩 결승선 앞으로 나아가더니 드디어 골인이다.

이번 기록은 4시간 26분 51초다. 중간에 위기 상태 없이 내 페이스에 맞게 잘 와서 기록이 단축될 줄 알았는데 오히려 후퇴다. 완주는 했지만 아마도 페이스에 맞추어 뛴 것이 너무 속도가 느렸을 가능성이 컸다. 어쨌든 7번째 완주다. 메달을 받고 받은 음료와 과일을 먹으면서 직원을 기다린다. 땀이 식고 바닷바람이 계속 부니 추위가 느껴졌다. 기다리는 직원은 아직도 올 기미를 보이지 않는다. 그 직원의 번호로 짐을 맡겨놔서 찾을 수도 없다. 그냥 기다려 본다. 다리 허벅지의 통증이 벌써 느껴진다. 골인 지점 부근에서 직원의 모습이 나타나기를 간절히 기다리지만 좀처럼 나타나지 않는다. 결국 1시간여를 기다린 끝에 직원의 골인 모습을 지켜본다.

우리는 기념 촬영을 하고 숙소로 돌아가 샤워를 하고 짐을 챙겨 나왔다. 나오는 길에 그 친절한 수위는 자기가 한국 사람을 처음 봤다고 사진을 찍을 수 있겠냐고 한다. 전날 연락처를 줄 때 직원이 대사관 명함을 줘서 대사관에 일한다는 건 알겠지만 굳이 한국 대사라고 말하지는 않았다. 며칠 후에 작년처럼 지역신문 발파라이소 인포르마는 내 사진과 함께 마라톤 참여 기사를 냈는데 아마 그 기사를 봤으면 뒤늦게 나의 정체를 알 수 있었겠다 싶다.

우리는 비냐델마르에서 점심을 간단히 하고 산티아고로 돌아오면서 그날의 마라톤을 복기하면서 무엇을 개선해야 할까 하는 열띤 논의를 하며 돌아왔다. 돌아오는 길에 대사관 차석인 황정한 공사에게서 전화가 왔다. 보고할 일이 있어 관저에서 기다리겠다는 것이다. 나는 특별한 일이 없는데 왜 그럴까 하고 의아스러웠다.

관저에 도착하니 그 직원은 업무 때문이 아니라 우리의 완주를 축하해 주기 위해 꽃을 사서 깜짝 행사를 해주기 위해 온 것이었다. 나와 같이 참가했던 직원은 큰 체력 소모로 이왕이면 고깃국이었으면 더 좋았겠다고 농담을 했지만, 우리의 마라톤 완주를 진심으로 축하해 줘서 너무 고마웠다. 이 정도면 누구나 마라톤을 할 맛이 나지 않겠나 싶다.

19

[칠레]
테무코 마라톤

테무코(Temuco)는 칠레 남부 아라우카니아주의 주도이다. 칠레에서는 유명한 지방 도시 가운데 하나지만 한국분들에게는 생소한 도시일 것이다. 수도 산티아고에서 남쪽으로 약 670킬로 정도 떨어져 있다.

이 아라우카니아주는 용맹하기로 유명한 원주민인 마푸체족 터전의 중심이다. 스페인이 16세기 오늘날의 칠레 영역을 식민지화했지만, 남쪽은 추운 기후와 마푸체족의 저항으로 칠레가 독립한 한참 후인 1880년대에 들어서야 비로소 칠레의 영토로 편입되었다.

무엇보다도 테무코가 유명한 것은 다름 아닌 우리에게도 잘 알려진 노벨문학상 수상 시인인 파블로 네루다가 유년 시절을 보낸 곳이기 때문이기도 하다. 그에 앞서 먼저 노벨문학상을 받은 칠레 여류시인 가브리엘라 미스트랄도 이곳 학교에서 교장 선생님을 했고, 어린 파블로 네루다가 같은 학교를 다녔다.

테무코에서 차로 30분가량 북쪽 방향으로 가면 '라우타로'라는 도시가 있다. 이곳은 칠레 내에서도 목재산업으로 유명한 곳이다. 이 지역에 아라우니카주의 유일한 한국 투자 기업의 공장이 있다. 바로 이건창호 기업이다. 이건산업은 30년 전에 이곳에 베니어 및 합판 생산공장을 설립해 세계로 수출하고 있다. 600명을 고용하고 있으며 간접 고용까지 합치면 1,200명이라고 한다. 이 가운데 40%가 마푸체족 출신이라고 한다. 이건산업은 지역 경제에 기여할 뿐만 아니라 지역 학생 대상 장학금 및 문화사업 지원 등을 통해 지역에서 존경을 받고 있다.

테무코 마라톤을 얘기하기 전에 테무코의 배경에 대해 너무 많이 할애한 것 같다. 그만큼 테무코에 대해 모르실 게 뻔해서 최대한 간략하게 테무코를 소개해 봤다.

20

[칠레]
영광의 상처
(네 번째 칠레 마라톤 참가기)

테무코 마라톤은 칠레 국내 3대 마라톤이라고는 하지만 지방이고 해서 그런지 참가자가 많지 않았다. 약 7,500명 정도가 참가했다. 전날 테무코 시장님의 SNS 메시지에는 300여 명의 엘리트 선수들과 여러 나라의 참가자가 있다고 했다. 그중 한국 대사관의 대표단도 참가했다고 했다. 과장이다.

우리 대사관에서는 나를 비롯해 박기섭 영사와 강민욱 전문관 등 총 3명이 참석한 것은 맞지만 순전히 개인 자격으로 참가한 것이었는데 테무코시 측에서는 마치 국제대표단이 참가한 것처럼 대회의 위상을 높이기 위해 그렇게 홍보를 한 것이다. 어쨌든 우리는 한국의 국가대표가 된 듯이 기쁘면서도 약간은 긴장감과, 또 한편으로는 한국 대표로서 기록이 형편없게 되어서는 안 된다는 일말의 책임감으로 대회에 임했다.

2025년 3월 16일 일요일 아침 7시 30분이 출발 시간이었다. 사람이 많지 않은 관계로 풀코스와 하프 코스 참가자들이 같이 출발한다. 5킬로와 10킬로는 나중에 출발이다. 산티아고보다 훨씬 남쪽이어서 남반구인 관계로 훨씬 기온이 낮아 쌀쌀하다. 영상 10도 정도이다. 차가운 날씨로 처음으로 입어보는 싱글렛 차림으로 밖으로 나가기가 약간은 주저하게 된다. 하지만 조금만 뛰면 몸이 더워질 것을 믿고 용감하게 싱글렛 차림으로 나갔다.

7시경 숙소를 나가 출발점으로 향한다. 다행히 미리 예약한 숙소는 출발선까지 불과 300여 미터에 불과하고, 숙소 앞 도로는 레이스 경로이기도 했다. 문제는 실제로 마라톤을 뛰기 시작하는 시간까지 30분 이상을 차가운 날씨에서 버텨야 한다는 점이다. 출발선에 도착하기까지 천천히 움직여도 불과 5분도 안 걸리는 거리다. 도착하자마자 가볍게 뛰면서 몸을 예열시킨다. 하지만 그것도 잠시, 무릎과 고관절을 푸는 체조를 하고 있자니 최대한 출발선 가까이에서 뛰기 위해 한두 명씩 자꾸 앞으로 모여든다. 그러니 더 이상 달리거나 체조를 하는 것은 어렵다. 오히려 사람들이 빼곡히 모일수록 사람들의 열기 때문인지 춥지는 않다.

드디어 출발이다. 상쾌하게 시원한 바람을 가르며 달리기 시작한다. 예상했던 대로 얼마 가지 않아 몸은 금세 따뜻해지고 추위는 더 이상 걱정되지 않는다. 오히려 더운 열기가 서서히 올라오기 시작하면서 좋은 레이스를 예감한다. 7~8킬로 부근에 약간 오르막길이 500여 미터 이상 되는 것을 제외하면 여타 구간은 크게 높낮이가 있지 않다. 제법 빠른 속도로 나보다 앞서가던 대사관 동료 직원을 8킬로 부근에서 추월하면서 지속적으로 일정한 속도로 유지하며 달려 나갔다.

15킬로 부근에 갔을 때 길이 나뉘는 지점에 안내 표지도 없이 2명의 진행요원이 풀코스와 하프는 직진, 10킬로와 5킬로는 우회전이라고 외치고 있었다. 사전에 공지가 없어 이게 무슨 상황인가 어리둥절했고, 가뜩이나 멀리서 진행요원들의 목소리가 잘 들리지 않아 어디로 가야 하는지 확신이 들지 않았다. 그래서 42킬로를 외치는 진행요원의 목소리를 다시 들으려 그 진행요원이 외치는 모습을 유심히 보다가 갑자기 도로에 튀어나온 부분이 있었는지 오른쪽 발바닥에 무언가가 걸리면서 균형을 잃고 바닥으로 곤두박질을 쳤다.

왼쪽 무릎과 왼쪽 어깨에 순간적으로 강한 충격이 느껴졌다. 그리고 퍼뜩 정신을 차려보니 어느새 얼굴의 왼쪽 면이 바닥에 쓸리는 느낌이 불현듯 들면서 움직임을 멈췄을 때는 이미 아스팔트 바닥이 눈 바로 앞에 와 있는 형국이었다. 이게 뭐지? 하며, 뭔가에 맞은 듯하게 한동안 정신을 차리지 못했다. 몇 초가 지난 후 약간 정신이 돌아오자 주로 왼쪽 어깨로 바닥에 부딪혔는지 어깨에 상당히 통증이 느껴지기 시작했고, 안경 왼쪽 다리가 바깥 방향으로 상당히 휘어 있었다. 무슨 상황인가 잠시 어리둥절했다. 곧 상황을 파악했지만, 아직 바로 뛸 수 있는 상황이 아니었다.

뒤에 따르던 주자들이 잠시 멈춰서서 괜찮냐고 묻는다. 일단 괜찮다고는 했지만 정말로 괜찮지는 않았다. 왼쪽 어깨는 지름 4센티 정도의 붉은 원형의 피멍이 나 있었다. 왼쪽 팔등은 아스팔트 바닥에 약간 쓸렸으나 다행히 상처는 없지만 먼지와 아스팔트 성분으로 시커멓게 더러워져 있었다. 손을 보니 양손으로 바닥을 짚었는지 손바닥이 긁히고, 손가락 여러 군데에 상처가 나서 피가 나고 있었다. 얼굴은 왼쪽 면이 바닥에 닿은 것 같은데 거울이 없어 보이지 않으니 짐작만 할 뿐이다.

순간적으로 계속 뛰어도 괜찮은지, 아니면 중단해야 하는지

고민스러웠지만, 주변에는 아무런 의무시설이 없었다. 일단 마음을 가다듬고 다시 뛰기 시작했다. 욱신거리는 몸 상태로 조금 뛰다가 제대로 가는 게 맞나 싶어 뒤에 오던 주자들에게 풀코스 방향이 맞냐고 물었다. 맞다는 대답을 듣고서야 제대로 정신을 차리고 다시 뛰기 시작했다.

뛰는 내내 왼쪽 어깨의 쓰라림이 계속되었고, 급수대가 나오는 곳마다 물을 받아 마시는 대신 상처에 뿌렸다. 물을 뿌릴 때마다 쓰라림이 더했지만 달리 처치 방법이 없었다. 손가락은 상처로 아팠지만 그래도 참고 견디면서 다시 속도를 유지해 갔다. 아픔은 참으면 되는데 오히려 불편했던 것은 다리가 휘어진 안경 때문에 초점이 안 맞아 약간 어지럽기도 하고, 안경이 자꾸 움직여서 매우 불편했다. 몇 번을 중간에 잠시 속도를 늦추면서 손으로 휘어진 안경다리를 다시 구부려 보기도 했으나 끝부분이 강하게 휘어져 있어 도저히 손으로 다시 원래대로 복구하기 불가능했다. 어느 정도 크게 움직이지 않게만 하는 선에서 응급조치를 하고 계속 달렸다.

넘어진 곳이 15킬로 부근이었으니까 나머지 27킬로를 부상을 입은 상태로 계속 달린 셈이다. 넘어진 이후부터 길거리에서 응원하던 사람들이 나의 상태를 보고 넘어진 모양이라고 자기

들끼리 얘기하는 것을 여러 번 들을 수 있었다.

넘어진 이후에는 다른 생각의 여지가 별로 없이 아픈 부분에 계속 신경이 쓰였다. 그러다 보니 뛰는 속도에 대해서도 크게 신경을 쓰지 못했다. 처음으로 휴대폰 없이 스마트워치만 갖고 뛰었는데 화면이 작아서 노안으로 뛰면서 잘 보이지도 않아 아예 속도며 시간을 보지 않는 채로 빨리 끝나기를 바라면서 뛴다. 하프 지점을 통과했을 때 얼핏 본 대형 시계의 기록으로는 생각보다 좀 빠르다는 느낌이 들었지만 크게 개의치 않고 계속 뛰었다.

이번 대회에는 무엇보다도 킬로마다 표시가 거의 없었다. 거리 표시판을 통틀어 3개 정도 본 것 같은데 그중에 35킬로 표지판을 보며 지날 때 내가 확인한 스마트워치 기록은 3시간 11분이었다. 나는 놀랐다. 너무 빨라서였다. 30킬로도 아닌 35킬로 기록이 3시간 11분이라니 좀만 버티면 드디어 서브-4를 달성할 수 있겠다는 계산에 기쁘면서도 막판을 끝까지 잘 달릴 수 있는지 두렵기도 했다.

아니나 다를까 기록을 확인한 순간부터 마지막까지 남은 7K는 급격히 체력이 떨어지고 뛰는 속도가 눈에 띄게 느려졌다.

조금 부진해도 지금 페이스라면 서브-4가 가능할 것 같다는 생각에 힘을 내어 계속 뛴다. 마지막 500미터 정도를 앞두고 코너를 도는데 갑자기 쥐가 살짝 올라와 속도를 급히 줄였다. 그때 나도 모르게 왠지 서러운 느낌에 그만 울컥거린다. 넘어지고 쥐가 나면서도 이겨냈다는 생각과 이제 정말 다 왔다, 라는 안도감 때문인지 아마도 나르시스트적인 감동이었을 것이다. 어쨌든 쥐 기미가 좀 사라지자 나는 다시 열심히 달렸다. 마지막 언덕길을 지날 때 이미 하프를 완주하고 난 후 미리 기다리고 있던 강민욱 전문관이 옆에 같이 달려주며 응원을 한다. 막판 스퍼트를 내어 최대한의 속도로 질주를 하다가 결승점을 통과했다.

완주한 후 스마트워치의 중단 버튼을 눌러 기록을 보았다. 3시간 50분 7초였다. 처음에는 믿기지가 않았다. 이렇게 빨리 들어온 게 맞다고? 하며 혹시 지방대회라서 거리 측정이 잘못된 게 아닐까 하는 의심마저 들었다. 하지만 그게 맞는 기록이고, 나중에 확인한 내 공식 기록은 3시간 50분이었다. 드디어 그동안 목표였던 서브-4가 달성된 순간이다. 그것도 내가 늘 목표했던 기록인 3시간 59분 59초보다 훨씬 빠른 기록으로 말이다.

나름 신기록 갱신의 이유를 분석해 보니 첫째가 새로 장만한 써코니 엔돌핀 시리즈 엘리트 4 신발이고, 둘째가 막판에 급히 구입한 아디다스 싱글렛이고, 셋째가 핸드폰을 갖고 뛰지 않아 가볍게 뛸 수 있던 것이라고 생각한다. 이외에도 더 있다. 전날 테무코에 진출한 유일한 우리나라 기업인 이건산업의 박경태 법인장께서 손수 차로 코스 답사를 해주어서 경로에 대한 윤곽을 미리 알 수 있었던 점이고, 전날 점심과 저녁을 이탈리아 식당에서 푸짐히 탄수화물을 많이 섭취한 것이 아닐까 한다. 생각해 보니 더 중요했던 것은 대회 전 두 달 동안 연습으로 달린 거리가 원래 목표인 500킬로보다는 약간 적은 460킬로였는데, 이로써 35킬로까지 무리 없이 뛰게 해준 근력을 갖췄기 때문일 것이다.

며칠 후 나는 악몽을 꾸며 잠자리에서 깨었다. 평소에 꿈을 잘 꾸지 않는데, 그날 꿈은 매우 생생했다. 테무코 마라톤 조직위가 나를 비롯한 몇몇 주자들이 너무 빠르게 들어와서 무효이니 다시 뛰라는 것이다. 소위 많은 사람들이 군대를 다시 가라는 꿈에 놀라 깬다는데 나는 그런 꿈조차도 꿔본 적이 없는데 뒤늦게 마라톤을 다시 뛰라니? 너무 놀랍고 어이가 없어서 꿈속에서 나는 다시 뛰더라도 도로 통제가 안 될 텐데 몇 사람을 위해 5시간을 교통 통제를 한다는 것이 말이 되냐고 하면서 열변을 토하다가 잠에서 깼다. 아! 마라톤이 군대를 이겼다.

21

[한국]
산티아고 마라톤 대신 반기문 마라톤 1
(굳이 왜 이 대회를?)

요즘은 달리기 붐이 일어 한국에서도 전통적으로 유명한 마라톤 대회 말고도 지역별로 수많은 마라톤 행사들이 있다. 그중에서 아주 유명하지는 않지만 그래도 사람들 뇌리에 한 번쯤은 들어보았을 만한 마라톤이 있다. 바로 '반기문 마라톤 대회'이다. 반기문 전 유엔 사무총장님의 고향이 충청북도 음성인데 음성군에서는 매년 반기문 사무총장님의 이름을 따서 반기문 마라톤 대회를 연다.

2024년 4월 한국에 잠시 귀국한 때를 이용해서 제18회 반기문 마라톤 대회에 참가했다. 내 생애 5번째 풀코스 도전이었는데 대회 참가에만 의미가 있었던 것은 아니다. 다른 많은 이유가 있는데 마치 내가 이 대회를 꼭 나가야 하는 것 같은 짜맞추어진 운명이라고 느껴질 정도였다.

2022년 벨기에에서 처음 마라톤을 시작한 이후 2003년 중반 칠레로 근무지가 바뀌어 오게 되자 가장 먼저 알아본 일 가운데 하나가 엉뚱하게도 칠레에는 어떤 마라톤이 있나 찾아볼 정도로 마라톤이 내 인생의 새로운 활력소가 되고 있었다.

검색해 보니 당연히 수도에서 개최되는 산티아고 마라톤이 유명했다. 4월 마지막 주 일요일에 열리는 이 대회에 참가하기 위해 한참을 기다린 끝에 공식 신청이 시작되는 2024년 1월 일찌감치 등록을 마쳤다. 칠레에 와서도 주변 사람들에게 마라톤의 좋은 점과 건강하고 부상 없이 즐겁게 뛰는 방법을 전파하고 다녔는데 많은 사람들이 관심을 가지기 시작했고, 실제로 뛰기 시작하는 사람들이 점차 늘어났다.

그런 사람들을 위해 나는 적극적으로 산티아고 마라톤(10K, 21K, 42K)을 참가할 것을 독려했다. 대사관 직원들뿐 아니라 칠레에 진출해 있는 지상사 직원들, 심지어는 외교단에서도 나의 말에 자극받아 뛰고자 하는 사람들이 생겨났다.

그런데 3월 초경에 본부로부터 금년도 공관장 회의를 4월 마지막 주에 한다는 연락이 왔다. 아뿔사! 산티아고 마라톤이 열리는 같은 주에 공관장 회의의 일정이 잡힌 것이다. 처음에는 공관장 회의가 금요일에 끝나므로 바로 다음날인 토요일 이른 비행기를 타서 대회가 열리는 일요일 새벽에 도착하는 비행기를 타볼까도 생각했다.

시간이 좀 빠듯하지만 잘하면 산티아고 공항에 내려 바로 대회장으로 직행하면 8시 출발 레이스에 참가할 수 있을 것이라고 생각했다. 하지만 한국에서 바로 비행해서 도착하자마자 42K를 뛴다는 것이 무리이고, LA 경유 편이어서 연착이라도 하면 고생은 고생대로 하고 마라톤 참가 자체도 허사가 될 수 있겠다 싶었다.

그래서 귀국 일정을 좀 더 늦추고 업무를 본 다음 칠레로 돌아오기로 하면서 동시에 그럼 산티아고 마라톤과 같거나 비슷한 시기에 한국에서 열리는 마라톤을 참가하는 건 어떨까 하는 아이디어가 떠올랐다. 그렇게 된다면 여태껏 주변 사람들에게 산티아고 마라톤 참가를 독려해 왔던 내가 그나마 좀 덜 미안할 것 같았다. 인터넷으로 풀코스 중심으로 한국에서 열리는 각종 마라톤 대회를 검색해 보니 정말 많은 대회가 있었다. 마침 산티아고 대회와 같은 날인 4월 28일에 충북 음성 반기문 마라톤 대회가 있었다.

4월 21일에도 서울 한강변에서 열리는 다른 마라톤이 있었는데 이때는 다른 중요한 약속이 잡혀 있어서 등록은 했지만 참가하지 못했다. 그래서 다시 생각해 보면 반기문 마라톤 대회 참석은 내가 빠져나갈 수 없게 꽉 맞추어진 것이라고 생각이 들 정도이다.

지금도 이 대회 얘기를 하면 사람들이 서울도 아니고, 그 바쁜 일정에 그렇게 먼 곳까지 무리해서 갈 필요가 있었냐고 묻는 경우가 있다. 그렇게 물어볼 만하다. 하지만 나도 뭔가에 홀렸는지 그게 운명처럼 이루어졌다. 그 뭔가는 바로 다름 아닌 마라톤이다. 그 덕분에 한국에서 처음으로 마라톤을 뛰어봤고, 반기문 사무총장님도 만났고, 이 책의 쓸거리도 생겼으니 좋은 운명이 아니고 뭐라고 하겠는가?

22

[한국]
산티아고 마라톤 대신 반기문 마라톤 2
(반기문 총장님을 만나게 된 사연)

앞에서 얘기한 대로 어디서 들어본 것 같은 대회이긴 한데 하는 느낌이 들면서 서울에서 다소 먼 거리여서 주저스럽기도 했지만 달리 대안이 없는 선택지였다. 일단 인터넷으로 등록부터 하고 평소와 같이 연습에 매진했다.

한국에 2주를 체류하면서 도착하는 날부터 매일매일 각종 약속과 면담, 방문 등으로 빈틈이 없을 정도였다. 그럼에도 불구하고, 공관장 회의가 열리는 기간 동안 묵었던 소공동 롯데호텔에서 새벽마다 거리로 나와 청계천길을 따라 매일 10킬로를 달렸다.

공관장 회의에서는 정말 오랜만에 보는 반가운 얼굴들이 많았다. 외교부는 해외 근무가 많다 보니 동기들조차도 얼굴 보기가 쉽지 않다. 국내 근무 시기가 맞지 않으면 입부 이후 보지 못하다가 정년퇴직할 때쯤 다시 만난다고 농담할 정도이다. 어쨌든 지금은 우리 동기들 가운데 많은 사람들이 공관장을 하고 있을 때여서 반가운 동기들을 많이 볼 수 있었다.

내 동기 중에는 나고야 총영사를 하는 분이 있었는데 마침 이분의 고향이 충북 음성인 것을 기억하고 있었다. 30년 전 외교부에 들어온 그해 이분이 결혼을 했는데, 그때 음성에서 열린 결혼식에 나도 참석했던 터라 음성을 잘 기억하고 있었다. 만난 김에 내가 주말에 음성에 간다고 하니 무슨 일로 가냐고 해서 마지못해 마라톤 대회 참가를 위해 간다고 하니 굉장히 놀라워했다.

그렇게 인사치례로 한 말이었는데, 이분이 음성군청에 아는 후배가 많아 주칠레 대사가 반기문 마라톤에 참가할 거라고 미리 연락을 해놓으시는 바람에 참가 3일 전부터 음성군 담당자로부터 문자 연락을 받게 되었다. 이번 대회에 참가하신다고 전해 들었다면서, 귀빈으로 모신다고 하기에 나는 그냥 일반 선수로 참가하는 것이라고 극구 사양을 하니 알겠다고 했다.

그러나 거기서 멈추지 않았다. 다음날 음성군 팀장님으로부터 다시 연락이 왔다. 이번 대회는 코로나 이후 다시 재개되는 것이고, 특별히 반기문 사무총장님께서 직접 개막식에 오셔서 축하를 해주신다고 하면서 9시 경기 시작 전에 잠시 인사드리는 게 어떻겠냐고 의향을 물어왔다.

존경하는 사무총장님을 만나는 자리여서 차마 거절할 수 없었고, 참가하는 걸 알게 되실 텐데 인사를 안 하는 것도 이상해서 알겠다고 하고 8시경에 운동장에서 팀장님을 만나기로 했다. 사무총장님은 2000년 초반에 외교부 차관이실 때 업무로 몇 번 뵌 적이 있고, 나중에 스페인 공관 근무할 당시 유엔 사무총장 입후보 유세를 위해 방문하셨을 때 뵌 적이 있다. 무엇보다 영광스럽게 존경하는 반 총장님을 만나 뵙게 된다는 생각에 팀장님의 제안을 수락하게 되었다.

23

[한국]
산티아고 마라톤 대신 반기문 마라톤 3
(산 넘고 물 건너 음성 찾아가기)

어느덧 마라톤 전날이 되었다. 일주일 내내 진행된 회의는 빡빡한 일정으로 어쩌면 회의 자체가 또 다른 마라톤이었는데 바로 내일이면 진짜 마라톤이 기다리고 있었다. 대회를 위해 수요일까지만 매일 10킬로를 뛰고 3일간의 휴식에 들어갔다.

전날인 토요일에도 개인적인 일정과 약속을 모두 소화하고 당시 시흥 월곶에 있던 숙소에 들어온 것이 밤 12시가 넘었다. 이전에 알아본 음성까지의 교통편은 시흥에서 새벽 5시에 출발해 택시를 타고 강변 고속버스 터미널로 가서 6시 30분 첫차를 타고 음성 터미널에 8시 15분경에 도착하는 것이었다. 혹시나 버스표가 매진이 될까봐 미리 예매도 해두었다,

하지만 반기문 사무총장님과의 인사를 위해서는 적어도 8시 이전에 마라톤 행사장에 도착해야 했다. 다시 검색해 보니 이번엔 기차편으로 가면 오전 7시 45분에 음성역에 도착하고, 택시를 타면 8시 전에 음성 스타디움에 도착하는 방법을 알아냈다. 그렇게 해서 교통편을 다시 알아보고 가져갈 준비물을 챙기고 나니 이미 새벽 2시에 잠자리에 들 수 있었고, 곧이어 5시에 일어나 경기 전 중요한 3시간 전 탄수화물 보충을 마치고 준비물을 모두 챙겨 5시 30분경 집을 나섰다.

새로 찾아낸 길도 만만치 않았다. 우선 시흥에서 택시를 타고 동탄역으로 갔다. 한참을 물어 매표소를 찾아 표를 사고, KTX를 타고 오송역까지 간 다음 거기서 다시 통일호로 갈아타서 음성역에 내려 택시를 타고 음성 스타디움으로 향했다. 교통 통제로 멀리서 미리 내려 걸어서 행사장으로 들어섰다. 8시에 약속했던 대로 음성군청 팀장님을 만나 반기문 총장님께서 오신다는 곳으로 함께 이동했다.

마라톤 출발 시간이 9시여서 그리 여유가 많지 않아 잠시 인사만 하고 빨리 가서 옷을 갈아입고 출발 준비를 하려고 했는데, 총장님을 만나러 간 곳은 실내의 큰 회의실로 그곳에는 군수님을 비롯한, 지역 국회의원님 등 많은 유지분들이 모두 와

계셨고, 더욱이 총장님 옆에 내 자리도 마련되어 있는 게 아닌가! 조금 당황스러웠다. 모두들 내가 누구인가 하고 궁금해하는 눈치이다. 처음 보는 사람이 사무총장님 옆자리에 앉아 있으니 말이다.

나는 사무총장님과 다른 인사분들께 간단히 마라톤을 시작한 이유와 공관장 회의에 참석하러 왔다가 직원들과 약속했던 산티아고 마라톤에 참가하지 못하게 돼 대신 반기문 마라톤에 참가하게 된 사유를 설명했다. 사무총장님은 이내 내 설명을 들으시더니 크게 웃으시면서 현직 대사 가운데 풀마라톤을 뛴다는 사람은 처음 봤다고 하시면서 대단하다고 하셨다.

아주 귀중한 티타임을 갖고 대회 기념식장으로 가시는 길에 총장님과 둘이서 기념사진을 찍을 기회가 있었는데 나에게는 아주 소중한 사진이다.

24

[한국]
산티아고 마라톤 대신 반기문 마라톤 4
(이보다 악조건이 있을까 싶다)

나는 바로 환복 장소로 갔다. 사무총장님을 만날 것을 생각해서 콤비를 입고 왔지만, 그 안에는 이미 출발 복장을 하고 왔기 때문에 신속히 옷을 벗고 런닝화로 갈아 신은 후 물건을 보관소에 맡기고 운동장으로 나갔다.

급히 오다 보니 썬크림을 안 가져온 게 후회가 되었다. 분명 엄청 많이 탈 것 같아서 어떻게 할까 고민하고 있던 차에 옆에서 썬크림을 바르고 있는 가족이 있어서 염치 불구하고 부탁을 드렸더니 좀 나눠주셨다.

자, 이만하면 거의 모든 것이 준비가 되었다. 이제 출발 10분 전이다. 다른 대회와 달리 참가자 기록 시간대별로 달리는 시간이 구별되어 있지 않았다. 사실 기록칩이 있어 앞에서 달리건 뒤에서 달리건 자신이 뛴 시간만큼 기록이 나오는 거여서 상관은 없다.

뒤에서 뛰면 딱 하나 단점이 있는데, 특히 큰 대회에서는 앞에 많은 사람들이 있어 초반 레이스가 인파에 막혀 속도를 내기 어렵다는 점이다. 어떤 면에서는 오히려 페이스 조절에 좋다고 하는 사람도 있지만, 출발 당일이 되면 매번 이번에는 좀 더 잘 뛰어보겠다는 요량으로 욕심이 앞서 최대한 앞쪽에서 뛰어보려고 한다.

이번에도 약간 그런 기대에 조금씩 출발선 쪽으로 최대한 나아가 출발을 기다렸다. 하지만 출발하고 몇 백 미터도 못 가서 기우였다는 게 느껴졌다. 이번 대회에는 약 7,500명이 참석했다고 하는데 1킬로도 못 가서 출발 초기의 혼잡으로 인한 주행 방해는 하나도 없이 한산하게 달려갈 수 있었다.

도심을 떠나 시골의 아름다운 경관을 보며 달리는 기분은 매우 상쾌했다. 다만 이날 기온이 4월답지 않게 29도까지 올라가 쉽지 않은 레이스가 되었다. 더욱이 몰랐는데 음성이 상당한 경사도가 있는 고갯길들이 꽤나 있어 쉽지 않은 코스였다. 거기다가 칠레에서 오자마자 10일간의 강행군 회의와 면담, 모임 등으로 체력이 상당히 소진된 상태에서 뛰다 보니 그 어느 때보다 힘든 레이스가 되었다.

이전과 마찬가지로 하프까지는 문제없이 쉽게 달렸으나 역시 25킬로 이후부터 급격히 힘들어지기 시작했다. 너무 힘들어져서 잠시 그만두어야 하나? 하는 생각마저 들었다. 체력이 방전되어 힘이 거의 없는 상태가 되는 구간이 있었는데 이때는 아예 걸으면서 갔고, 급수대가 나오는 곳마다 약간의 휴식을 취할 수밖에 없었다. 이렇게 거의 거북이 같은 걸음으로 버티다가 약 35킬로 부근부터 다시 제대로 뛰기 시작했고, 조금 더 지나서는 내 생각에 초중반과 유사한 스피드로 다시 뛰게 되었다.

하지만 얼마 가지 않아 오른쪽 다리 종아리 부근에서 살짝 쥐가 올라오는 느낌이 들었다. 자칫 쥐가 와서 마비될 상황이라고 느껴지자 급히 속도를 늦추고 쥐가 날까 말까 하는 정도의 속도를 유지하며 아주 느리게 뛰었다. 무모하지만 왠지 모르게 잘 조절하면 쥐도 극복할 수 있을 것 같다는 일말의 자신감이 나도 모르게 생겼다.

정말로 그랬다. 매우 느리게 뛰면서 쥐가 사라질 것 같으면 다시 살짝 속도를 올리고, 또 쥐의 느낌이 들면 다시 속도를 낮추기를 여러 번 반복하면서 쥐가 오는 한계점에 맞추어 달리는 속도를 조심스럽게 조정해 나갔다. 어느 정도 반복하다 보니 더 이상 쥐의 느낌이 오지 않자 쥐를 극복했다는 자신감으로 이후부터는 더 속도를 낼 수 있었다.

멀기만 했던 음성 스타디움이 드디어 가시권에 들어왔다. 스타디움 입구에 들어서서 트랙에 들어섰을 때의 그 느낌은 모든 힘든 것을 힘껏 벗어던진 자유 그 자체였다. 그만큼 그 어느 때보다 힘든 레이스였기에 더욱 그랬다.

아무도 나의 완주를 환영으로 맞아주는 사람은 없었지만, 첫 완주를 축하해 주기 위해 기다렸던 다른 완주자에 대한 환영과 축하 그리고 그 완주자의 포효를 옆에서 들으며 속으로 나에 대한 환호인 것처럼 기쁨을 같이했다.

25

[한국]
산티아고 마라톤 대신 반기문 마라톤 5
(기염을 토하는 마라토너)

이번 대회의 원래 목표는 서브-4(4시간 이내)였다. 하지만 오히려 기록이 더 안 좋아져서 4시간 47분을 기록했다. 중간에 포기할 뻔했는데 칠레에서 산티아고 마라톤을 뛰는 동료들을 생각하며 끝까지 뛴 것만으로도 만족할 일이었다. 한편으로는 이제 나이 때문에 더 이상 기록 단축은 불가능한가? 하는 생각도 함께 들었다.

어쨌든 나의 다섯 번째 풀마라톤은 나름 성공적으로 끝났다. 일정상 무모하다고 할 수도 있었지만 완주한다는 것 자체에 만족했다. 그리고 무엇보다도 산티아고에서 마라톤에 참가했을 동료들에게도 실망을 주지 않았다는 점이 가장 큰 위안이 되었다.

고맙게도 음성군청 직원이 자신의 차로 버스터미널까지 태워주었다. 기다리면서 여러 가지 이야기를 나누다가 서울행 고속버스가 도착하자 버스에 올라 자리에 앉아 창밖으로 손을 흔들어 감사 인사를 마치자 차가 출발했다. 새벽부터 길고 힘든 하루였지만 뿌듯한 마음으로 마라톤 대회 장면들을 되짚어 보다 보니 어느새 나는 잠이 들었고, 이내 도착이라는 소리에 잠에서 깨었다.

서울에 도착하니 벌써 오후 4시가 다 되어 인근에 있는 친척집에 들러 샤워를 하고 옷을 갈아입고 6시에 있는 약속 모임 장소로 향했다. 한 치도 여유가 없을 정도로 계속되는 일정의 연속이다. 그나마 고속버스에서 자면서 휴식을 취한 게 다행이었다.

약속 장소로 향하면서 인터넷을 보니 충북 지역신문에는 반기문 마라톤에 관한 기사가 여럿 올라와 있었다. 그 가운데 한 기사는 말미에 '이번 대회에 처음으로 반기문 전 사무총장의 외교부 후배인 주칠레 김학재 대사가 참가하여 57세에도 불구하고 4시간대의 풀코스를 완주하는 기염을 토했다'라는 내용이 실렸다. 좀 쑥스러운 느낌이었지만 기분은 좋았다.

이번 대회를 통해 반기문 사무총장님과 사진도 찍을 수 있었고, 또 한 번의 완주를 추가할 수 있었으며, 산티아고에 있는 동료들과의 약속을 지킬 수 있었고, 또 포기하지 않은 내 자신이 흐뭇했을 뿐 아니라, 덤으로 재미있는 신문기사의 주인공이 되어 기쁜 마음이다.

마라톤은 길고 힘든 자신과의 한계를 다투는 힘든 싸움이지만, 그 싸움에서는 늘 교훈을 얻는다. 너무 힘들어 포기하고 싶을 때조차 늘 극복하고 나면 그 순간의 나 자신과의 싸움에서 이긴 나를 보게 되고, 나중에 보면 그 어려운 순간은 당시 매우 길게 느꼈던 시간보다는 알고 보면 그리 길지 않았다는 것을 깨닫게 된다.

결국 죽을 것 같은 그 순간에 멈추는 대신 한 발을 더 내딛는 용기가 죽을 것 같은 한계점을 넘어 나를 확장시켜 준다. 그렇다! 잠시 쉬더라도 포기하지 않는다면 그건 전혀 다른 결과를 가져다준다. 포기하면 영영 끝이지만, 죽을 것 같은 순간의 한 발자국은 결코 죽게 하지 않고 더 많은 발자국으로 이어지게 하며, 더 지나면 다시 정상 페이스로 돌아갈 수 있다는 점이다.

마라톤은 언제나 나에게 힘과 긍정적인 사고를 가능하게 해준다. 그 점이 내가 자신 있게 다른 사람들에게 마라톤을 전파하고 권유하는 이유이기도 하다.

26

[특별한 달리기]
남극 달리기

    칠레에서 근무하면서 엄청나게 큰 행운 가운데 하나라고 생각하는 일이 있었다. 바로 남극 세종기지를 방문할 수 있게 된 것이다. 남극에는 우리나라 기지가 2개가 있다. 하나는 익히 잘 알고 있는 세종기지이고, 다른 하나는 장보고 기지이다. 장보고 기지는 호주를 통해 들어갈 수 있지만, 남극 내륙으로 상당히 들어가 있어 기상 조건이 열악하고, 시간도 오래 걸리기 때문에 쉽게 갈 수 있는 곳이 아니다.

    반면, 칠레 남단을 통해 들어갈 수 있는 세종기지는 칠레 최남단에서 비행기로 2시간 거리에 있는 킹 조지섬 외곽에 위치한다. 지도를 펼쳐놓고 보면 킹 조지섬은 남극점으로부터 상당히 먼 외곽에 있다. 이곳에는 칠레를 비롯한 러시아, 우루과이,

한국, 중국 등 다수 국가들의 기지가 있다. 물론 다른 곳에도 여러 나라의 기지들이 있지만, 이곳은 상대적으로 다른 곳에 비해 접근이 수월하다. 이곳에는 칠레기지 2개와 공항이 있어서이기도 하다. 주로 여름인 12~2월까지 기간에 다양한 방문과 활동이 이루어진다. 여름이라고는 하지만 최고 기온 0도 정도이다. 이때를 제외한 나머지 기간은 매우 추운 날씨로 보통 기지 보수 유지를 위한 최소한의 월동대원들만이 체류한다.

남극을 간다는 것은 쉽지 않은 일이다. 특별히 외교관으로 칠레에 근무하지 않으면 갈 수 없고, 더욱이 매년 세종기지 점검을 위한 정부대표단 방문이 확정적인 것도 아니고, 방문한다 하더라도 이에 포함되기도 쉽지 않다. 나의 경우는 매우 운이 좋았다고 할 수 있다. 부임 직후부터 다양한 곳을 방문하며 활발한 외교 활동을 펼쳤는데 그 가운데 과학기술 외교의 일환으로 북쪽의 천문대와 남쪽의 칠레 남단 푼타 아레나스에 소재하는 남극연구소를 방문하고 우리나라와의 협력을 활발히 추진하고 있었다. 내가 부임한 후 6개월 후인 2024년 1월 본부로부터 정부조사단이 방문한다는 소식을 들었고, 희망하면 조사단에 포함시켜 준다고 했다. 남극 방문도 중요하게 생각되었지만, 칠레가 중시하는 남극 문제에 대해 잘 대처하고 우리와의 협력 방안도 모색할 수 있는 좋은 기회라고 생각이 들었다.

어쨌든 나는 정부조사단의 일원으로 남극 세종기지를 방문하게 되었다. 언제부터인가 어딜 가든 가급적 가는 곳에 관련된 읽어볼 만한 책이 있나 살피는 게 하나의 습관이 되었다. 떠나기 전에 목적지에 대해 조금이라도 알고 가는 게 선입견 문제만 조심한다면 늘 도움이 된다고 생각하기 때문에 더욱 그렇다. 그래서 정부조사단에 포함되면서부터 외교부 전자도서관에서 관련되는 책이 있나 살펴보았다. 2권의 책을 찾았다. 『펭귄 그들의 세상』, 『스콧 최후의 모험』이었다. 첫 번째 책은 미국 연구원의 남극에서의 펭귄 관찰기에 관한 내용이었고, 두 번째 책은 아문젠과 경쟁하면서 극심한 환경 속에서 극점에 도달하기 위해 초인적인 인내력을 발휘했으나 결국은 자신을 포함한 대원 모두 목숨을 잃게 되는 탐험가 스콧의 이야기이다. 대사관 내 서고에 보니 장보고 기지 대원들의 글을 모은 『남극 일기』, 스페인어로 된 칠레의 남극 관련 책자, 2005년에 발간된 매우 두툼하고 큰 '남극세종기지 설립 20주년 기념 책자'를 발견하고 읽었다.

이렇게 남극 방문을 나름 자세히 준비하면서 마음 한구석에는 나만의 프로젝트를 구상했다. 이른바 '남극 달리기' 프로젝트였다. 남극의 사정이 어떤지 전혀 알 수 없는 상태에서 만약 가능하다면 조금이라도 뛰어볼 요량이었다. 정 안 되면 최소한 실내 체육시설이 있을 테니 러닝머신에서라도 뛸 생각이었다. 떠나기 전 혹시나 오염된 운동화를 가져가면 안 된다고 생각해서 트레킹화도 하나 새로 장만해 짐에 챙겼다.

칠레가 남극 가기에 비교적 수월하다고 했지만, 꼭 그런 것만은 아니다. 남극의 여름이라도 기상의 변화는 변화무쌍하다. 바람이 세거나 눈이 많이 내리면 비행기는 뜨지 못한다. 그래서 공항에서 무한정 대기하는 경우도 다반사이고, 아예 며칠간 이륙이 지연되기도 한다. 남극에 들어갔다 해도 마찬가지로 기상 조건에 따라 예정된 시간과 날짜에 나오기란 쉽지 않다. 우리 조사단은 새벽 출발 예정 비행기였으나 남극 쪽 기상 사정으로 결국 오후 늦게 출발했다. 오랜 기다림이었지만 그나마 이륙할 수 있다는 게 큰 행운이었다.

우리 일행은 남극 칠레기지 옆에 있는 공항에 무사히 도착했다. 하지만 세종기지는 그곳으로부터 약 10킬로 떨어진 곳에 위치해 있는데 육로 이동은 빙하와 눈으로 인해 불가능하고 배를 이용해 바다를 건너야 했다. 저녁 늦은 시간에 무사히 세종기지에 도착한 우리들은 기지에서의 주의사항에 관해 브리핑을 받고 남극에서의 첫날 밤을 보냈다.

남극에서의 활동이 시작되는 다음날이 밝았다. 전날 저녁 행동수칙 브리핑 시간에 운영요원에게 혹시 달리기를 할 수 있는지, 가능하다면 어디까지 갈 수 있는지를 물어보았고, 실외를 달릴 수 없는 경우를 대비해 실내 체력단련장의 위치와 운동기구들을 파악해 두었다.

남극의 여름은 공기가 차가웠지만 대략 섭씨 0도 정도라 크게 춥지는 않았다. 6시경 숙소를 나와 뛰기 시작했다. 위에서 말한 대로 출발 전부터 남극에서의 달리기라는 나만의 독특한 경험에 대한 꿈을 가지고 있었다. 그래서 배낭짐만 가져오라는 지침에 따라 다른 불필요한 물건들을 모두 빼고 운동복과 트레킹 신발은 꼭 챙겼다. 이런 비밀스러운 꿈이 이루어졌다고나 할까? 차가운 바람에도 들뜬 마음으로 힘들지도 않았고, 자갈밭을 뛰어도 가벼운 발걸음으로 힘껏 박차고 나갔다. 길을 완전히 알지 못하지만 세종기지 구석구석을 달리며 내내 드디어 남극까지 와서 달리기를 실현했다는 뿌듯함을 느꼈다.

달리기 시작하면서 어젯밤에 설명을 들었던 기지의 각종 시설들을 확인하기도 하고 나름 짐작하면서 전체적인 조감도를 머리에 그려 나간다. 하지만 달린 지 얼마 되지 않아 의외의 장애물을 만나게 된다. 달리는 길가 저 앞으로 갑자기 2개의 물체가 보여 멈춰 섰다. 처음으로 야생의 펭귄과 맞닥뜨린 것이었다. 펭귄들은 가만히 서 있거나 몸의 털을 다듬거나 목을 빼고 몸을 흔드는 모습이 TV에서 많이 본 모습 그대로였다.

전날 저녁에 들은 기지 내 행동수칙에 따르면 펭귄을 비롯한 야생동물들을 가까이 접근해서 방해하지 말고 멀리 돌아가라고 했는데, 마침 내가 서 있던 곳은 멀리 돌아갈 공간이 없었다. 사람인 나의 존재를 펭귄들도 충분히 느낄 수 있는 거리이니 곧 어디로 가버리지 않을까 하고 잠시 기다려 본다. 하지만 시간이 흘러도 전혀 미동도 하지 않는 펭귄들을 보며 내가 포기해야지 하고 반대 방향으로 달리기 시작했다.

반대편 해안을 따라 달리다 보니 자갈밭이 나온다. 저 멀리 드문드문 작은 규모의 기상 관측소와 연구시설이 보인다. 이곳 자갈밭은 원래 뛸 만한 곳은 아니지만 기지 내 달리 뛸 공간이 없고, 또 넓고 길게 펼쳐진 자갈밭은 충분히 뛸 수 있을 것 같다는 생각이 들었다. 다만, 어젯밤에 들은 안전수칙에는 기지시설 외곽으로 나갈 때는 반드시 무전기와 트랙터를 지참하고 나가야 한다는 말이 생각났다. 물론 겨울철이거나 갑자기 기상이 나빠지는 경우에 해당되는 것이기는 했다. 그래서 어제저녁 기지 관계자에게 아침 일찍 기지 주변을 뛰고 싶은데 지침에 따라 무전기를 들고 가야 하는지를 물었는데, 지금 같은 날씨라면 그리 멀리 가지 않으면 괜찮다고 했다. 나는 그 말을 나에 맞게 매우 긍정적으로 해석했고, 그 담당자는 이곳에서 내가 5킬로라는 상당히(?) 장거리를 뛸 거라고는 당연히 상상도 못하고 대답했던 것 같다.

이런 생각을 하면서 뛰다 보니 어느덧 자갈밭을 지나고 있었다. 처음에는 자갈밭에 살짝 차량이 지나간 흔적이 보이는 것 같아 그 흔적을 따라 뛰다가 아닌가 하고 다시 돌아오고, 그만 돌아갈까 하다가도 그래도 갈 수 있는 데까지 가봐야 하지 않을까 생각하면서 계속 달린다. 어디까지가 갈 수 있는 한계인지 알고 싶은 마음에 계속 더 달리다 보니 남극환경보호구역(ASPA) 표지판이 있는 곳까지 갔다.

더 이상 가면 안 될 것 같아 다시 돌아 기지로 달려와 보니 아직 뛴 거리는 4.6킬로 정도였다. 기지 내에 있는 길들을 이곳저곳 달려본다. 5킬로를 다 채우고 나서 남극 달리기는 일단 마무리했다. 더 뛰고 싶지만 달린 길을 다시 달리는 것 외에는 더 달릴 길이 없었기 때문이기도 하다. 어쨌든 남극에서 달리기를 해봤다는 나만의 뿌듯함이 오랫동안 기억에 남을 것이다.

Part 6
마라톤 미셀러니

01

[서평]
달리기를 말할 때
내가 하고 싶은 이야기

무라카미 하루키는 누구나 다 아는 세계적인 소설가이다. 그의 소설을 제법 많이 읽어 보았지만 나에게는 평범하면서 단조롭게 끝날 것 같지 않게 계속 이어지는 소설로 보여 그리 인상적이지 않은 작가라고 생각했었다. 어느 날 우연히 그가 마라토너라는 사실을 알게 되자 전과 다르게 큰 관심이 일어났다. 그리고 그가 마라톤에 관한 수필집을 썼다는 것을 뒤늦게 알고 책을 읽게 되었다.

사실 그 수필집을 한 번 읽어봐야겠다는 마음은 있었지만 당장 구해서 읽어야 한다는 생각이 없었다. 마라톤에 관한 수필이라니 또 하루키류의 단조로운 이야기일 거라고 생각했기 때문이다. 그런데 어느 날 어느 아는 분이 한국에서 보내주신 책들

가운데 하루키의 『달리기를 말할 때 내가 하고 싶은 이야기』가 있었다. 잠시 한국에 갔을 때 만난 분이었는데 나의 마라톤 경험을 들으시고 책을 보내주신 것이었다.

하루키의 책은 놀라웠다. 그렇게 오랫동안 달리기를 규칙적으로 하고, 계속해서 도전하는 기록이 담겨 있었다. 그가 달리면서 들었던 옛날 팝송 노래며, 달리면서 들었던 생각들, 또한 달리기에 대한 그의 철학들이 다양하고 깊고 오묘했다. 상당 부분들이 내가 달리면서 느끼고 고민했던 것들과 유사한 것들도 많아서 오래 달리면 모두 비슷한 생각을 하게 되나 보다 하고 느꼈다. 물론 내가 생각지 못한 다양한 생각들이 마라토너의 지속적인 호흡처럼 생생하게 느껴졌다.

나는 이 책을 두 번 연거푸 읽었다. 두 번째 읽을 때는 손에 형광펜을 들고 천천히 음미하면서 중요한 부분에 밑줄을 그어가며 읽었다. 그만큼 나는 이 책이 마라토너에게는 바이블 같은 책이라고 생각한다. 동시에 철학책이라고 해도 손색이 없다.

그의 작품에 나오는 몇 개의 문장들을 한 번 보자.
"타인과 얼마간이나마 차이가 있는 것이야말로, 사람의 자아란 것을 형성하게 되고, 자립한 인간으로서의 모습을 유지해 갈 수 있도록 만드는 것이다."

"마음이 받게 되는 아픈 상처는 그와 같은 인간의 자립성이 세계에 대해 지불하지 않으면 안 될 당연한 대가인 것이다."

"모든 사람의 얼굴에 웃음 짓게 할 수는 없다."

"매일 달리는 것은 그렇게까지 해서 오래 살려는 것이 아니라 '설령 오래 살지 않더라도 좋으니 적어도 살아있는 동안은 온전한 인생을 보내고 싶다'는 생각이다."

어떤가? 마라톤에 관한 책이라기보다 인생에 관한 책에 더 가깝지 않은가?

내가 달리면서 어렴풋이 갖고 있던 꿈이 있었는데 바로 마라톤의 기원지인 그리스 마라톤에서 열리는 대회에 나가는 것이었다. 나름 좀 참신한 아이디어가 아닌가 생각했다. 그런데 이 책을 읽기 시작하자마자 제일 첫 챕터가 젊을 때 하루키가 아테네에서 마라톤까지 이어지는 산업도로를 뛴 경험을 적은 글이었다. 물론 오래전 일이라 무서운 트럭과 매연이 가득한 위험한 도로변을 뛴 그의 글을 읽으니 내가 얼마나 낭만적인 환상을 갖고 그리스 마라톤을 생각해 왔는지 정신이 퍼뜩 들었다.

하루키는 학교를 졸업하고 식당을 운영하다가 문득 글을 쓸 수 있겠다는 생각에 사업을 접고 글을 써 성공하면서 세계적인 작가가 되었다. 그가 그렇게 오랫동안 유명작가로서 활동하는 것은 나는 순전히 그의 달리기 애착 때문이라고 생각한다. 달리기만 계속해서가 아니라 달리기를 통해서 건강과 체력을 유지하고, 그만큼 활력적이고 창의적인 생각을 해나가는 원천이 마르지 않도록 평소에도 늘 노력해 왔기 때문이라고 생각한다.

하루키는 아날로그 세대다. 아날로그답게 그는 왕년의 유명했던 팝스타들의 음악을 카세트 플레이어에 담아 달리면서 듣는다. 자신이 선호하는 음악 가수들을 소개한다. 꽤 옛날 그룹들도 있다. 책을 읽으면서 유튜브를 켜놓고 하루키가 소개하는 달릴 때 듣는 음악의 노래들을 찾아 들어보는 것도 이 책을 읽는 또 다른 재미다.

02

[서평]
마라닉 페이스

유튜브로 보던 달리기 전도사의 이야기이다. 나에게는 특별히 매일 10킬로 달리기를 할 수 있게 해준 유튜버였다. 마라닉이란 이름으로 찾아보면 많은 영상들이 있다. 내가 좋아하는 유튜버이다. 내용이 건전하고 끊임없이 노력하는 모습을 보여주기 때문이다. 하지만 여태껏 실제로는 본 영상은 5개 미만이다. 더 많이 보면 나의 달리기 스타일을 잃을 것 같고, 반대로 이야기하면 5개로도 충분히 좋은 영향을 받아 효과적이었기 때문이다.

이런 분의 이야기가 책으로 나왔다는 것을 알고 전자책으로 읽어보았다. 마라닉이 '마라톤을 피크닉같이'에서 따온 말이라는 것을 처음 알았다. 저자는 방송국 피디 출신으로 새로운 길을 찾아 과감히 직업을 버리고 새로운 길로 찾은 것이 오늘에 이르렀다. 처음 1년 동안 영상을 올리면서 고전했던 일이라든가, 어느 순간부터 급속도로 구독자가 늘어 이제는 이런 일을 했다는 것에 자부심과 지속적인 발전을 꿈꾸는 이야기가 관심을 준다.

책에서 눈에 띈 그의 글은 무척 공감이 갔다.
"성장이 성장을 이끈다. 거의 모든 성공 스토리는 작은 성공에서 시작된다. 그리고 성공과 성공 사이에는 작은 성공들이 징검다리처럼 놓여 있다."
"꿈은 머리가 만들지만, 현실은 다리로 만든다."
너무 멋진 말이다.

이 책을 통해 저자의 배경과 달리기 열정의 근원이 무엇인지 알 수 있었다. 역시 뭔가를 이룬 사람들의 공통점은 끈기 있게 계속 노력을 해나간다는 점이다. 불가능해 보이던 일도 조금씩 노력을 멈추지 않으면 결국 성취해 낼 수 있는 것이 대부분 성공한 사람들이 말하는 비밀 아닌 평범한 비밀이다.

성공하기 위해서 또는 자기 자랑을 위해서 달리지 말자. 대신 자기 자신의 계발을 위해 달리자. 그 달리기가 다른 사람들에게 선한 영향력을 주고, 나 자신의 활기차고 밝은 삶을 이끌게 하자. 잠시의 성공에 심취하지 말자. 더 높은 나의 길이 끊임없이 내 앞에 놓여 있음을 알자. 그 높음은 세속적인 기준에서가 아닌 나의 이 세계에 대한 쓸모를 위한 존재의 의미임을 알자. 그 끊임없음은 치열한 남과의 경쟁이 아니라 나만의 레이스이고, 생명이 다해 멈추게 되는 순간까지 한 걸음을 더 내딛으려는 의지가 있음을 아는 것으로 족함을 알자. 이것이 마라닉 페이스를 읽고 단번에 써 내려간 나의 또 다른 결심이다.

03

[서평]
달리기, 몰입의 즐거움

이 책을 처음 읽은 것은 2020년 볼리비아에서였다. 당시에는 본격적으로 마라톤을 시작한 때가 아니어서 달리기보다는 몰입 이론 측면에서 이 책을 본 기억이 남아 있다. 다음은 당시 (2020년 12월)에 책을 읽고 기록해 둔 나의 서평 내용이다.

> 몰입으로 유명한 미하이 칙센트미하이 교수(마이크 박사)의 책이라 서둘러 대출을 받았다. 전에 유튜브에서 누군가가 마이크 박사의 책을 인생 책이라고 소개하는 글을 본 적이 있는데 우리 외교부 전자도서관에는 없어 못 보던 차에 마침 이 책이 전자도서관에 새로 들어와 대출해서 읽어보았다.
>
> 우선, 이 책은 생각했던 것과 달리 마이크 박사보다는 다

른 공저자인 마이크 박사의 제자들이 주로 썼고, 마이크 박사는 아주 짧은 글만 썼다. 물론 공저자들은 몰입의 대가인 마이크 박사의 심리학적 이론을 충실히 따른다. 나는 이 책이 달리기를 사례로 다양한 몰입의 현상과 원인, 달성 방법 등을 명확히 제시할 것으로 기대했는데, 그보다는 반대로 몰입 이론을 통해 본 달리기 사례 분석과 같은 느낌이다. 물론 두 가지가 상호 보완적이지만 달리기는 한 예시에 불과하고 몰입 이론 자체를 주로 다룰 것이라는 나의 예상은 다소 빗나갔다.

이 책을 읽으니 나도 몰입이었다고 느끼는 두 가지 경우가 생각났는데 한 가지는 이 책을 읽기 몇 달 전 대사관의 한 직원이 어린 두 자녀를 데리고 매우 위험한 산꼭대기로 등산을 갔다가 조난을 당했는데 이들을 직접 구조해야 하는 상황에 맞닥트렸던 일이다. 조난 당한 직원 가족이 있던 곳까지 힘들게 올라가는 데 가까스로 성공했지만, 정작 이들을 데리고 내려오는 것이 문제였다. 그곳은 수백 미터 아래로 추락이 걱정되어 내려오기 힘든 대략 70도가량의 급한 경사지인 데다가, 바닥이 부서지는 마른 흙으로 자칫 미끄러져 떨어지기 쉬운 곳이었다. 용기를 내서 먼저 내려가는 길을 만들기 위해 첫발을 극도로 조심히 내딛는 순간이었다. 사실 자칫 미끄러졌다가는 생명을 걸어야 하는 순간이지만 내려갈 수 있는 유일한 길이어서 정신이 아득해졌다. 멀리 눈 아래로는 수려한 풍광을 보며 애써 마음을 가다듬어 보지만 이내 내 가족의 얼굴을 생각하지 않을 수 없었다. 이것이 마지막이 아니기를 속으로 진심으로 기도했다.

모든 신경을 집중해 등으로 거의 바닥에 누운 상태에서 팔을 양쪽으로 벌려 땅을 강하게 짚으면서 미끄러지지 않게 몸을 지탱하면서 미세하게 서서히 발을 옮기며 미끄러지지 않고 내려가야 하는 그 순간은 아마도 극도의 몰입 상태였던 것 같다. 너무 극적이어서 사실 나중에 생각해 보면 바로 그 첫발을 내딛는 순간이 기억상실증에 걸린 듯이 잘 기억이 나지 않는다. 1~2미터 정도 아래에 있는 둔덕으로 겨우 내려와 몸을 지탱하고 직원의 가족들을 내가 있는 곳까지 이동시켜야 할 때 비로소 명확한 기억이 살아났다. 이 글을 쓰는 지금도 그때를 떠올리니 역시 몰입의 현상을 느낀다.

다른 한 경우는 2019년 고지 달리기에 참가한 경험이다. 이 책에서도 코스타리카 치리카산 등반 달리기 사례가 나오는데 그 글을 읽으면서 해발 3,600미터인 라파스에서 달린 13.4킬로의 단축 마라톤을 끝까지 완주할 때의 기분이 바로 몰입이었구나, 라고 느꼈다.

한 번도 달리기 연습을 하지도 않고 의욕만 갖고 참가를 해서 그 높은 곳에서 무리하게 달리면 위험할 수도 있었지만, 특이한 경험에 도전한다는 호기심, 나 자신의 한계에 도전해 보기, 태극기와 볼리비아 국기를 들고 뛰어 공공외교를 실현하겠다는 의지, 차가 아닌 두 발로 뛰어서 도시 중심을 가보는 신선하고도 다른 느낌 등의 생각들이 뛰어가는 내내 주로 든 생각이었는데 지금 생각해 보니 그런 몇 가지 생각들이 바로 몰입의 요소였던 것 같다.

몰입은 훈련이 된다고 꼭 되는 것은 아니지만 몰입이 되는 요소를 잘 알고 있으면 쉽게 도달할 수 있다고 한다. 우리가 스스로 잘 의식하지 못해서 몰입이었는지 모르는 경우도 많은 것 같다. 몰입에 도달하는 방법이나 정도는 모두 각자의 환경에 따라 많이 다른 것 같다.

위의 내용이 마라톤을 아직 시작하지 않던 2020년에 볼리비아에서 책을 읽고 쓴 내용이다. 마라톤에 관한 책을 준비하면서 이 책을 다시 읽어보았다. 이번에는 주로 달리기 관점에서 책을 다시 집중해서 보았는데 달리기를 잘할 수 있는 방법으로 몰입을 어떻게 이용해야 하는지가 주로 눈에 띄었다.

사실 이 책이 제시하는 몰입에 관한 명확한 답은 없다. 하지만 저자가 강조하는 점은 우리가 달리는 동안 의식이 없어지고, 무의식적인 상태에서 고통 없이 달릴 수 있는 순간이 오고, 그 순간에 머무는 시간이 아주 짧게 느껴질 때가 있는데 이것이 몰입이라는 것이다. 이론적으로는 '일시적 전전두엽 기능억제 이론'으로 설명을 하는데 우리의 의식을 담당하는 전전두엽이 달리기를 하는 동안 달리기에 필요한 곳에 정신과 영양을 집중적으로 보내기 때문에 전전두엽의 기능이 일시적으로 약해져 일종의 무의식과 같은 현상으로 설명한다.

이 책에서는 많은 러너들의 사례를 가지고 몰입을 설명하는데 몰입은 의식적인 노력과 달리 의도적으로 달성하기 쉽지 않다. 다만 강한 목적의식을 체화시켜 놓는다면 몰입의 상태에서 내재화되어 있는 능력에 의해 좋은 결과가 나올 수 있다고 설명한다.

실제로 달리기를 하다 보면 이것저것 잡다한 많은 생각이 들어오고 나오기도 한다. 그러다가 어느 순간에는 한 생각에 몰두하다 보면 이미 꽤 긴 거리를 힘들다는 생각 없이 어느새 많이 왔다는 것을 느낄 때가 종종 있다. 물론, 그 사이에 몰입으로 인해 고통을 느끼지 않고 기계적으로 뛴 것 같은데 평소보다 빨리 뛰었는지, 평소대로 뛰었는지, 아니면 늦게 뛰었는지는 측정하기 어렵다.

책에서 지적한 대로 내가 계속해서 연습량을 늘려가서 기초 근력을 높여서 의식하지 않아도 몰입한 상태에서 더 빨리 뛸 수 있게 되어 훌륭한 성과를 낸다면 좋은 방법이 될 것이라는 생각이 들었다. 날마다 조금씩 조금씩 깨달음을 익혀가는 과정이다. 나에게 도움이 되는 것을 받아들이는 것이 즐겁다.

04

[서평]
걷는 사람, 하정우

이 책은 걷기에 관한 책이기는 하지만 달리기나 마라톤과 비슷하다는 점에서 달리는 사람에게도 영감을 줄 수 있는 좋은 책이라고 생각한다. 2019년 9월에 책을 읽고 써놓았던 나름의 서평을 여기에 옮겨본다.

> 하정우라는 배우는 들어보긴 했지만, 그를 잘 알지 못했다. 인터넷으로 그를 검색하고서야 그가 중견배우 김용건 씨의 아들이라는 것을 알았다. 본문 중에서도 아버지 얘기가 잠시 나오지만, 그가 누구인지 밝히지 않아 몰랐던 나로서는 궁금하기도 했다. 그는 그저 어릴 적부터 아버지가 티비에 나오고, 아버지의 행동으로부터 자신이 연예인이 된 이후 어떻게 행동해야 하는지 자연스럽게 배운 것 같다고 했다.

어쨌든 책은 전반부에 지겹도록 걷기에 대한 이야기를 말하고 있다. 걷게 된 계기, 일상 속 걷기, 걷기에 좋은 장소, 걷기 싫을 때 걷기를 일단 시작하면 잘 적응되고, 또 그게 왜 좋은지 이유 등등이 나온다. 저자는 '지겹도록'이라는 표현을 썼지만, 뒤편에 나오는 진지한 자신의 삶의 이야기와 철학에 비해 오히려 재미있고 흥미로웠다.

어쩌면 집착적이고 중독이라고까지 할 정도로 걷기에 매달리는 그를 보며 대단하다는 생각이 든다. 걷기를 통해 고민을 떨쳐버리고, 육체적 피로를 통해 다른 것에 빠지지 않고 건전하게 쉴 수 있는 생활과, 그리고 회복이 중요한 해답인 셈이다. 하정우라는 배우는 알수록 참 대단하다. 시간 관리에 철저하고, 독서 모임도 정기적으로 하고, 그림도 그리며, 감독 생활과 같이 불가능해 보이는 것에 대한 도전정신도 뛰어나다.

그가 쓴 글 중에 그는 몇 편의 작품, 특히 감독 작품이 흥행에 실패한 것에 대해 많은 스트레스를 받은 것으로 보인다. 자신이 치밀하게 준비했고, 정말 정성을 다했다고 했는데도 불구하고 남들이 잘 알아주지 않는 것에 대해 아마 실망이라기보다 절망에 가까운 기분을 느낀 것 같다. 하지만 그 스스로가 긴 국토대장정 이후 오히려 허탈함이 있을 것이라는 자신의 생각이 잘못되고 그저 거기까지 걸어간 것, 그것을 완성해 낸 것 자체가 중요했다는 것을 깨닫듯이 정말 모든 걸 걸었던 작품도 성공하지 못하더라도 그 작품에 대한 노력으로 만족해야 한다는 것을 깨달았을 것이라고 생각한다.

그의 글 마지막 편에 인간이라는 말이 티베트어로 '걷는 존재' 혹은 '걸으면서 방황하는 존재'라는 의미라고 소개하면서, 자신이 앞으로도 걸어가는 사람이기를 바라고, 어떤 상황에서도 한 발 더 내딛는 것을 포기하지 않는 사람이기를 기도한다. 걷기를 통해 자신을 성찰하고, 앞으로 나갈 길을 다짐하는 좋은 글이다.

다시 내가 과거에 쓴 글을 보니 나는 하정우 씨처럼 지겹도록 걷는 대신 지겹도록 뛰었다는 생각이 들었다. 여기서 쓴 '지겹다'는 글자 그대로 지겹다가 아니라, 자기가 정말 좋아서 하는 끈질김을 말하는 것을 여러분들도 당연히 알 것이다.

05

[영화]
1947 보스톤

2024년 4월 서울에서 공관장 회의가 있어 한국으로 가는 비행기 안에서 본 영화다. 제목만 보고도 마라톤을 하는 나로서는 관심이 무척 가는 영화였다. 하지만 뻔하게 전개될 것 같다는 선입견이 앞섰다. 그래도 언젠가 신문기사에서 얼핏 이 영화에 대해 다룬 것을 조금은 기억하고 있어 과감히 보기로 했다.

무엇보다도 내 머릿속에는 이미 영화가 마라톤의 아픔과 고통 그리고 감격을 어떻게 그려 나갔는지가 궁금해서였고, 다른 한편으로는 1947년 개최된 보스톤 마라톤에 대해 아는 게 별로 없어 어떤 대회길래 영화로까지 만들어졌나 하는 점이 궁금했다.

영화는 어느 정도 나의 예상이 맞았다. 해방 이후 아직 정부가 수립되기 전, 미 군정하에서 온갖 고난을 겪으면서도 보스턴 마라톤에 참가를 준비하고, 거액의 보증금을 지원받아 나라의 대표로 참가하게 된 마라톤이었다. 손기정 선수가 보스턴 마라톤 출전단 감독이 되어 서윤복이라는 기대주를 키운 이야기이다.

그중에서 가장 압권은 대회의 우승이라기보다는 대회 조직위원회로부터 받은 성조기가 달린 유니폼을 거부하고 태극기를 달고 달리겠다고 설득하는 장면이다. 민족 감정에 호소하는 요소가 다분히 있지만 보스턴의 독립정신과 마찬가지로 한국민이 독립을 알릴 수 있게 태극기를 달고 달리는 것을 허용해 달라는 말은 감동적이다.

나중에 몇몇 블로그를 찾아보니 이 장면은 픽션이고, 실제로는 성조기와 태극기가 같이 그려진 유니폼을 입고 달렸다고 한다.

특히, 마지막 레이스에서 서윤복 선수가 부상에도 불구하고 역전을 하는 숨 막히는 장면은 나 또한 마라토너로서 흥분되고 호흡이 가빠지는 몰입의 상태로 몰아갔다. 뻔할 것 같은 이야기가 오히려 감동적이고, 생동감 넘치는 훌륭한 이야기로 살아나게 만든 강제규 감독의 재능을 다시 보게 한다.

인상적인 장면이 여럿 있다. 서윤복 선수가 페이스 조절에 실패하자 손기정 감독이 질책하며 뼈를 때리는 말을 던진다.
"마라토너가 끝까지 뛸 수 있는 힘은 그런 분노가 아니라 겸손이다."
빠르다는 오만에 대해 경고였다.

영화에서 손기정 감독이 보스턴 마라톤 대회 조직위원장에게 태극기를 달고 달릴 수 있도록 설득하는 장면은 비록 픽션이 가미되었다고는 하지만 다시 생각해 봐도 감동적이다. 달리기 자체도 좋지만 이런 정신이 있으면 못해 낼 것이 없을 것 같다. 영화의 대사를 옮겨놨으니 그 감동을 느껴보기 바란다.

"이곳 보스턴은 미국의 독립을 처음으로 알린 곳으로 알고 있습니다. 보스턴 마라톤 대회는 그 독립을 기념하기 위해 만들어졌고, 보스턴의 상징이라고 알고 있습니다. 저희는 아직 미약하지만 조선의 독립을 알리기 위하여 이곳에 왔습니다. 하지만 이곳에 와보니 조국의 국기가 아닌 성조기가 달린 유니폼을 받았습니다.

그 유니폼을 입고 뛰라는 것이 여러분이 말한 보스턴의 독립정신이며, 죽을 만큼 달려 승전보를 전하는 마라톤의 정신이라면 저희는 이곳에 잘못 왔습니다."

위원장이 미군정 치하이기 때문에 성조기를 달고 달려야 한다는 주장에 대해 그는 "여기 있는 이 선수(서윤복)가 미국 사람입니까?"라고 묻는다.

"제가 베를린 올림픽에서 우승했을 때 들고 있던 월계수 화분으로 일장기를 가렸습니다. 그것 때문에 왜놈들로부터 온갖 감시와 핍박을 받으며 결국에는 육상을 하지 않겠다는 각서를 썼습니다. 마라토너가 마라톤을 하지 않겠다고 각서를 썼으니 일본 놈들이 제 두 다리를 자른 것과 마찬가지였습니다. 저희가 원하는 것은 조국의 국기가 달린 유니폼을 입고 그저 달리는 것입니다. (무릎을 꿇으며) 여러분의 결정에 달렸습니다. 예전의 저처럼 이 청년의 두 다리를 자르시겠습니까? 아니면 보스턴의 독립정신을 지키고 저희 조선의 국기를 허락하시겠습니까?"

너무 멋지지 않은가? 영화를 통해 몸 전체로 느껴지는 마라톤의 매력이다. 그것이 오늘도 달리는 나의 힘이 되어준다.

06

[영화]
포레스트 검프

 너무도 유명한 영화 『포레스트 검프』를 정말 오랜만에 다시 보았다. 보행 장애와 함께 지능이 낮음에도 불구하고 달리기로, 미식축구 영웅으로, 군인으로, 탁구선수로, 새우잡이 선장으로 뜻하지 않게 많은 돈을 벌지만, 그의 삶은 소박하고, 첫사랑 제니를 잊지 못한다.

 어머니가 돌아가시고 다시 잠시 만난 제니가 떠나자 포레스트 검프는 무작정 달리기 시작한다. 3년 2개월을 계속 달리자 언론도 관심을 갖게 되고, 그를 따르는 추종자마저 생긴다. 그가 불현듯 멈추었을 때 추종자들이 그가 과연 무슨 말을 할지 조바심을 내며 기다린다. 그는 피곤하고 지쳤으며, 이제 집으로 돌아가고 싶다는 아주 평범한 말을 하고 다시 집으로 돌아온다.

다시 찾아온 제니를 만나고 자신의 아들이 있다는 사실을 안 포레스트 검프는 제니와 결혼을 하지만, 이미 중병에 걸린 제니는 곧 죽게 된다. 제니의 무덤 앞에서 포레스트 검프는 이야기한다.

"제니, 우리 이렇게 떨어지는 각자의 운명이 있는 건지, 아니면 그냥 우연히 바람처럼 떠다니다 우연히 만나는 건지 알 수 없네. 내 생각에는 모두가 맞는 것 같아. 어쩌면 둘 다 동시에 일어나는 것일 수도 있지."

영화 중의 포레스트의 대사는 매우 단순하고 담백하다. 나레이터처럼 자신의 과거 이야기를 버스정류장에서 버스를 기다리던 모르는 사람들에게 자연스럽게 이어 나간다. 포레스트 검프는 옆에 앉아 있는 여자의 운동화를 보며 참 편한 신발이라고 말을 붙이며 자신의 이야기를 시작한다. 옆의 사람들이 바뀌어도 그는 계속 자신의 이야기를 이어간다.

작별을 하지만, 그 작별이 원래 예정된 운명인지, 아니면 작별 이전에 만난 건 우리가 바람처럼 자유롭게 다니다가 잠시 만난 것에 불과한지 포레스트 검프의 독백처럼 영원하지 않고 우연과 필연이 엇갈리면서 지금의 작별을 아쉬워한다. 포레스트 검프가 어릴 적부터 뜻하지 않게 수많은 성공을 거두는 인생을 거치지만, 그것도 어쩌면 자신의 말대로 운명이기도 하고, 또 자유로운 우연의 산물일 수도 있겠다.

코미디 영화여서 그런지 사회의 문제를 특별한 갈등의 표출보다는 독특한 방식으로 억압과 비난과 불편한 시선을 슈퍼맨과 같은 놀라운 능력으로 이겨 나간다는 면에서 현실 미화적이지만 인간의 순수함과 지고한 사랑의 승리라는 면에서 언제 봐도 인간적인 훈훈함이 느껴지는 영화다.

영화 속에서 포레스트 검프는 계속해서 그냥 뛰지만, 실제 마라톤하는 장면은 하나도 나오지 않는다. 하지만 이 영화가 자연스럽게 마라톤과 연관되어지는 것은 포레스트 검프 하면 무작정 뛰는 이미지가 워낙 강해서일 것이다. 만약 원작자가 마라톤에 관심이 많았던 사람이었다면, 영화 전개 중간에 예컨대 탁구선수가 되는 것 대신 올림픽 마라톤 대회에 나가 우승을 하는 장면으로 대체하더라도 전체 영화 구조가 별로 변하지 않았을 것이라고 상상도 해본다.

07

[영화]
페이스메이커(Pace-maker)

마라톤에 관한 영화를 찾아보다가 알게 된 영화다. 2012년에 개봉되어 김명민, 고아라, 안성기가 주연이다. 페이스메이커가 무엇인지는 들어봤었지만, 실제 그 역할이 어떤지, 그리고 이런 스토리가 만들어질 수 있는지는 이 영화를 통해 알게 되었다.

인터넷에도 영화 전체가 올라와 있어 잠시 보려다가 2시간짜리 영화를 앉은 자리 끝까지 보게 되었다. 나에게는 너무나 감동적인 눈물이 나는 영화였다. 하지만 이 영화는 총 관객수가 46만 명으로 흥행에는 실패했다고 한다.

재미있는 소재인데 13년 전인 2012년경의 국내에서는 그렇게 활성화되지 않은 달리기 문화가 이 영화에 대한 관심을 많이

끌지 못했던 것 같다. 시대를 잘못 만났다고나 할까? 요즘같이 달리기 동호인들이 급격히 많아진 시기에 개봉했었더라면 훨씬 더 성공하지 않았을까 싶다.

이 영화가 나에게 주는 의미가 큰 것은 여러 가지 이유에서이다. 우선 아마추어이긴 하지만 여러 차례 마라톤을 완주해 본 사람으로서 마라토너들의 훈련과 고충과 대회장의 실제 분위기를 매우 생생하게 잘 전달하고 있다는 것을 느낄 수 있었기 때문이다.

다른 한편으로는 영화에서 주인공인 주만호 선수의 동생이 외교부 직원으로 설정되어 있다는 점이다. 직업적 동질감 때문이라고나 할까? 하지만 생각해 보면 외교부 직원의 동질감만이 아니라 나에게는 남들보다 영화에서의 형과 동생의 역할 모두를 이해할 수 있는 특별함이 있다. 내가 마라토너이고, 또 동시에 외교부 직원이기 때문이다. 그래서인지 더 공감이 가고 감동적으로 느껴졌는지도 모른다.

동생을 자랑스럽게 생각하는 형과 오히려 형의 지나친 관심과 세상 실정 모르게 혼자 감싸고 견디려는 주연이 아닌 조역으로서의 페이스메이커인 형을 귀찮아하고 멀어지고 싶어 하는 동생의 모습이 안타깝다.

하지만 어린 시절 형의 달리기를 진심으로 응원했던 동생으로서는 형의 마지막이 될지 모를 런던 올림픽 42.195킬로 레이스를 응원하기 위해 몰래 런던을 찾는다. 30킬로 이후 페이스메이커로 소명을 다하고 경기를 포기하려는 형에게 포기하지 말고 최선을 다하라는 뜻으로 응원의 말 대신 빨간 우산을 펴서 형의 완주를 독려한다.

어린 시절 형이 달린 학교 육상대회에서 가난 때문에 꼭 받고 싶어 했던 라면 한 박스가 상품으로 걸린 2등 상을 꼭 타기 위해 달리는 속도를 조절하기 위해 빨간 우산으로 신호를 주던 그때를 기억하며 동생은 활짝 펼친 빨간 우산을 높게 들고 뛴다. 1등을 하면 원했던 라면을 못 받게 되어 천천히 달리라고 우산을 접어 신호하고, 2등으로 들어오려고 힘껏 뛰어야 하면 빨간 우산을 활짝 펴들기로 약속했던 그날을 기억하면서 말이다.

형을 이해하게 되면서 멈추지 말고 페이스메이커가 아닌 한 마라토너로 최대로 뛰라는 둘만이 알 수 있는 감동적인 응원이었다. 이 장면에서 나는 감동의 눈물이 나기 시작했고, 레이스

마지막까지 멈출 수가 없었다.

　주만호 선수는 부상에도 불구하고 페이스메이커로서가 아니라 정말 자기가 하고 싶었던 당당한 한 마라토너로서 결국 우승을 차지하게 된다. 마라톤을 뛰어본 사람이라면 영화에서 보여주는 레이스 도중의 여러 가지 어려움과 시간 지체를 극복하고 우승한다는 것은 비현실적이라고도 보일 수 있겠지만 감동을 주기 위한 영화로 생각하면 이해할 수 있다. 아니, 보는 나로서도 그런 결말로 끝나기를 바랐다.

　1997년 가을부터 1년간 영국에서 대학원을 다닌 적이 있다. 런던이 아닌 곳이었지만 당시 김대중 대통령의 영국 국빈 방문 행사 준비를 위해 외교부 연수생이었던 나도 차출이 되어 런던에서 한 달을 보내면서 행사 답사도 꽤 해서 런던 지리가 다소 익숙하다. 언젠가 내가 런던 마라톤 대회에 참가할 수 있게 된다면 익숙했던 런던 거리를 달리면서 무엇보다도 이 영화를 생각하게 될 것 같다. 마라톤에 도전하는 사람이라면 꼭 한 번 보기를 권한다.

08

[TV]
기안84의 마라톤

　방송을 통해서 기안84의 마라톤 도전을 보게 되었다. '나 혼자 산다' 프로그램에서 기안84가 오랫동안 러닝을 해왔다는 것을 알게 되었고, 대청호 마라톤 풀코스를 뛰는 영상을 보았다. 그리고 한참이 지난 후에 뉴욕 마라톤 참가 영상도 보았다.

　나는 기안84를 잘 알지는 못하지만, 이 영상들을 보고 대단하다는 생각이 들었다. 이전에 자기 고집이 강하고 다소 엉뚱하지만 자기의 주관이 뚜렷한 인물 정도로 알고 있었는데, 오랫동안 달리기를 해왔다고 하니 같은 달리기인으로서 한층 그를 이해하는 폭이 넓어졌다.

　무엇보다도 대청호 마라톤은 그의 첫 번째 풀코스 마라톤 도전이라는 면에서 의미가 크지만, 시청자이면서 마라토너인 나로서는 그 한 시간짜리 프로그램이 굉장히 많은 시청자들에게 마라톤이 실제 어떻게 진행되는지, 풀코스를 뛰는 사람의 시각에서 생생한 고난과 도전의 모습을 잘 보여주었다고 생각한다.

이전까지는 마라톤 중계나 영화를 통해서 달리는 마라토너의 시각이 아닌 중계자의 시각으로만 마라톤을 봤었다면, 기안84의 대청호 마라톤 영상은 획기적인 마라토너 시각의 기록이라고 할 수 있다. 4시간이 넘는 마라톤을 따라가며 어떤 고난이 오고, 어떤 느낌인지를 생생히 보여줌으로써 달리는 사람의 느낌뿐만 아니라 수많은 시청자들이 마라톤의 생생한 현장과 준비 과정을 실감하게 해주었다고 생각한다. 그런 의미에서 마라톤의 신기원을 보여주었다고까지 생각한다.

마라톤을 실제 달려봤던 나로서는 대청호 마라톤에서의 기안84의 모습이 100% 공감이 가고, 일체화되는 느낌마저 들었다. 급수대에서 물을 마시고, 힘들어서 드러눕고 하는 모습들이 마라톤을 뛰는 현장에서는 비일비재하게 보이는 모습인데 이러한 세세한 모습들을 이전에는 어떻게 다 다른 사람에게 전할 수 있었겠는가? 이렇게 생생하게 세세한 모습을 이 프로그램을 통해 보기 전에 다른 사람들은 그렇게 마라톤에 관심이 없을 수

밖에 없다.

같이 TV를 보는 가족들조차도 정말로 저러냐고 묻는다. 정말 저렇다고, 정말 똑같다고 이야기하고, 더 많은 이야기를 하려고 하지만, 내 말보다는 화면의 이야기에 집중하는 모습이어서 나는 이야기를 접는다. 이전에도 몇 번이나 침을 튀어가며 마라톤 경험담을 설명하려 했지만 한두 번 들으면 더 관심이 없다. 그런데 기안84는 방송을 통해 한 번에 수많은 사람들이 마라톤이 어떤 것인지 자세히도 잘 알려주었다.

결코 TV 프로그램과 경쟁하고 싶지는 않다. 당연히 내가 그만큼 더 재미있게 이야기를 할 자신이 없다. 하지만 나는 기안84가 고맙다. 일시에 수많은 사람들이 마라톤의 고통과 고난 그리고 극복, 완주의 기쁨을 한 번에 알게 해주지 않았나? 마라톤에 대한 사람들의 관심을 엄청나게 늘게 했다는 점에서 상을 받아도 충분하지 않다고 생각한다.

프로그램을 보면서 기안84가 중간에 힘들어서 기권할 것같이 위기를 맞고, 급기야 쓰러져 누워 한참을 시간 소비하는 것을 보았을 때는 그의 최종 기록이 그다지 안 좋았을 것으로 생각했는데, 4시간 40분대에 완주를 했다. 나중에 생각해 보니 기안84는 꽤나 잘 뛰는 러너인데 프로그램 편집상 힘들고 고난스러웠던 모습을 중심으로 보여주다 보니 엄청 시간이 걸렸을 것으로 보여진 것이다. 편집의 기술이자 묘미이다.

한참 후에 뉴욕 마라톤 참가 영상도 보았는데, 대청호 마라톤과 같이 역시 재미있었다. Sub-4 목표 달성에는 실패했지만, 그의 계속되는 도전에 박수를 보내고 싶다. 앞으로는 국내 마라톤 말고도 해외에서 개최되는 마라톤 대회에 더 많은 사람들이 참가의 꿈을 갖게 될 것 같다. 기안84도 조만간 자신의 목표를 달성하는 더욱 원숙한 마라토너가 되기를 응원한다.

Part 7

마라톤이 내게 남긴 것들

지난 3년간 참 많이도 뛰었다. 가끔 나 자신도 궁금하다. 그 힘든 운동을 그렇게 열심히 뛰었고, 여전히 열심히 뛰고 싶은 그 마음은 도대체 어디서 오는 것일까?

많이 생각해 본 나의 답은 바로 살아있음의 기쁨이다. 내가 건강히 살아있어 이렇게 계속 장거리를 달리는 것은 달리는 동안에는 힘들기도 하지만 적어도 그 시간 동안에는 내가 최선을 다해 땅에 발을 힘차게 내딛고, 발바닥과 내 몸을 통해 대지가 주는 나의 존재감을 확인하는 것이다. 그 느낌, 그 순간이 좋은 것이다. 그것을 계속해서 느끼고 싶은 것이다. 그래서 여전히 마라톤을 생각하면 기다림이 앞선다.

마라톤 대회장의 출발을 앞둔 기다림과 수많은 마라토너들의 긴장감을 느껴본 적이 있는가? 출발 신호에 귀 기울이고 집중하며 최선을 다하려는 러너들의 비장함을 그들 가운데에서 느끼는 것은 대회를 참가하지 않고서는 도저히 알 수 없는 생생한 살아있음이다. 출발과 동시에 쏟아지듯 앞서 나가려는 러너들의 발걸음은 또한 화려한 살아있음이다.

내가 지금까지 살아온 삶이 모두 살아있음의 연속이었지만 마라톤에서 느낄 수 있던 그러한 생생한 살아있음과는 비교하기 어렵다. 아니 거꾸로 마라톤 현장의 생생함이 너무 강렬해서 나의 일상 삶이 생생하지 않았다고 생각하게 되는지도 모른다.

마라톤 중간에 느껴지는 고통과 시민들의 박수와 열광도 마찬가지이다. 마지막 결승점을 통과할 때의 기분은 또 어떠한가? 삶에서 이렇게 많은 생생함을 구체적으로 기억할 수 있는 경우가 마라톤보다 더한 적은 별로 없었다.

이런 생생한 살아있음의 기분을 느끼게 해준 것 말고도 마라톤이 내게 준 것은 무척 많다. 인생의 자신감과 성취감을 주고, 삶을 더 열심히 긍정적으로 살게 해주었다. 다이어트를 가능하게 했고, 고민거리였던 뱃살과 허릿살을 많이 줄여줬고, 아주 훌륭한 건강검진 결과를 덤으로 얻었다.

그러나 무엇보다도 중요하게 얻은 것은 나눔이다. 나의 과정이 자랑만으로 남지 않게 조심하면서 가급적 많은 사람들이 마라톤에 도전해서 성취감을 느끼고, 인생을 긍정적으로 가꾸어 나가기를 바라고, 그렇게 되기를 돕는 일이다.

누군가 또 나에게 "도대체 그 힘든 마라톤은 왜 뛰시나요?"라고 묻는다면 나는 묻는 그가 마라톤의 매력에 푹 빠지도록 설득력 있게 말해줄 충분한 준비가 되어 있다. 그런 질문을 기다리고 있는지도 모른다.